인생 소명

인생 소명

저자 원용일
초판 1쇄 발행 2025. 8. 6.
발행처 도서출판 브니엘
발행인 권혁선

책임교정 조은경
책임영업 기태훈
책임편집 브니엘 디자인실

등록번호 서울 제2006-50호
등록일자 2006. 9. 11.
서울특별시 송파구 백제고분로28길 25 B101호 (05590)
마케팅부 02)421-3436
편 집 부 02)421-3487
팩시밀리 02)421-3438

ISBN 979-11-93092-44-6 03230

독자의견 02)421-3487
이 메 일 editorkhs@empal.com
북카페주소 cafe.naver.com/penielpub.cafe
인스타그램 @peniel_books

이 책은 저작권법에 따라 보호받는 저작물이므로 무단전제 및 무단복제를 금합니다.
이 책의 전부 또는 일부를 이용하려면 반드시 사전에 저작권자와 도서출판 브니엘의 동의를 받아야 합니다.

도서출판 브니엘은 독자들의 원고를 설레는 마음으로 기다리고 있습니다.
위의 이메일로 간단한 기획 내용 및 원고, 연락처 등을 보내주십시오.

도서출판 브니엘은 갓구운 빵처럼 항상 신선한 책만을 고집합니다.

「 일터 소명을 넘어 인생 소명을 추구하는 삶 」

인생 소명

원용일 | 직장사역연구소 소장

프롤로그

일터 소명에서 인생 소명으로!

    오래전이지만 직장사역연구소에서 "비전 직업 선택"이라는 주제의 세미나를 열었다. 취업을 준비하는 청년들이 오리라 기대했는데 참석자의 20퍼센트는 취업한 직장인 청년들이었다. 그들의 이야기를 들어보니 현재 하는 일이 평생직업인지 확신이 들지 않는다고 했다. 하나님의 부르심이 무엇인지 찾고 싶어 했다.

    요즘에는 청소년과 청년 직업 선호도에서 꾸준히 1위를 차지하던 직업인 '공무원'에 대한 선호도 예전과는 좀 달라졌다. 연금이나 복지 혜택의 축소 등 여러 요인이 있겠지만 신입 공무원들의 이직률도 높아졌고 MZ세대 젊은이들이 일에 관해 뭔가 다른 생각을 하고 있다. 취업 후 퇴사율이 전에도 낮지는 않았지만, 요즘에는 많이 높아졌다. 최근 미국의 직장인들 사이에 '조용한 사직'이 붐을 이루고 있다는 보도도 접할 수 있다. 일을 그만두지는 않지만, 열정을 가지고 힘든 일을 참아내면서 하고 싶지는 않다는 목소리가 반영된 행동이다. "월급 받는 만큼 일한다"라는 냉소적 태도이기도 한데 탈진에 대한 반응은 아니고 워라밸을 실천하려는 생각도 아니다. 일에 관한 생각이 달라졌음을 실감할 수 있다.

'평생직장' 개념은 이미 사그라들었다. 성경 속 직업인들을 살펴봐도 평생직장이 바람직한 직업관은 아니다. 예를 들어 다윗은 가업인 목동 일을 시작으로 왕의 악사 겸 비서였다가 군대의 장, 천부장, 망명객을 거쳐 왕이라는 다양한 직업을 두루 거쳤다. 오늘 우리 시대에는 '평생직업' 개념이 더 바람직한 직업관이라고 할 수 있다.

성경 속에서 일을 한 사람들은 제 일 속에서 소명을 찾았다. 모세는 왕자-목자-지도자의 삶을 균형 있게 각각 40년씩 살았다. 아마도 답답하고 하루 앞을 보기도 힘든 시절이 목자 생활을 할 때였을 텐데, 모세는 여든 살 나이에 자신의 일터에서 떨기나무에 붙은 불을 지나치지 않고 확인하는 열정이 있었다. 거기서 하나님은 모세에게 새로운 소명을 주어 이스라엘의 출애굽과 광야 생활을 이끌게 하셨다.

미국의 소설가이자 목사인 프레드릭 뷔크너는 당신이 그 일을 하고 싶어서 못 견디는 갈망과 세상의 간절한 필요가 만나는 곳이 소명의 자리라고 말했다. 바로 이런 소명을 찾아가는 과정이 우리 인생이다. 지금까지 일터 소명을 주로 다루었지만 이제 소명의 개념이 넓어지고 있다. 직장인의 정년이 단축되고 있다. 60세에서 정년 연장을 모색하지만 실제의 정년은 점점 빨라지고 있는 현실이다. 또

한 100세 시대가 되어간다. 은퇴 후에 살아가야 할 날이 많아졌고 인생 소명의 설계안에 길어진 노후가 반드시 반영되어야 한다. 또한 우리 시대는 일상이 드러나고 있다. 일상생활에 대한 강조가 확산되는 사회 분위기가 인생 전체를 소명으로 이해할 기반 조성을 하는 셈이다.

  이 책에서는 소명이 교회 밖으로 확산되고 우리의 일터도 넘어서야 함을 소명의 발견과 소명의 사람들, 소명의 실천 범주로 다루어 보았다. 인생이 소명이라는 인식은 우리 그리스도인의 삶 자체가 하나님의 소명이라는 깨달음을 유발할 수 있다. 퇴직하여 일을 마치면 소명이 사라지거나 약해지지 않는다는 점을 입증한다는 생각으로 은퇴를 준비하는 나의 경험(시작이지만)을 에필로그에 담았다.

글쓴이 원용일

C·O·N·T·E·N·T·S
차 례

프롤로그 : 일터 소명에서 인생 소명으로! _ 005

Part 1. PERSPECTIVE
인생이 소명이다 : 소명의 발견

01. 교회 밖을 넘는 소명, 인생이 소명이다 _ 013
02. 흩어진 교회에서 인생 소명을 실현하라 _ 026
03. 인생 소명의 구조 : 트라이앵글 _ 037
04. 세 터의 복을 통해 누리는 인생 소명 _ 055
05. 하나님 나라 왕의 인생 소명 _ 068
06. 하나님 나라 왕비의 인생 소명 _ 078

Part 2. PEOPLE
인생 소명을 찾아서 : 소명의 사람들

07. 요셉의 환복 인생, 패션쇼! _ 097
08. 길 위의 인생 다윗, 갈 수 있는 곳으로 가다 _ 113
09. 솔로몬의 인생 소명 기도 그리고 인생 성전 _ 126
10. 예배하고 일하는 프랜차이즈 인생 소명 _ 143
11. 말씀하시는 하나님께 인생으로 응답하며 기념하라 _ 156
12. 3자 4-4-4 인생 모세, 광야교회를 이끌다 _ 168
13. 일상의 기도를 놓친 삼손의 인생 소명 기도 _ 179

Part 3. PRACTICE
소명으로 인생을 살라 : 소명의 실천

14. 세상의 변화, 행동하는 믿음으로! _ 197
15. 예수님이라면 어떻게 하실까? _ 208
16. 당신의 소명! 스위트 스폿을 찾으라 _ 218
17. 자원봉사만 소명의 실천인가? _ 229
18. 믿음, 그 이상의 사랑 : 일상의 기적 _ 240
19. 일과 쉼 : 하나님의 선물 _ 253

에필로그 : 긴세대 목사의 좌충우돌 취업기 _ 265

내가 복음을 전할지라도 자랑할 것이 없음은 내가 부득불 할 일임이라.
만일 복음을 전하지 아니하면 내게 화(禍)가 있을 것이로다. 고린도전서 9:16.

P·A·R·T·1
— PERSPECTIVE —

인생이 소명이다
: 소명의 발견

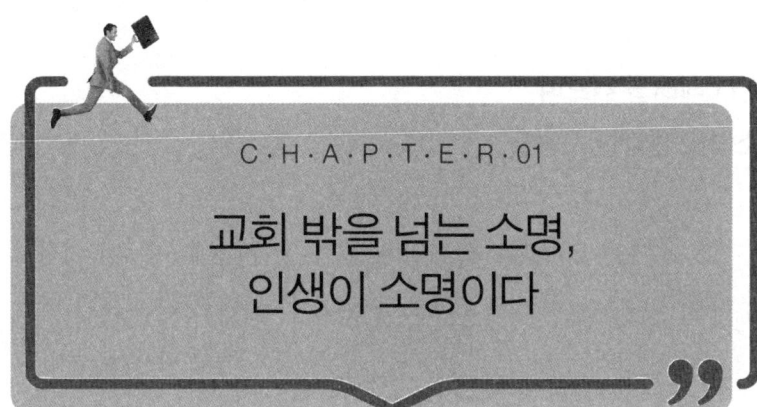

CHAPTER 01
교회 밖을 넘는 소명, 인생이 소명이다

종교개혁자 마틴 루터가 소명에 관한 중요한 말을 했다. "하녀가 요리와 청소를 하고 집안일을 할 때 하나님의 명령으로 그 일을 한다면 그런 하찮은 일도 수도사들과 수녀들이 행하는 성령과 금욕의 일을 압도하는 섬김과 봉사의 일로 칭찬받아야 한다." 루터는 이렇게 오래된 성속이원론의 장벽을 제거했다. 또 이런 말도 했다. "세상에 하나님을 섬기는 일이 아닌 것이 없고 교회뿐 아니라 집, 부엌, 광, 작업장, 논밭까지도 하나님을 섬기는 장소가 될 수 있다." 루터는 교회만이 아니라 일상의 장소에서도 동일하게 하나님을 섬긴다는 일상의 영성을 강조했다. 소명은 교회 밖을 넘어 세상으로 확대되고 인생 전반으로 확산되었다.

9.11 테러를 겪으며
소명을 생각한 사람들

지난 2001년 9월 11일 아침, 미국 뉴욕에 사는 한 여성이 주변을 지나가는 비행기 소리를 들었다. 늘 듣던 소리와 조금 달랐고 낮게 날아가는 것이 이상했다. '이상하네!' 하고 밖을 보다가 믿지 못할 광경을 목격했다. 시뻘건 화염이 일고 있는 건물은 뉴욕을 대표하는 쌍둥이 건물, 세계무역센터였다. 바로 2001년 9.11 테러 사건이다.

이슬람 무장단체에 의해 동시다발적인 항공기 납치와 자살 테러가 벌어졌다. 국방부 청사인 펜타곤까지 공격받았다. 네 대의 비행기에 타고 있던 승객 266명, 전원 사망. 세계무역센터 건물의 사망 실종 약 3천 명, 국방부 청사 사망 실종 125명. 인명 피해만 무려 3천5백 명이었다. 낮게 날던 비행기 소리를 듣고 놀랐던 여성은 뉴욕 대학교의 에이미 레즈네스키 교수였다.

학교에서 만난 제자들도 무거운 표정으로 생각에 잠겨 있거나 눈물을 흘리며 강의실에 앉아 있었고 수업을 진행할 수 없었다. 그날 수업 계획으로는 조직과 팀에 대해 학습해야 했지만 레즈네스키 교수는 그런 건 중요하지 않다는 생각이 들었다. 뭔가 의미 있는 걸 해야겠다고 결심한 레즈네스키 교수는 9.11 테러 사건 후에 사람들 사이에 나타난 변화에 주목했다. 시간이 흘러가니 뚜렷한 특징과 변화가 있었다.

사건 직후 돈이나 물품 기부, 자원봉사 등의 노력이 한동안 지속되었고 충격과 공포를 극복하면서 사람들이 생각하기 시작했다. 인간은 죽음을 피할 수 없는 존재이고 언제든 죽을 수 있다는 사실, 이 둘을 연결시키면서 사람들은 자신에게 질문을 던졌다. 그리고 답을 찾으며 인간관계를 검토했다. 그러다 보니 가족의 사랑을 생각하고 친구들과의 관계를 돌아보았다. 전화를 걸어 안부를 묻고 직접 찾아가 대화를 나누었다. 후순위였던 신앙생활을 다시 열심히 하기도 했다.

이런 변화가 일어났는데 주목할 부분이 하나 있다. 사람들이 삶과 죽음을 생각하고 스스로 답을 찾아가면서 심각하게 검토한 것 중 하나가 바로 '일'이었다는 사실이다. 사람들은 삶의 다양한 영역 중에서 자신이 하는 일과 맡은 역할을 돌아보기 시작했다. 레즈네스키 교수는 사람들이 이런 질문을 했다고 말한다.

"나는 시간을, 또 에너지를 어떻게 써왔는가?"
"내가 진정으로 하려고 하는 것은 무엇인가?"
"나는 일을 통해 어떤 역할을 하고 있나?"
"나는 일하면서 주변 사람들에게 도움을 주고 있나?
"내가 속한 사회에 기여하려면 뭘 어떻게 해야 할 것인가?"
"나는 나의 편안함과 이익에만 초점을 맞추고 있는 건 아닌가?"

중요한 변화였다. 사람들이 9.11 테러를 겪으면서 일의 의미와 목적, 일을 대하는 평소의 태도를 검토하고 일에서 정말 중요한 것이 무엇인지를 고민했다. 지금보다 더 가치 있는 일을 하겠다며 실제로 직업을 바꾼 사람도 늘어났다. 돈이나 명예보다 근본적으로 중요한 게 있다는 점을 깨달았다. 일을 통해 자신의 정체성을 표현하고 주위에 도움을 주며 삶을 의미 있게 만들어갔다. 그래서 자기 일을 '소명'으로 바라보았다. 레즈네스키 교수는 남은 인생을 살아가려고 고민하는 사람들이 자기 일이 소명(calling)이라는 의식을 가지고 실천하려 했다는 점에 큰 의미를 둔다. 우리 모두 삶을 살아가는 이유와 일의 의미, 일하는 방식을 검토해야 한다고 강조한다. 이 내용은 교회나 신학 관련 논문집이 아닌 경영 관련 학술지에 실렸다. ("It's Not Just a Job: Shifting Meanings of Work in the Wake of 9/11" in 〈JOURNAL OF MANAGEMENT INQUIRY〉) (하유진, 「내가 이끄는 삶의 힘」, 토네이도 펴냄, 6-12쪽).

이렇게 직업심리학에서도 소명이라는 단어를 분명하게 사용하고 있는 현상을 주목해 보아야 한다. 하지만 소명(Calling)은 본래 부르는 주체(Caller)가 있어야 한다. 사도로 부름받은 바울은 성도라 부름받은 고린도교회 교인들에게 편지를 보내며 이렇게 말한다. "하나님의 뜻을 따라 그리스도 예수의 사도로 부르심을 받은 바울과 형제 소스데네는 고린도에 있는 하나님의 교회 곧 그리스도 예수 안에서 거룩하여지고 성도라 부르심을 받은 자들"(고전 1:1-2상). 하나님이 불러서 구원해 주시고 하나님이 불러서 일을 맡겨주신다.

하나님을 알지 못하는 세상 사람들은 소명을 언급하지만 하나님의 부르심을 자각하지 못한다. 하나님의 부르심 대신에 내면의 소리, 즉 마음의 소리가 자신을 불렀다고 생각한다. 요즘에는 정치인이나 직업인들의 언론 인터뷰에서도 '소명'이라는 말을 종종 들을 수 있다. 이렇게라도 소명에 대해 사람들이 인식하고 있는 것은 고무적이다. 세상에서는 사람들이 일상의 중요성을 인식하며 자아가 불렀다고 이해하는데, 과연 하나님을 믿고 하나님의 부름받은 우리는 어떤 소명을 가지고 일하며 살아가고 있는가?

소명, 일터에서 인생으로 확대되다

     소명을 의미하는 라틴어 'vocatio'는 두 가지 의미가 있다. 하나는 복음을 믿음으로 받아들인 하나님의 자녀들이 하나님께 부름받는 '구원 소명'이다. 그것이 1차 소명이다. 그리고 또 하나는 각자의 직업, 세상에서 맡은 역할들로 부름받는 '직업 소명'이다. 이것이 2차 소명이다.

    알리스터 맥그라스는 이렇게 말한다. "하나님께서는 당신의 백성들을 단지 신앙만이 아니라 명확한 삶의 영역들 속에서 그 신앙을 표현하도록 부르신다. 사람들은 먼저는 한 사람의 그리스도인이 되도록 부르심을 받고 나아가 두 번째로 세상 속에 있는 너무나 명확한 영역 속에서 그 신앙을 드러내는 삶을 살도록 부르심을 받는다"

(「종교개혁시대의 영성」, 좋은씨앗 펴냄, 231쪽).

'평신도 신학'이라는 용어를 유래하게 한 헨드릭 크래머가 그의 책에서 경건주의 운동을 대표하는 블룸하르트(Blumhardt) 장로의 말을 인용하여 말한다. "모든 그리스도인은 두 번 회심할 필요가 있다. 첫째는 그리스도로 향하는 회심이고, 둘째는 세상으로 향하는 회심이다"(「평신도 신학」, 아바서원 펴냄, 196쪽). 두 가지 소명에 대해 신학자들이 이렇게 해설하고 있다.

그런데 '직업 소명'이라고 했지만 이것은 일하는 직업인만의 소명이 아니라 모든 사람에게 해당한다고 보면 된다. 돈을 버는 일만이 직업이 아니다. 가정을 돌보는 전업주부나 직업을 위해 준비하는 학생도 직업인이다. 은퇴자도 일을 마친 사람이다. 요즘에는 제2의 인생을 시작하여 새로운 일을 해야 하는 경우도 많다. 실직한 사람도 고용되지는 않았지만 여전히 일하는 사람이기에(Unemployed worker) 결국 일과 연관된 삶을 살아간다. 바로 이런 의미에서 직업 소명은 모든 사람에게 해당된다. 직업 소명 대신 보다 폭넓은 포괄적 소명 개념이 필요하다.

마틴 루터는 포괄적인 두 번째 소명의 근거를 고린도전서 7장 20절에서 찾는다. "각 사람은 부르심을 받은 그 부르심 그대로 지내라." 여기서 '부르심'이 무엇일까? 마틴 루터는 이 소명이 아버지와 어머니의 자리, 아들과 딸의 자리, 교회 구성원의 자리, 국가 구성원의 자리 등이라고 보았다. 이 총체적 삶의 자리에서 자신의 역할을 다하는 일이 바로 소명이라고 강조한다.

루터는 직접적으로 직업인의 소명을 말하지는 않았다. 국가 구성원의 하나로서 관리로 있거나 다스리는 정치인이나 국민의 소명을 말하면서 직업 소명을 언급한다. 이 국가 구성원의 소명은 속성상 다른 사람들에게 유익한 것이어야 한다. 가정과 교회와 국가, 즉 세상에 도움 되어야 한다는 뜻이다. 부르신 자리만 차지하고 있으면 되는 것이 아니다. 바람직하게 자신의 자리에 맞는 역할을 잘해야 그 소명을 실현할 수 있다. 2차 소명의 포괄적 의미를 담아 '인생 소명'이라고 이름 붙일 수 있다. 직업만이 아니라 평생 추구해야 하는 삶의 모든 자리가 하나님의 소명이라고 보는 관점이다.

이렇게 구원의 소명이 직업의 소명, 나아가 인생 소명으로 넘어가는 전환점을 사도 바울에게서 찾아볼 수 있다. 바울에게는 복음을 전하지 않으면 안 된다는 일종의 강박관념이 있었다. 바울은 말한다. "내가 복음을 전할지라도 자랑할 것이 없음은 내가 부득불 할 일임이라. 만일 복음을 전하지 아니하면 내게 화(禍)가 있을 것이로다"(고전 9:16).

이 말은 자신이 예수 믿은 후 평생 사명으로 감당하는 복음 전파가 자발적으로 기뻐서 하는 일이 아니라는 뜻은 아니다. '부득불'(不得不)이라는 단어 때문에 뉘앙스의 함정에 빠지면 안 된다. 자신이 하는 일이 하지 않으면 안 되는 일이고, 그것을 하지 않으면 멸망 받을지도 모른다는 강박관념이 바울에게 있었다.

여기서 바울의 소명 사상을 엿볼 수 있다. '화'(禍)라는 단어는 희랍 비극에서 사용되던 복수의 결론인 죽음을 의미한다. 부모의 원수를 갚아야 하는 일을 평생 추구하다가 그 원수를 갚는 것, 그 복수를 부모님의 무덤에 아뢰면서 비극이 막을 내렸다. 이런 섬뜩한 단어를 바울이 사용하고 있다. 이 편지를 받아보는 고린도교회 교인들에게는 너무나 친숙한 표현이 바로 화(禍)였다. 우리가 영화를 보고 유튜브를 보듯이 그들이 문화생활을 하면서 극장에서 자주 봤던 내용이다.

이 개념이 로마서에서는 '빚진 자' 의식으로 구체화된다. 로마서 1장 14절에서 바울은 이렇게 말한다. "헬라인이나 야만인이나 지혜 있는 자나 어리석은 자에게 다 내가 '빚진 자'라." 여기서 '빚진 자'라는 표현은 상업용어이고 법정용어이다. 지금도 그렇지만 '채무를 이행할 책임이 있는 사람'은 채무자이다. 그러면 바울의 채권자는 바로 예수님이시다.

바울은 그리스도에게 빚이 있고 그 빚은 그리스도께서 구원하기를 원하는 사람들에 대한 빚으로 전환된다. 바울을 예수님이 구원하셨으니 예수님이 바울에게 채권자가 된다. 그 빚을 갚기 위해서 바울은 예수님이 대신 죽은 사람들에게 복음을 전해 구원받게 하는 일을 한다는 뜻이다. 예수님께 직접 빚을 갚을 수는 없으니 예수님이 하시려는 일을 대신 해주는 것으로 빚을 갚는다는 뜻이다.

이것을 채무채권 관계로 설명하니 복잡한 것 같은데 이렇게 생각해 보라. 바울은 하나님의 선물로 사도의 직분을 받았다. "이방인과 임금들과 이스라엘 자손들"에게 복음을 전하여 그들을 구원하기 위해 바울을 부르셨다고 예수님이 말씀하셨다(행 9:15). 이것을 뒤

집어 말하면 만약 특히 바울의 특화된 전도 대상인 이방인들을 복음화할 필요가 없었다면 바울은 하나님으로부터 사도로 부름받지 않았을 수도 있다는 이야기다. 이 정도로 바울이 강조하여 자신의 소명을 표현하고 있다.

이런 의미에서 바울은 사도직으로 인해 이방인들에게 빚을 진 자라고 자신의 정체와 소명을 이해했다. 바울은 자신의 구원을 이방인의 구원을 위해 복음을 전하는 자기의 직업, 즉 목회자와 선교사라는 직분과 연관시키고 있다.

또한 바울은 빚진 자의 심정으로 일하라고 데살로니가교회 교인들에게 교훈한다. "누구든지 일하기 싫어하거든 먹지도 말게 하라"(살후 3:10)고 강조한다. 데살로니가교회 교인들은 잘못된 종말관을 가지고 있었다. 예수님이 곧 재림하시니 일도 중요하지 않고 집도 팔고 재산도 다 팔아서 예수님 재림을 준비한다고 했다. 그런 이유로 일하지 않는 사람들에게 바울이 교훈한다. 일의 중요함을 강조하고 또 강조한다.

또한 바울은 쉽지 않은 노동을 하고 학대를 받기조차 하는 노예들을 향해 말한다. "무슨 일을 하든지 마음을 다하여 주께 하듯 하고 사람에게 하듯 하지 말라"(골 3:23)고 교훈한다. 결국 이런 성경적 직업관은 바울의 빚진 자 의식이 확대된 생각이다. 모든 사람은 빚진 자 의식으로 일해야 한다는 뜻이다. 직장에서 일을 해야 하는데 빚진 자의 심정으로 일해야 한다. 이것은 어떤 의미인가?

우리가 일을 통해 만들어 내는 제품과 서비스는 우리의 구원과 관계되어 있다. 우리 기업의 이름이 걸린 모든 제품과 서비스를 구입하는 사람들을 위해서 우리는 구원받았다. 그리고 직업의 소명도 함께 받았다. 따라서 나는 내가 일해서 만들어 내는 물건을 사용하는 그 사람들을 위해 존재한다고 이해해야 한다. 바울이 이런 확실한 빚진 자 의식을 가지고 자신의 직업인 선교에 매진했던 것처럼 우리도 그래야 한다는 뜻이다.

이런 구원 받은 자의 당연한 인생 소명을 바울 자신이 친히 보여주었다. 바울은 데살로니가 교인들에게 복음을 전하면서 그들에게 누를 끼치지 않으려고 했다. 그래서 '밤과 낮으로 일하'며 하나님의 복음을 전파했다(살전 2:9). 천막 만드는 일을 하면서 야근과 철야 작업도 했다. 선교하며 여러 곳에서 일했고 자신의 직업 소명과 인생 소명을 분명하게 보여주었다.

일상에서
소명에 충실하라

하나님이 주신 내 인생의 '소명', 우리 앞에 놓인 '비전'이라고 하면 우리는 보통 큰일을 찾곤 한다. 환상적인 저 변화산 꼭대기가 우리의 소명이 펼쳐질 장소라고 흔히 생각한다. 그런데 예수님은 우리를 골짜기로 돌려보내신다. 예수님은 식사 자리에서 수건을 두르고 제자들의 발을 씻기셨다.

오스왈드 챔버스 목사는 말한다. "단조로운 일이야말로 우리의 성품을 평가하는 시금석이다." 충동적인 용기를 가진 사람이 물 위를 걷는 것은 어쩌면 쉽다. 그러나 예수 그리스도의 제자로 마른 땅 위를 걷는 것은 오히려 쉽지 않다. 베드로는 예수님께 가기 위해 그 풍랑 몰아치는 바다 위를 그래도 몇 걸음은 걸었다. 그런데 땅에서는 어땠는가? 사로잡힌 예수님을 멀찍이 뒤따라가다가 결국 그분을 부인했다. 저주하기까지 했다.

우리는 긴장해서 위기를 대처하는 일은 꽤 능숙하게 한다. 그런데 날마다 24시간을 예수님의 제자로 살아가는 것은 오히려 어려워한다. 제자로서 단조로운 일을 해야 하는 것, 날마다 출근하고 퇴근하고 일하면서 평범하고 눈에 잘 띄지 않는다고 마치 무시당한 듯 힘들어하곤 한다. 이것은 어쩌면 우리의 본능이다. 그런데 예수님은 무대의 조명이 꺼진 상태에서 우리가 하는 평범한 일 가운데 우리를 찾아오신다.

또한 우리는 일하고 살아가며 우리의 삶 속에 우리의 믿음을 담아야 한다. "하나님의 말씀과 기도로 거룩하여짐이라"(딤전 4:5). 말씀으로 훈련받고 기도하며 일할 때 우리의 일이 재미있고 즐거울 수 있다. "기도하고 일하라"(ora et labora), 베네딕트 수도회의 좌우명이다. 우리는 두 가지를 해야 한다. 기도해야 한다. 경건의 훈련이 우리에게 필요하다. 말씀과 기도이다. 기도로 표현된 바로 그 경건의 훈련이라는 영성이다.

또 하나는 바로 일이다. 기도하고 "일하라!" 우리의 일은 그 자체가 곧 기도이다. 일이 예배이다. 일에 담긴 중요성은 바로 섬김이다. 섬기는 서비스는 사람들을 위해서 하는 우리의 일이다. 또한 이 서비스를 하나님을 향해서 하면 예배가 된다. 우리의 일이 곧 예배여서 이게 일인지 예배인지 잘 구별되지 않아도 좋다. 일과 예배를 둘 다 잘해야 하는데 둘 다 잘못하고 있으면 난감하다. 그런 경우는 제외해 놓고 우리가 일이나 예배, 둘 중의 하나를 잘하는 것이 있는가? 그러면 그 잘하는 것대로 못하는 것을 따라 해야 한다. 예배를 잘 드리고 일이 좀 부족하면 일을 통해서도 예배드리듯 최선을 다해 노력해야 한다. 일은 잘하는데 예배가 좀 부족하면 어떻게 해야 하는가? 일을 잘하듯이 예배를 잘 드리도록 노력해야 한다.

이렇게 우리는 평범한 일에서 광채를 볼 수 있어야 한다. 인상적이고 감동적인 것에만 의존하면 안 된다. 예수님의 음성에 귀를 기울이며 우리의 일과 인생에 담긴 소명을 깨달을 수 있다. 우리의 인생을 향한 주님의 부르심에 응해야 한다. 소명에 응답하는 사람들에게는 하나님이 주신 모든 것이 나름대로 중요성을 부여해 준다. 키플링이 쓴 시이고 동시에 기도인 글이 있다(오스 기니스, 「소명」, IVP 펴냄, 312-315쪽).

오직 주님만이 우리를 칭찬하실 것이요.
오직 주님만이 비난하실 것이며
아무도 돈을 위해 일하지 않을 것이요.
아무도 명성을 위해 일하지 않을 것이다.

오히려 각자 일 자체의 기쁨을 위해
각자 독립된 자기 별에서,
자기 눈에 보이는 그대로 세상 만물을 그릴 것이다.
세상 만물의 하나님을 위해 있는 그대로!

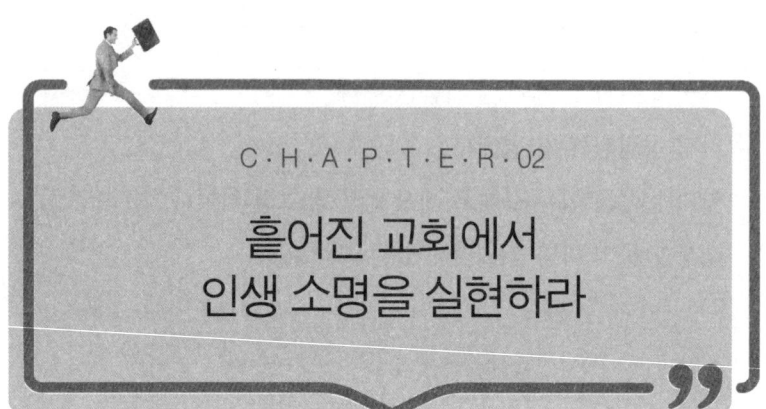

CHAPTER 02
흩어진 교회에서 인생 소명을 실현하라

 2002년에 캐나다 밴쿠버에서 열린 일터사역컨퍼런스에서 선택 강의를 하던 브른스위크장로교회 해리 하인츠 목사가 교회를 소개하는 동영상을 보여주었다. 그런데 교회의 건물이나 주일에 예배드리는 모습이 나오지 않았다. 사람들이 월요일에 출근하는 장면으로 시작하여 일터에서 일하는 모습을 다양하게 보여주고, 가족들과 함께 지내는 모습을 보여주고 나자 동영상이 끝났다. 등장인물들은 그 교회 교우들이었다. 그리고 하인츠 목사는 브른스위크장로교회 성도들이 주일에는 교회당에 나와 함께 예배를 드린다고 말했다.
 세상 속에서 성도들이 드리는 삶의 예배를 잘 표현한 교회 홍보 영상이었다. '모인 교회'보다는 '흩어진 교회'를 더 강조했다. 교회는 어디에 존재하는가, 질문받는다면 시간에 따라 다르다는 점을 분명히 이해해야 한다. 교회는 건물만이 아니다. 주일에는 틀림없이 교회당 안에 교회가 있다. 성도들이 그곳에 모여 예배드리기 때문이다. 하지만 주중의 교회는 흩어진 성도들이 머물러 있는 가정과 일터와 세상에 존재한다. 이 교회를 '흩어진 교회'라고 당연히 이름 붙여야 한다.

교회 문을 닫는 의식은 어떤 의미인가?

베드로는 여러 지역에 흩어져 있는 교회들에 서신을 보내면서 이렇게 말한다. "예수 그리스도의 사도 베드로는 본도, 갈라디아, 갑바도기아, 아시아와 비두니아에 흩어진 나그네 곧 하나님 아버지의 미리 아심을 따라 성령이 거룩하게 하심으로 순종함과 예수 그리스도의 피 뿌림을 얻기 위하여 택하심을 받은 자들에게 편지하노니 은혜와 평강이 너희에게 더욱 많을지어다"(벧전 1:1-2). 삼위일체 하나님으로 인해 택함을 받고 구원받아 은혜와 평강을 누리는 그리스도인의 정체에 대해 말한다.

그들을 '흩어진 나그네'라고 한다. 본도, 갈라디아, 갑바도기아, 아시아와 비두니아 등에 지리적으로 흩어져 있는 성도를 말한다. '흩어짐'에 대한 강조는 오늘날 세상 속에서 살아가는 우리 그리스도인의 정체도 잘 지적해 준다. 하나님의 교회는 구분해서 볼 수 있다. 보통 유형 교회와 무형 교회로 구분한다. 무형 교회가 더 본질적이고 포괄적이다. 또한 오늘 우리가 속한 교회는 전투적 교회이다. 예수님이 재림하시기 이전에 사탄과 싸워야 하는 교회이다. 주님의 재림 후에는 승리적 교회를 경험하게 된다. 또 한 가지 구분이 바로 모인 교회와 흩어진 교회이다.

흩어진 교회의 중요성에 대한 깨달음은 초기 교회와 중세교회 시대를 거친 후 종교개혁 시대가 되어서야 인식되었다. 잘 알려지지는 않은 중요한 사건이 있었다. 1520년에 종교개혁자 마틴 루터가 쓴 「교회의 바벨론 유수」의 혁명적인 글을 읽고 충격을 받은 두 명의 젊은 네덜란드 사제들이 있었다. 그리스도의 제자로 살아가는 삶과 교회에서 목회하는 방식이 완전히 잘못되었다고 깨달은 두 사제는 단호하게 반응했다. 주일 저녁에 교회 문을 잠가버리는 일종의 '폐문의식'을 시도하는 신학적 퍼포먼스를 했다. 교회가 성직자와 동일시되던 중세시대의 교회관에 반발하고 성직자와 평신도 간의 구별이 없다는 의미의 의식이었다. 이제 모인 교회에서 예배드렸으니 하나님의 사람들은 세상이라는 흩어진 교회에서 성도의 역할을 다하며 살아야 한다는 의미로 교회 문을 닫았다. 폐문의식은 주중에 흩어진 교회에서 우리 교회의 대표선수로 살면서 성도의 사명을 다하다가 다음 주일에 다시 모인 교회로 오라는 뜻을 담고 있는, 교회의 본질을 보여주는 의식이었다.

우리는 흩어진 교회에서도 크리스천으로 살아야 한다. 모인 교회에서 예배드리는 것뿐만 아니라 흩어진 교회에서도 예배드려야한다. 그리스도를 따르는 제자들은 삶 전체를 하나님을 위해 살아야 한다. 농부는 쟁기를 잡고, 벽돌공은 흙손을 잡은 손으로, 화가는 캔버스 앞에서, 셰프는 주방에서, 판사는 법정에서, 부모는 아기 침대 옆에서 자신의 소명에 따라 매 순간에 그리스도의 주되심을 증거하라는 의미였다(오스 기니스, 「소명」, IVP 펴냄, 253-255쪽).

예전에 인천에 있는 한 교회에서 일터사역 강의를 마친 후 담임목사님이 '하나님이 만드신 중요한 세 기관'에 대해 정리한 이야기가 인상적이었다. 세 기관은 '가정'과 '일터'와 '교회'인데 그중에 첫째가 가정이라고 했다. 하나님이 세우신 귀한 기관인 가정을 잘 세워가는 일에 힘써야 한다고 강조했다. 두 번째 기관이 일터인데 일터를 하나님이 보내신 사역지로 알고 잘 세워나갈 때 하나님이 주신 사명을 다하는 것이라고 강조했다. 그리고 세 번째 기관이 교회라고 했다. 교회는 성도들이 가정과 일터에서 하나님의 사람으로 살아갈 수 있도록 양육하고 훈련하는 역할을 한다고 정의했다.

또 한 번은 대전에 있는 한 교회의 목사님이 모인 교회와 흩어진 교회의 '두 담임목사'가 있다고 홈페이지에 소개한 글에 공감했다. 크리스천은 두 교회를 다녀야 하는데 눈에 보이는 모인 교회가 있고 흩어진 교회, 즉 가정과 학교와 일터 등 성도들의 삶의 현장이 또 하나의 교회라고 했다. 모인 교회의 담임목사는 아무개 목사 자신이고 흩어진 교회의 담임목사는 교회의 교우들이라고 했다. 이 목사님도 성도들이 모인 교회에서 양육 받고 훈련받아서 흩어진 교회의 목사로 세상에 나가 사역하라고 제안했다.

흩어진 교회에서도
여전히 실현하는 소명

그러면 세상의 흩어진 교회에서 우리는 무엇을 해야 하는가? 사도 바울이 말한다. "그러므로 형제들아 내가 하나님의 모든 자비하심으로 너희를 권하노니 너희 몸을 하나님이 기뻐하시는 거룩한 산 제물로 드리라. 이는 너희가 드릴 영적 예배니라"(롬 12:1). 흩어진 교회에서 살아있는 제물로 우리 자신을 드리는 영적 예배가 중요하다. 그리스도인은 모인 교회뿐만 아니라 흩어진 교회에서도 인생 소명을 실현하기 위해 노력해야 한다.

"어, 부장님도 교회 나가셨어요?" 한 부서에서 3년째 함께 지내던 김 대리에게 부장님이 교회 나간다는 사실을 발각당했다. 그런데 알고 보니 김 대리도 부장님이 나가는 그 대형교회에 나가더라는 것이 아닌가. 웃어넘길 일이 아니라 비극에 가깝다! 2년여 동안 한 부서에 있으면서 밥을 같이 먹고 이야기 나누고 회식 자리에서 함께 지낸 시간이 얼마인가? 그런데 어떻게 서로 교회 나간다는 사실을 모를 수가 있었던가?

"제가 교회 다니는 줄 잘 모르셨죠?" 몇 년 전에 한 은행 신우회의 연말 예배를 마친 후 참석자들이 자기를 소개할 때 여러 차례 들었던 인사말이다. 몇 사람이 그렇게 말할 때마다 사람들이 박수 치며 웃었지만 나는 별로 우습지 않았다.

1세기를 살던 우리의 선배 그리스도인들은 박해를 피해 물고기

암호를 그려가면서 미로 같은 지하무덤을 헤매고 다녔다. 그들은 자랑스러운 '비밀 그리스도인'이었다. 그런데 21세기에는 일터에서 예수 믿는 것이 밝혀지면 행동에 제약받고 불편하다고 숨기고 사는 딱한 비밀 그리스도인이 제법 있다. 그들은 '잠수 그리스도인'이다. 비밀리에 접선해야만 정체를 파악할 수 있는 '007 그리스도인'이기도 하다.

물론 일터에서 크리스천이라는 종교적 티를 내야 한다는 뜻은 아니다. 교회 다닌다고 광고하고 다닐 이유도 없다. 그런데 하루 중 눈 뜬 시간의 절반 이상을 보내는 일터에서 함께 생활하면 자연스럽게 영적 티가 나타나지 않겠는가? 교회 다닌다고 말하지 않아도 그리스도인인 줄 알 수밖에 없다. 그래서 일터에 비밀 그리스도인이 많은 현실이 아쉽다.

1517년 10월 31일, 가톨릭에 반대해 루터가 비텐베르크 성당에 95개 조항의 반박문을 붙인 이래 16세기는 '종교개혁의 세기'였다. 루터와 츠빙글리, 칼뱅 등의 종교개혁으로 중세의 암흑기 천년을 보낸 유럽이 온통 들끓었다. 그런데 과연 개혁자들이 주도한 종교개혁은 제대로 성공한 것이고, 개혁교회는 종교개혁으로 인해 교회의 본질을 회복했는지 질문해 봐야 한다. 루터가 혁신적으로 제시한 이신칭의의 구원교리와 만인제사장론에 근거한 직업소명론이 이후 종교개혁의 후예들을 통해 구체적으로 열매 맺었는지 확인볼 필요가 있다. 오늘 한국교회와 크리스천들의 고질적인 문제인 행함이 부족한 믿음의 근본 원인을 종교개혁 시대부터 찾아볼 수 있다.

16세기에 또 다른 종교개혁자들이 있었다. 그들은 아나뱁티스트(Anabaptist)였다. 흔히 '재세례파' 혹은 '재침례파'로 불리던 그들은 가톨릭과 개혁교회 양쪽의 박해를 받아 16세기 이후 200년 동안 4천 명의 성도가 순교를 당했다. 이들과 종교개혁자들 간의 갈등을 살펴보면 진정한 행함에 대한 교훈을 얻을 수 있다.

아나뱁티스트는 '다시 세례를 받는다'는 그 이름에서도 알 수 있듯이 본인의 신앙고백에 근거한 '세례'에 신앙의 특징이 담겨 있다. 초기의 신앙고백인 〈슐라이트하임 신앙고백〉에서도 당시 핫이슈가 된 세례 문제를 가장 먼저 언급한다. "그리스도를 통해 죄를 용서받았기 때문에 예수 그리스도와 영원히 살고, 그분의 죽으심과 부활에 참예하기를 소원하는 모든 사람을 위해 주어진 것"이라고 세례를 정의한다. 그리고 "교황이 저지른 가장 크고 가증스러운 첫 번째 잘못인 유아세례를 거부한다"라고 명시한다. 이 고백의 내용으로 볼 때 아나뱁티스트들은 국가교회의 형태에서 의무적으로 유아세례를 받고 신앙의 고백과 삶에 대해서는 아예 간섭도 하지 않는 가톨릭의 세례 제도를 분명하게 거부했음을 알 수 있다.

그들이 정의하는 세례란 전통적 의미의 성례전이 아니라 순종하는 제자의 삶의 상징이었다(윌리엄 에스텝, 「재침례교도의 역사」, 요단 펴냄, 232-233쪽). 세례가 예전적 의미를 넘어 제자의 삶이라는 주장은 16세기 아나뱁티스트의 세례를 가장 잘 정리한 발타자르 휘브마이어의 언급을 통해 더 분명하게 이해할 수 있다. 그의 저서 「그리스도교 침례에 대하여」에서 참된 교회의 특징을 나타내는 표지(標識)를 세 가지로 제시한다. 첫째는 '중생'이다. 중생이 교인의 자격보다 선행되어야 한다고 보았다. 둘째는 '세례'이다. 강요나 의무가 아닌 자발적인 반응으로 행해지는 세례이다. 그리고 참된 교회의 세 번째 표지가 바로 '훈련'이라고 했다.

이처럼 내면의 변화인 중생의 경험은 외적으로도 검증되어야 한다. 세례를 받은 그리스도인들은 그리스도께서 가셨던 길을 걷는 제자도를 실천해야만 했다. 이 제자도의 실천훈련이 바로 아나뱁티스트의 소명이었다. "수많은 아나뱁티스트들의 기록에서 볼 수 있는 부르심과 소명은 바로 그리스도의 모범을 구체적으로 따라야 한다는 것이다. 사실 진리는 바로 그리스도를 따르는 데에서 찾을 수 있기 때문이다"(월터 클라센, 「가톨릭도 프로테스탄트도 아닌 아나뱁티즘」, KAP 펴냄, 66쪽). 아나뱁티스트의 소명이 가톨릭교회나 종교개혁교회들과 차별화되는 지점이 바로 이 제자도이다.

제자도를 추구하는 그들의 생활 마당은 교회 안, 모인 교회만으로 한정되지 않는다. 교회 안팎에서 적용해야 할 제자도를 실천하는 일이 중요하다. 아나뱁티스트들은 종종 종교개혁자들의 그리스도는 '달콤한 그리스도'(Sweet Christ)라고 비난했다. 진정한 제자도는 '쓰라린 그리스도'(Bitter Christ)의 길을 따르는 일이라고 했다. 행동하고 살아 있는 믿음으로 고통을 감수하며 세상에서 실천하는 삶을 보여야 참된 제자도라고 보았다.

아나뱁티스트들은 루터의 십자가 신학에도 동의하고 이신칭의 교리도 전적으로 수용했다. 그러나 믿음으로 얻는 구원에 성경적이고 윤리적인 개념을 추가했다. 휘브마이어가 발트슈트에서의 종교개혁을 위한 교리적인 기초로 8개 조항을 발표한 내용 중 1항의 내용은 "신앙만이 우리를 하나님 앞에 거룩하게 만든다"이다. 여기서 루터가 사용한 "의롭게 된다"라는 표현 대신에 "거룩해진다"라고 중요한 단어를 살짝 바꿔 놓으면서 참된 구원의 신앙은 칭의뿐만 아니라 성화도 가져다준다고 효과적으로 강조했다(윌리엄 에스텝, 앞의 책, 226쪽).

진정한 그리스도인, 어디 없소?

그러니 루터는 이렇게 한탄할 수밖에 없었다. "진정한 그리스도인, 어디 없소?" 루터가 성직자들의 소명만이 고귀하다고 보았던 가톨릭교회를 반박하고 크리스천의 직업 자체가 소명이라고 보았던 것은 혁신적인 소명 이해가 틀림없었다. 그런데 우리는 이런 질문을 해봐야 한다. "마틴 루터는 직업소명론을 통해 진정으로 종교개혁을 성취했는가?"

아나뱁티스트 지도자인 메노 시몬스가 루터 교인들의 모습에 대해 비판했다. 맥주와 포도주를 한껏 마셔 술에 취한 코와 입술로 사냥꾼의 올무에서 벗어났다는 시편을 읊기만 하면 엄지손가락을 치켜들고 복음적인 귀한 형제라고 추켜세우는 것이 과연 타당한 것인가?

루터 자신도 이런 현실에 대해 안타까워했다. 성경적인 새로운 교회를 세웠지만 사람들에게 영적으로나 도덕적으로 더 나은 모습을 가져다주지 못했다는 사실을 시인했다. 생활의 변화와 개선이 없는 루터교회 교인들의 현실을 매우 유감스럽게 여겼다. 루터는 자신의 책에 진정한 그리스도인의 이름을 따로 기록해 두어서 명목상의 그리스도인들과 분리해 보려고 했으나 계획을 포기해야 했다. 그런 사람들을 기록으로 남길 만큼 충분하게 찾지 못했기 때문이다(헤럴드 벤더, 「재세례 신앙의 비전」, KAP 펴냄, 62-63쪽).

하지만 아나뱁티스트들은 신자 개개인의 궁극적 목표와 교회 공동체의 궁극적 목표가 성화(聖化)에 있다고 천명하며 목숨을 걸고 그 가치를 추구했다. 가톨릭의 왜곡된 국가교회를 개혁하려 했던 루터가 개혁교회의 새로운 국가교회를 만들고 말았지만 루터의 만인제사장 직분을 종교생활과 사회 전반, 즉 모인 교회와 흩어진 교회에 응용하며 확대하는 역할을 아나뱁티스트들이 해냈다.

그들은 박해받고 순교하면서도 세상 속 크리스천으로 모범적이며 탁월한 삶을 살았는데, 심지어 적대자들도 인정했다. 스위스 취리히의 종교개혁자 울리히 츠빙글리는 재세례파의 분파 독립을 촉발했던 사람으로 재세례파에 대해 적대적이었으나 이런 기록을 남기고 있다. "만약 여러분이 아나뱁티스트 신자들의 삶과 행위를 조사한다면 우선 나무랄 데 없고 경건하며 겸손하여 이 세상 누구보다도 그 삶에 매력을 느끼게 하는 사람들이라는 사실을 알게 될 것입니다. 그들을 비방하는 사람들조차도 그들의 삶이 훌륭하다는 것을 알게 될 것입니다."

　가톨릭 사제로 아나뱁티스트를 비난한 책들을 쓴 크리스토퍼 피셔는 아나뱁티스트 신자가 영지관리인으로 인기가 있고, 높은 직책에 고용되어 다른 그리스도인들보다 더 많은 급여를 받는 것을 개탄했다. 어떤 영주들은 아나뱁티스트 신자에게는 회계를 요구하지 않을 정도로 신임한다고 했다. 다른 그리스도인들, 즉 가톨릭교회와 개혁파교회의 신자들은 아나뱁티스트같이 그렇게 신실하고 믿음직스럽지 않다고 한탄했다. 영주들의 아나뱁티스트 고용은 당연하다고 말할 정도였다(윌리엄 에스텝, 앞의 책, 169쪽에서 재인용).

　오늘 우리도 우리의 일터와 삶의 현장에서 소명의 삶을 실천해야 한다. 하나님이 주신 비전을 삶 속에서 실천하기 위해 노력해야 종교개혁자들의 후예로 하나님이 기뻐하시는 소명의 인생을 살 수 있다. 21세기에 필요한 진정한 종교개혁은 바로 하나님의 부르심을 실천하는 우리의 노력으로 가능해진다. 모인 교회뿐 아니라 흩어진 교회에서도 소명을 실현해야 한다. 우리는 빛과 소금인 그리스도인의 정체를 드러내어야 한다. 우리는 세상의 소금과 빛이다. 세상에서 착한 행실로 우리의 역할을 다해야 세상에서 하나님이 영광 받으신다(마 5:16).

CHAPTER 03
인생 소명의 구조
: 트라이앵글

    1980년대 중반 프로야구가 출범한 지 몇 년 되지 않았던 때 저녁 시간에 텔레비전에서 야구 중계를 했다. 이만수 선수가 타석에 들어서자 해설위원이 이렇게 말했다. "이만수 선수는요 야구장, 집, 교회, 세 곳만 왔다갔다 할 뿐 다른 아무것도 모르는 선수예요." 이만수 선수가 자기 관리를 잘하는 성실한 선수라고 말한 그 이야기를 들으며 '크리스천 트라이앵글'이라는 생각이 들었다. 야구 선수의 야구장은 직장이니 야구장, 집, 교회는 직장과 가정과 교회라는 크리스천의 가장 기본적인 삶의 영역을 말한다.

    이후 군대에 다녀온 후 신학대학원을 다니던 1990년 어느 날 사무엘상 22장을 보다가 무릎을 쳤다. 전에 생각했던 '직장, 가정, 교회'라는 크리스천의 삶의 구조인 '트라이앵글'을 다윗의 아둘람 굴 시절의 이야기에서 발견했다(삼상 22:1-5).

어려운 상황에서 발휘하는 리더십
: 직장생활

　　　　　　사울 왕의 핍박을 피해 망명을 결심한 다윗이 가장 먼저 찾아간 곳은 블레셋이었다. 도저히 견디기 힘들어 원수의 나라를 망명지로 선택했다. 거기서 다윗은 미친 척하여 겨우 살아나올 수 있었는데, 이후 이스라엘 땅으로 들어가 광야에 있는 아둘람 굴에 정착했다. 첫 번째 망명지 선택의 실패로 큰 깨달음을 얻은 다윗은 살기는 좀 불편하더라도 안전을 기대할 수 있는 곳을 택했고 힘이 들더라도 외국으로 도망가기보다는 유대 땅에 머물러 있기로 결심했다.

　　다윗이 유대 땅으로 들어왔다는 소문을 듣고 사람들이 몰려왔다. 망명생활을 하는 다윗에게는 큰 도움이 될 만한 일이었다. 처음에는 400명이 모였고 나중에는 200여 명이 더 찾아와 600명이 되었다. 또한 그들 중에는 다윗처럼 가족을 부양하는 사람들도 있었으니 그 많은 사람을 수용하는 일이 쉽지 않았을 테다. 모여오는 사람들이 많아질수록 사울 왕의 주목을 받는다는 점을 고려할 때 안전성도 위협받았다.

　　또한 다윗을 찾아온 사람들도 고민거리였다. 다윗에게 도움을 주기보다는 오히려 부담을 주는 사람들이었다. 물론 사울 왕의 위협을 받으며 망명생활을 하는 다윗에게는 한 사람이라도 더 오면 힘이 되었을 것이다. 하지만 다윗을 찾아온 사람들은 제 앞가림도 잘 못하는 딱한 사람들이었다. 30여 년에 걸친 사울 정권 아래서 정치적으로 핍박받던 사람들이 모여왔다. 다윗은 그들을 거두어 보호해 주어야 했다. 또한 경제적으로 파산한 자들과 사회적, 문화적으로 소외된 자들이 다윗에게 몰려왔다.

다윗의 가족도 와서 함께하게 되었는데 이것도 조금 다른 방향으로 생각하면 다윗 가족마저 사울 왕이 다스리는 이스라엘에서 더 이상 정상적인 생활을 할 수 없게 된 상황을 보여준다. 다윗의 부모와 다른 가족들도 사울 정권 아래서 뭔가 위협을 느꼈기에 도망쳐왔다. 이렇게 다윗은 정치적으로 매우 어려운 지경으로 몰리고 있었다.

다윗은 '오합지졸'에 불과한 사람들과 함께 망명생활 여러 해 동안 동고동락했다. 그 시기에 다윗은 자신을 따르던 사람들을 '하나님의 군대'로 훈련시켰다. 도움이 필요해 다윗을 찾아왔던 그 사람들과 함께 놀라운 팀워크를 이루면서 이스라엘 국가의 초석을 든든히 세워나갔다. 이것은 다윗의 생애를 리더십의 측면으로 볼 때도 매우 중요하다. 여건이 좋을 때 성공한 리더가 있다면 그는 '평균 리더십'을 가진 사람이다. 누구나 할 수 있다. 그러나 여건이 갖추어지지 않은 곳, 힘든 곳에서 발휘하는 리더십이야말로 귀하다.

영화 〈글래디에이터〉에 나오는 막시무스도 멋있는 장군이었다. 아우렐리우스 황제는 믿지 못하던 아들 콤모두스 대신에 막시무스 장군에게 정권을 넘겨주고 로마를 공화정으로 바꾸려고 했다. 그러나 황제는 아들에게 암살당하고 새 황제 콤모두스는 막시무스의 가족을 죽인다. 겨우 목숨을 건진 막시무스는 검투사(글래디에이터)로 전락하여 콜로세움에서 로마 시민들의 사랑을 받게 된다. 결국 막시무스는 가족을 죽인 황제에게 복수하고 로마를 공화정으로 바꾸며 장렬하게 죽는다.

막시무스를 직업인이라고 본다면 그는 군인이었다. 막시무스는 대단한 프로페셔널리즘을 가지고 있었다. 전쟁터와 검투장을 누비며 보여주는 그의 무술 능력이 그것을 말해준다. 더구나 그 능력은 무수한 전투 현장에서 군대를 지휘하며 자신이 직접 전투에 참전하면서 보여준 것이기에 값지다. 이런 용맹과 더불어 충성심과 지혜를 가지고 있으면서 정치적으로도 휘둘리지 않는 막시무스는 황제가 판단해도 로마를 공화정으로 이끌 적임자였다. 그는 진정 실력을 갖춘 전문가였다. 로마 군대 북부 정벌군 사령관으로 있을 때나 짐승 같은 대접을 받으며 상대를 죽여야만 살 수 있는 비참한 글래디에이터로 전락했을 때나 변함없이 자기 능력을 발휘한다.

영화 중에 카르타고 해전을 복원한 전투를 콜로세움에서 벌이는 장면이 나온다. 로마 기병대가 카르타고 야만인 군대를 맞아 싸워 승리한 전투를 재현하여 검투사들을 야만인으로 내세워 전투를 벌이는 것이었다. 수많은 로마 군중 앞에서 볼거리로 제공된 이 전투에서 막시무스는 탁월한 리더십을 발휘한다. 군대 경험이 있는 사람이라곤 1년 정도 복무한 한 사람밖에 없었지만 막시무스는 특유의 리더십으로 로마 정예 기병과 맞서 싸워 끝내 승리하고 만다. 수비형 전투를 할 수밖에 없는 상황에서 급히 다이아몬드 대형으로 바꾸어 로마 군대의 전차를 무력화시키고 적들을 제압한 일은 진정한 능력이고 리더십이다.

현재 당신이 일하는 일터의 환경은 어떤가? 그저 편하게 시간만 때워도 월급 주고 신경 쓸 일도 없는 직장이 있던가? 시간을 대충 보내도 지장이 없는 사업이 있는가? 혹시 직장을 구하는 젊은이들이나 새로운 직업의 활로를 모색하는 직업인들이라면 오늘날 우리 시대의 취업과 전업의 여건에 대해 답답해하지 않는가? 그리 쉽지 않다. 열심히 해도 더욱 힘들고 복잡해지는 안타까운 상황도 겪을 수 있다. 그런데 진정한 직업인의 역량과 리더십은 바로 그렇게 힘든 여건에서 나올 수 있다. 참다운 성공은 그런 어려움을 극복해 낼 때 이룰 수 있다.

우리가 살펴보는 다윗은 어렵고 힘든 일터 환경 가운데서도 성공적인 직장생활을 해낸 사람이었다. 자신에게 도움이 되지 않는 힘든 사람들을 용납하면서, 쫓겨 다니는 불안한 여건 가운데서도 훌륭한 리더십을 발휘했다. 오늘 우리에게 다윗이 가졌던 마음 자세와 리더십이 필요하다. 내게 맡겨진 일, 내가 추슬러야 할 사람들, 내가 헤쳐 나가야 할 상황에 대한 파악과 더불어 그 모든 일을 책임지겠다는 각오를 새롭게 해야 한다.

가족에 대한 의무를 포기하지 말라
: 가정생활

영화 〈글래디에이터〉에서 막시무스는 늘 고향을 꿈꾼다. 영화는 시작과 마지막 장면에서 추수를 앞둔 밀을 쓰다듬는 투박한 손을 묘사하고 있다. 막시무스의 손이다. 결혼반지가 끼워진 그 손은 사랑하는 아내와 아들이 있고 부모님의 무덤이 있는 고향을 그리워하는 막시무스의 사랑을 잘 보여준다. 막시무스는 그 치열한 전쟁터에서도 날수를 셌다. 황제에게 군대 일을 그만두고 고향에 가겠다고 말할 때도 집에 다녀 온 지 2년 하고도 264일이 지났다고 말했다.

막시무스의 가정적인 면모는 일터에서도 그대로 드러났다. 게르만족과 치열한 전투를 앞두고 있을 때도 막시무스는 병사들이 너무 지쳐 있음을 염려한다. 승리 후에도 병사들을 그대로 두면 얼어 죽고 말 것이라면서 황제에게 병사들의 휴식을 간청한다. 그는 아랫사람은 안중에도 없이 그저 목표를 향해 밀어붙이는 상사가 아니었다. 이렇게 용맹함과 더불어 인간적인 면모를 함께 가지고 있는 그를 부하들이 목숨 걸고 따르는 것은 당연했다.

하지만 일도 잘하고 가정적이기도 한 것이 그렇게 쉬운 일은 아닌 듯하다. 막시무스는 야망을 품고 부왕을 살해한 콤모두스에게 충성을 다할 수 없었기에 결국 가족을 잃는다. 영화 속에서 막시무스가 가족들을 잃은 후에 오열하는 모습이 오늘 우리 시대 직업인들의 현실과 크게 다르지는 않다.

다윗이 숨어 지내던 아둘람 굴이 얼마나 넓은 공간이었는지 몰라도 수백 명의 사람들과 가족들이 함께 생활하기에는 곤란했다. 다윗에게는 물리적인 어려움보다 더한 두려움이 있었다. 무엇보다 다윗은 사울 왕의 기습이 두려웠다. 자기를 찾아온 수백 명의 사람들에게 알려졌다면 사울 왕에게도 알려졌을 것이니 아둘람 굴은 점점 더 위험해졌다.

그래서 다윗은 다시금 망명을 결심하고 모압 땅으로 갔다. 얼마 전 첫 망명지로 블레셋을 택했다가 큰 곤경에 처했던 경험이 있지만 다윗은 사울 왕에게 기습당해 겪을 위협이 더 두려웠다. 위급한 상황이었다. 이런 가운데 다윗은 모압 왕에게 가서 자기 부모를 모실 만한 공간을 마련해 달라고 부탁했다. 자신은 험한 곳에 있어도 좋으나 부모만은 모압 왕과 함께 있을 수 있게 해달라고 부탁한다. 연로한 부모 때문에라도 모압 왕이 청을 거절하지 못하리라 생각했을까? 다윗 왕이 이렇게 부모를 귀하게 여기는 모습을 보면서 우리는 중요한 사실 하나를 깨닫는다. 다윗은 힘든 직장생활에서도 자기 부모를 부양하는 책임을 절대 포기하지 않았다.

다윗은 "하나님이 나를 위하여 어떻게 하실지를 내가 알기까지"(삼상 22:3) 부모가 거할 곳을 부탁하는 것으로 보아 아둘람 굴에서 피한 후 잠시 거할 임시 처소를 얻기 위해 모압 왕을 찾아갔던 것으로 보인다. 모압 땅에 오래 머무를 계획이 아니었다. 하나님이 어떻게 자신을 인도하실지 기도하면서 하나님의 뜻을 찾을 계획이었다. 하나님이 새롭게 인도하실 곳을 알려주시는 기간, 길지 않은 그 기간에도 다윗은 부모에 관한 관심과 배려를 잊지 않았다. 다윗의 이런 모습은 효도가 무엇인지 잘 말해준다. 다윗은 자기 직장 업무가 비상 상황을 겪고 있는 와중에도 부모에 대해 이렇게 배려하는 멋진 모습을 보여준다.

또한 한 사람이 자신의 가정에 어떻게 충실해야 하는지 다윗은 잘 보여준다. 직장 일이 많다는 이유로, 혹은 이른바 하나님의 일을 한다는 이유로 가족에 대한 책임을 다하지 않고 가족들의 희생을 강요하는 사람은 하나님이 기뻐하시는 사람은 아니다. 사도 바울이 말한다. "누구든지 자기 친족, 특히 자기 가족을 돌보지 아니하면 믿음을 배반한 자요, 불신자보다 더 악한 자니라"(딤전 5:8). 직장인들이 가장으로서, 가족의 구성원으로서 자신이 해야 할 의무를 다하는 것은 너무도 중요한 일이다.

한 쇼핑몰 회사에서 섬기는 사목에게 한 직원이 와서 자신은 퇴근하기 전에 기도한다고 했다는 이야기를 들었다. 어떤 기도를 하느냐고 물었더니 "하나님, 제가 퇴근하고 집에 가서 아이들과 놀아줄 힘을 남겨주세요"라고 기도한다는 것이 아닌가. 무슨 이야기인지 물었더니 그 직원이 답했다. 아침 일찍 출근해서 일하고 퇴근하면 보통 11시가 넘는데 집에 돌아가면 그때까지도 아이들이 자지 않고 아빠를 기다리고 있다. 집에 가면 아이들과 좀 놀아주고 시간을 보내야 하는데 몸이 너무 피곤하여 아이들과 함께 시간을 보내기가 힘들었다. 그래서 퇴근 전에 아이들과 놀아줄 힘을 남겨달라고 기도한다고 했다.

얼마나 안타까운 모습인가? 한편 그 직원은 얼마나 멋진 아빠인가? 그런 멋진 모습을 다윗이 보여주었다. 다윗이 왕이 된 후의 일인데 법궤를 예루살렘으로 이전한 뒤에 기브온 산당에서 번제를 드렸다. 이후 다윗은 백성들을 향해 여호와 하나님의 이름으로 축복하고 음식을 나눠준 후 돌려보냈다. 그리고 레위 사람을 세우고 제사장들이 기브온 산당에서 하나님을 섬기는 법도를 행하게 한 후에 자신도 집으로 돌아갔다. 그런데 그렇게 다윗이 집으로 돌아간 일을 묘사하면서 역대기 기자는 의미 있는 진술을 하고 있다. "이에 뭇 백성은 각각 그 집으로 돌아가고 다윗도 자기 집을 위하여 축복하려고 돌아갔더라"(대상 16:43).

일이 힘들고 지쳐서 퇴근한 후 아무것도 못 하고 그냥 쓰러져 잠들어 본 적이 있을 것이다. 우리 시대 직장인들에게서 흔히 볼 수 있다. 직장생활을 오래 했던 한 목회자는 퇴근해서 일찍 들어오는 날에는 저녁 먹고 아홉 시 뉴스를 보다가 잠드는 것이 일상이었다고 말하는데 공감이 되었다. 그렇게 열 시 전에 잠들 수 있는 직장인이면 행복한 편이다. 훨씬 늦은 시간에 퇴근하고 또 다음날 일찍 집을 나서야만 하는 고단한 삶을 사는 직장인도 많다.

그러나 그렇게 힘들더라도 우리가 다윗 왕에게 한 수 배워야 한다. 다윗 왕은 전에 법궤를 옮길 때는 절차를 잘 몰라 한 사람이 사망하는 사건까지 있었기에(대상 13:9-14) 더욱 신경 쓰면서 힘든 일을 마친 후 집으로 돌아갔다. 다윗에게는 퇴근하는 이유가 있었다. 가족들을 축복하려고 집으로 돌아갔다. 당신에게도 퇴근하는 목적이 있는가? 그저 일하다가 지쳐 쉬기 위해 집에 가는 것이지 무슨 목적이 있느냐고 말하지 말자. 이제부터는 나의 사랑하는 가족들을 축복하기 위해서 퇴근한다고 떳떳하게 말할 수 있어야 한다.

미국의 기독실업인회(CBMC) 회장을 지낸 테드 디모스는 보험회사에서 일하는 30년 동안 실업인과 전문인들을 방문하며 사역하였다. 그가 만난 사람들은 예외 없이 삶에서 행복과 만족을 얻고 인생의 의미를 찾기 위하여 끊임없는 씨름을 한 안타까운 일이 있었다고 한다. 기업 경영자들이나 의사, 변호사, 엔지니어 같은 전문인들이 이른바 스스로 생각하는 '최후의 도피처'로 권총을 자기 머리에 겨누고 방아쇠를 당기는 선택을 한다고 했다.

그들은 젊은 시절부터 경영자 수업을 받으면서 가족과 함께할 시간을 포기하고 일에 매진한다. 시간이 흘러 경영자가 된 후에는 더 심해진 압박감에 시달리면서 일하게 되는데 아내나 자녀들과 함께 시간을 보내지도 못해 고통을 겪는다. 아내는 이제 남편이 없어도 살 수 있다고 하고 아이들은 아버지가 없이도 살아가는 방법을 터득했다는 것 아닌가. 무엇 때문에 그렇게 가족마저 팽개치고 일에 매진했는지 인생의 의미와 목적을 잃고 좌절하는 실업인들을 보면서 테드 디모스는 결심했다. 그래서 그들에게 복음을 전해야 할 필요성을 느끼면서 기독실업인회를 창립하게 되었다.

우리 그리스도인은 세상 사람들 앞이 아닌 하나님 앞에서 꼭 명심해야 한다. 가족을 제쳐두고 거두는 직업적 성공은 성공이 아니다. 성공에서 소외된 가족들의 가치가 한 사람이 이루는 성공의 가치보다 훨씬 크기 때문이다. 직장생활과 가정생활의 균형을 반드시 잡아야 한다. 성공의 기준을 좀 낮추어야 할 수도 있다. 내가 거둘 인생의 목표, 그 속에 가족과의 바른 관계, 내 아내와 남편, 내 부모, 내 자식들도 반드시 포함되어야 한다. 성공의 수준을 좀 낮추라. 그렇게 균형을 잡아야 한다.

힘든 상황이라도 하나님의 뜻에 순종하라
: 교회생활

이제 클래식으로 분류되는 영화 〈지붕 위의 바이올린〉에 보면 테비에라는 이름의 유대인 가장이 나온다. 가난하지만 신앙적 전통에 자부심이 대단한 테비에를 보면 흩어진 유대인 삶의 방식을 엿볼 수 있다. 현대 문명의 영향을 받는 딸들과 주로 결혼문제로 갈등을 겪지만 테비에는 가장으로서 가정을 하나님의 뜻에 따라 이끌어가려는 의지가 있었다. 그중 하나가 테비에의 기도하는 모습이다.

테비에는 문제가 생길 때마다 기도한다. 그렇다고 경건하게 무릎을 꿇고 기도하는 것이 아니다. 이야기하다가도 먼 산을 쳐다보거나 하늘을 쳐다보면서 하나님과 이야기한다. 기도의 내용도 다양하다. "하나님, 차라리 우리 유대민족이 선택받은 백성이 아니라도 좋으니 이런 어려움은 좀 지나가게 해주십시오"라는 심각한 내용도 있다. 또한 "하나님, 바쁘지 않으시면 가난한 재단사인 우리 사위에게 재봉틀 하나만 마련해 주십시오"라고 현실적인 기도도 한다.

또 셋째 딸이 희랍정교를 믿는 러시아 청년과 결혼한다고 할 때도 테비에는 기도한다. 물론 기도한 후 곧 스스로 응답받는다. 절대 안 된다고. 영화는 테비에가 기도할 때마다 카메라 기법을 독특하게 써서 테비에가 이야기하는 사람과 갑자기 멀어진다. 일상에서 수시로 기도하며 하나님의 뜻을 찾아 살려는 모습을 영화는 그렇게 특별하게 표현하고 있다.

힘겨운 직장생활을 감당하면서 가족을 돌보던 다윗도 하나님의 뜻을 찾고 있었다. 다윗이 있던 모압 왕의 요새에 선지자 갓이 나타났다. 그가 찾아와 말했다. "너는 이 요새에 있지 말고 떠나 유다 땅으로 들어가라"(삼상 22:5). 비록 위험하고 불편하더라도 다윗이 유다 땅으로 들어가야 한다는 하나님의 뜻을 선지자 갓은 분명하게 전했다. 그러자 다윗은 주저하지 않고 선지자의 명령에 순종해 유대 광야에 있는 헤렛 수풀로 갔다.

다윗의 이러한 순종을 우리는 신앙생활, 경건생활, 혹은 교회생활이라고 말할 수 있을 것이다. 다윗이 찾고 있던 하나님의 뜻을 객관적으로 평가해 보면 순종하기에 수월한 상황은 아니었다. 새로 찾아간 망명지인 헤렛 '수풀'은 큰 나무가 없는 유대 광야의 상황을 생각할 때 은폐 상황이 좋지 않았을 것이다. 임시 거처로 머물던 모압 왕의 '요새'와는 비교 자체가 안 되었을 것이고 이전에 머물던 아둘람 '굴'보다도 훨씬 열악한 망명지였다. 유대 광야는 수백 명의 사람이 숨어 지낼만한 숲이 있을 만한 곳이 아니었다. 그 땅은 광야 지역으로 지금도 극한 상황을 견뎌내는 자동차들의 경주 장소로 이용된다고 한다.

부하들과 가족들의 생명을 살려야 할 지휘관으로서 아무리 생각해도 하나님의 말씀이 부당하게 느껴질 수 있었다. 하지만 다윗은 선지자 갓의 명령에 순종했다. 이 결정은 다윗의 믿음이 이전보다 성장했음을 잘 말해준다. 환경은 더 어려워졌을지라도 하나님이 인도해 주실 것을 확신했으니 그곳 헤렛 수풀로 옮길 수 있었다. 실제로 다윗이 다시 유다 땅에 나타났다는 소식은 사울 왕에게 즉각 알려져서 위험해졌다(삼상 22:6).

우리 크리스천들을 향한 하나님의 뜻은 늘 안정되고 편안하며 아무 탈이 없는 상황에서 살게 하는 것만은 아니다. 예수님을 믿으면 복 받아서 아무런 어려움이 없다고 누가 말하던가? 신약성경 메시지의 많은 부분이 예수님을 믿는 제자들에게는 고난이 따른다는 것인데 누가 성경의 가르침을 왜곡하는가? 좀 불편하고 불안해도 하나님의 인도하심을 확신하면서 나아가는 것이 믿음이다. 믿을 것이 하나도 없는 환경이니 하나님만 의지하는 것이다. 이렇게 단순할 수가 없다! 나를 못 믿겠고 믿을만한 구석이 하나도 없으니 하나님만 믿는다. 믿을만한 것이 많은 사람이 왜 하나님을 믿겠는가?

사도 바울도 빌립보교회 성도들에게 말한다. "그리스도를 위하여 너희에게 은혜를 주신 것은 다만 그를 믿을 뿐 아니라 또한 그를 위하여 고난도 받게 하려 하심이라"(빌 1:29). 그리스도의 제자로 세상을 살아가는 사람들에게 고난은 필수라고 할 수 있다. 하나님이 그렇게 명령하신 것이라고 확신한다면 그 고난의 길을 가는 것을 두려워하지 말아야 한다.

이렇게 다윗이 선지자 갓을 통해 들은 하나님의 뜻을 실천한 것은 바로 이런 중요한 의미가 있다. 어떤 형태로 나타나는 하나님의 뜻이건 분명히 깨달았다면 위험이 따르고 고통이 예상되어도 순종해야 한다. 우리의 직장생활과 가정생활이 인생의 모든 것은 아니다. 직장인들에게 기도 제목을 알려달라고 하면 직장생활 잘하고 가족들 건강한 것이라고 말하곤 한다. 그런데 그것이 우리 인생의 궁극적 목적은 아니다. 하나님이 그분의 뜻에 따라 우리를 부르시고 헌신을 요구하신다. 그 부르심에 응답할 수 있어야 한다.

영화 〈글래디에이터〉에 나오는 막시무스도 가족을 잃고 원형경기장에서 사람들의 살육 욕망을 대신 채워주는 검투사로 전락했다. 하지만 그에게 맡겨진 로마를 공화정으로 바꾸기 위해 원로원에 권력을 넘겨주는 일을 맡긴 황제의 뜻을 막시무스는 잘 알고 있었다. 권력을 쟁취해 복수하려고 한 것이 아니라 황제의 뜻을 받들어 로마를 정상적인 궤도 위에 올리려고 했다. 콤모두스와 결투하다 그를 죽인 후 막시무스도 쓰러졌다. 의식을 잃어가는 막시무스는 황제가 자신을 통해 알린 로마의 향후 계획에 대해 분명하게 밝히고 장렬하게 최후를 마쳤다. 자신은 그리던 고향과 가족들이 있는 곳으로 가지만 그의 희생과 죽음을 통해 로마 제국이 제자리를 찾아갈 것을 막시무스는 알고 있었다. 그래서 그의 주검 앞에 선 사람들은 모두 경의를 표했다.

교회, 가정, 직장
: 바울의 트라이앵글

직장생활과 가정생활, 교회생활을 나누어 생각해 보았는데 각각의 삶의 마당에 목표가 있다. 사람들은 직장생활에서는 성공을 추구하고 가정생활에서는 행복을 추구한다. 교회생활에서는 신앙을 추구한다. 이 세 가지는 세상 속에서 살아가는 그리스도인들이 추구하는 목표이다. 그런데 이 세 가지를 다 얻을 수는 없으니 하나를 얻기 위해서는 다른 것을 포기하거나 희생해야 한다고 생각한다. 그러나 그것이 하나님의 뜻은 아니다.

신앙을 가지고 세상에서 성공하고 가정에서 행복하기 위해서는 현실의 삶에서 조정이 필요하다. 왜냐하면 삶의 각 영역은 서로 겹치고 부딪히는 부분이 있어서 절충이 필요하기 때문이다. 이 조정의 문제를 해결하기 위해서 크리스천들은 우선순위의 원리를 적용하곤 한다. 삶에서 가장 우선이라고 할 수 있는 하나님과 교제 시간을 가장 먼저 배정해야 한다. 그리고 삶의 각 영역의 시간에 대해서 균형을 이루기 위해서 우리는 노력해야 한다. 가정과 직장과 교회의 균형을 찾는 것인데 어떻게 순서를 정해도 좋다. 한 가지를 가장 앞세우려고 하지 말고 세 가지 삶의 영역을 다 중요하게 생각하는 것이 좋다. 트라이앵글은 정삼각형이기 때문에 이리저리 돌려도 모양이 같다. '직장-가정-교회'의 순서도 좋고 '가정-직장-교회' '교회-직장-가정'의 순서도 좋다. 모두 중요한 세 영역에 대해 균형을 잘 맞추는 조화가 중요하다.

그러면 어떻게 균형을 이룰 수 있는가? 예를 들어 가정에 특별한 일이 생기면 직장이나 교회에 양해를 구할 수 있다. 직장이나 교회 때문에 가정에 대한 책임을 다하지 않는다면 신앙인으로 무책임한 사람이 된다. 마찬가지로 직장 때문에 가정이나 교회생활이 희생되지 않아야 한다. 만일 직장에서 맡겨진 피할 수 없는 일 때문에 가정이나 교회생활에 소홀할 수밖에 없다면 가족들이나 교회의 지체들에게 양해를 구할 수 있다. 교회생활도 마찬가지다. 때로 교회에서 감당해야 할 일 때문에 가정이나 직장에 누를 끼칠 수가 있다. 그럴 때는 역시 가정이나 직장에 양해를 구할 수 있어야 한다.

그런데 양해를 구한다고 하면서 "직장 때문에 앞으로 5년 동안 나는 교회나 가정에 소홀할 수밖에 없다"라고 하면 안 된다. 그런 상황이라면 하나님이 자신에게 주신 소명을 점검하면서 직장 일을 계속해야 할지 말아야 할지 중요한 선택을 해야 한다. 양해를 통한 균형의 의미는 일정한 기간으로 양해를 구할 때 트라이앵글의 다른 부분들이 수긍하고 도움을 줄 수 있는 정도의 상황을 말한다.

'다윗의 트라이앵글'에 대해 살펴보았는데 신약성경을 보다가 '바울의 트라이앵글'을 발견하면서 또 한 번 무릎을 쳤다. 에베소서에서 사도 바울은 성령의 충만을 받으라고 권면한다(엡 5:18). 바울이 말하는 성령의 충만은 사도행전 2장의 상황과 같이 영적 은사가 충만하게 나타나고 성령의 역사가 드러나는 모습이기도 하다. 그런데 에베소서에서 바울이 말하는 성령의 충만은 관계적이다.

사도 바울은 성령의 충만을 받으라고 하면서 시와 찬송과 신령한 노래로 서로 화답하며 범사에 하나님 아버지께 감사하라고 한다. 그리고 그리스도를 경외함으로 피차 복종하라고 권면한다(엡 5:19-21). 이것은 교회생활을 말한다. 예배를 드리고 성도들과 교제하며 바람직한 관계를 맺으라는 권면이다.

그리고 바울은 아내들에게는 남편에게 복종하라고 권면하고 남편들에게는 자기 아내를 그리스도께서 교회를 사랑하심과 같이 사랑하라고 권면한다. 부부의 삶을 말한 후 바울은 자녀들에게는 주 안에서 부모에게 순종하라고 권면하고 아비들에게는 자녀를 노엽게 하지 말고 오직 주의 교양과 훈계로 양육하라고 말한다(엡 5:22-6:4).

이후에 바울은 종들에게 두렵고 성실한 마음으로 상전에게 순종하기를 그리스도께 하듯 하라고 권면한다. 상전들에게도 종들을 대할 때 그리스도께 하듯 하고 그들의 상전이 하늘에 계신 줄 알라고 권면한다(엡 6:5-9). 직장생활이다. 직장 속의 상하관계를 직접 명시하면서 교훈하고 있다.

이 세 가지 영역의 삶에 대해 다룬 후 바울은 하나님의 전신갑주를 입고 사탄의 간계를 능히 대적하기 위해 노력해야 한다고 권면한다(엡 6:10-20). 결국 성령의 충만함은 교회생활, 가정생활, 직장생활을 잘 감당하는 것을 말한다. 하나님의 전신갑주를 입고 사탄과 대적해서 싸우는 일이 바로 이런 트라이앵글의 기본적인 삶이라고 강조하고 있다. 그리스도인의 삶에서 트라이앵글은 이렇게 중요하다.

우리 집 아이들이 초등학교 때 가지고 다니던 악기 주머니에는 작은 트라이앵글이 있었다. 그 트라이앵글의 한쪽 끝을 잡고 삼각형을 벌려서 펴보려고 시도해 보았다. 더 세게 당기면 부러지거나 다칠 것 같아서 펴보지는 못했다. 50년 전 초등학교 음악 시간에 사용하던 트라이앵글은 굵은 철사를 구부려놓은 것이었다. 트라이앵글의 벌어진 부분을 책상 모서리에 넣어 힘을 주어 길게 펼쳐서 쳐본 기억이 난다. 원상태로 만들지 못해 결국 트라이앵글을 버리고 말았지만 정상적인 트라이앵글의 소리와는 차이가 난다고 느꼈다. 나중에 알았지만, 트라이앵글의 정삼각형 안은 공명의 공간인데 펼쳐서 치니 정상적인 소리와 다르게 들렸던 것이다.

하나님은 오늘 우리 크리스천들이 세상 속에서 살아가면서 직장생활과 가정생활, 교회생활이라는 삶의 중요한 영역에서 조화를 잘 이루면서 살아가기를 바라신다. 크리스천 트라이앵글은 인생 소명의 기본적 골격이다. 중요한 세 곳, 삶의 마당에서 하나님의 뜻에 따라 조화를 이루어야 한다.

CHAPTER 04
세 터의 복을 통해 누리는 인생 소명

요즘 우리 시대 사람들은 행복에 대해서 관심이 많다. 더글러스 대프트(Douglas N. Daft) 회장이 2000년 2월에 코카콜라사에 회장으로 취임하며 이렇게 말했다. "삶이란 공중에서 다섯 개의 공을 돌리는 저글링(juggling) 게임입니다. 각각의 공들은 일, 가족, 건강, 친구, 영혼입니다. 그 중 '일'이라는 공은 고무공이라서 떨어뜨리더라도 바로 튀어 오릅니다. 그런데 나머지 공들은 모두 유리공이라서 떨어뜨리면 깨져서 예전과 같이 복원되지 않습니다."

대프트 회장은 나름대로 사람들이 추구하는 행복에 대해서 말한 것인데 시편 128편에서 우리는 우리 삶의 진정한 복이 어떤 것인가 확인할 수 있다. 대프트 회장은 일 외에 가족, 건강, 친구, 영혼의 다섯 가지를 말했지만 세 가지로 요약할 수 있다. 일터와 가정과 교회이다.

시편 128편 기자는 복에 대해서 반복하고 있다. 1절에 보니 "여호와를 경외하며 그의 길을 걷는 자마다 복이 있도다"라고 한다. 하나님을 섬기는 믿음, 신앙의 길을 걷는 사람이 복되다. 구체적으로 2절이 말한다. "네가 네 손이 수고한 대로 먹을 것이라 네가 복되고 형통하리로다." 여기서 '복'을 가리키는 히브리어 '아쉬레'는 하나님과 좋은 관계 속에서 오는 행복감과 완전한 느낌을 말한다. 그리고 4절에서 1절과 비슷한 내용을 반복하며 "여호와를 경외하는 자는 이같이 복을 얻으리로다"라고 말한다. 이런 복이 5절에서는 시온에서 받는 복으로 확대된다. 시온은 성전이 있는 예루살렘을 가리키고 궁극적으로 우리가 추구하는 하나님 나라를 말한다. "여호와께서 시온에서 네게 복을 주실지어다." 후손에게 이어지고 세상의 평화로 확대되는 복을 말한다. 4절 이하에서 말하는 '복'의 히브리어 '바라크'는 하나님이 구원주로서 사람과 관계를 맺으면서 풍부한 생명을 주시기 위해 행하심을 말한다.

이 두 가지 복이 조금 불분명할 수도 있는데 앞의 복은 더 일상적인, 우리 일터와 가정에서 느끼고 추구하고 만끽하는 행복이라고 보면 된다. 뒷부분에 나오는 복은 더 공식적이고 하나님과 사람의 관계에서 보다 추상적인 복이다. 언약에 근거한 구원과 관계된 영적 복이기도 하고 온 인류를 향한 하나님의 자비를 표현하기도 한다. 이 두 종류의 복을 통해 말하는 세 터는 결국 일터와 가정과 교회라는 마당에서 실현해야 할 우리의 인생 소명을 잘 보여준다.

일터의 복
: 수고한 대로 먹는 형통함

　　　　　먼저 시인은 가정 안에서 일하는 남편과 아내와 자녀들을 묘사하고 있다. 옛날에는 삶의 터전에서 살아갈 때 일터와 가정이 따로 떨어져 있지 않고 하나인 경우가 많았다. 그런 상황이라고 생각하면 여기서 시인이 말하는 '가정'이 더 쉽게 이해된다. 먼저 시인은 수고한 대로 결과를 얻는 추수의 법칙을 잘 설명해 주고 있다. 획일적 역할 구조를 강요할 수는 없지만 통상 집안의 가장은 일터에서 힘써 일해야 한다. 우리가 일터에서 복을 받고 형통하여 성공의 길을 걷기 위해서는 반드시 힘을 써야 한다. 수고한 대로 수확을 얻을 수 있다. 일의 목표를 정하고 매진해야 한다. 주어진 자리에서 하나님이 주신 사명을 추구하는 삶을 살아야 한다.

　우리는 일터에서 목표를 가지고 일하며 살아가는데 세상이 지지하는 행복관과 우리가 추구하는 복된 삶이 다르다는 점을 기억해야 한다. 세상적 관점의 행복은 무엇인가? 400년도 더 전에 종교개혁자 장 칼뱅이 설교하면서 세상 사람들의 행복은 "편하게 사는 것과 명예를 얻고 최대한 많은 돈을 버는 것"이라고 말했다. 오늘날 사람들이 추구하는 웰빙의 삶과 꽤 비슷하다. 세상이 말하는 행복이란 누군가 가진 것을 취해 내 만족을 꾀하는 양상이다. 내가 이기고 다른 사람이 져야 얻을 수 있는 약육강식, 정글과 같은 적자생존의 논리에 기반을 둔다.

2025년 3월에 세계 인구는 82억 명을 넘어섰다. 우리는 저출산으로 큰일인데 지금도 여러 개발도상국에서는 출산을 많이 해서 2058년의 세계 인구는 100억 명이 넘을 거라고 추산한다. 이렇게 많은 인류가 제대로 먹고살 수 있을까? 현재 세계에서 생산되는 곡물은 인류가 먹고살고도 남을 만큼 충분하다. 그런데 분배가 잘 안 되는 안타까운 현실이 문제이다. 또한 육류 생산을 위해 사료로 쓰이는 곡식이 많다는 점도 문제이다. 닭의 몸무게를 1킬로그램 불리려면 2킬로그램의 곡식이 필요하다. 돼지는 3~4킬로그램, 소는 7~8킬로그램의 곡식을 먹어야 체중이 1킬로그램 증가한다. 또한 쇠고기 1킬로그램을 생산하기 위해서는 물이 자그마치 1만 6천 리터가 필요하기도 하다. 200그램의 쇠고기 스테이크를 위해 1.6킬로그램의 곡식을 사료로 먹이고 3천 리터가 넘는 물이 필요하다는 뜻이다.

그러니 아예 고기를 먹지 말자는 뜻이 아니다. 소나 돼지고기보다 닭을 먹는 게 더 낫고 결국 고기를 좀 덜 먹어야 식량 위기도 해소할 수 있다. 우리 몸에 필요한 동물성 단백질은 1년에 10킬로그램 남짓이면 되는데, 우리나라 사람도 1년에 50~60킬로그램 이상의 고기를 먹고 있다. 미국이나 유럽 사람들은 90킬로그램 이상, 100킬로그램도 먹는다. 행복에 대한 관점의 차이를 말하면서 이런 문제도 생각해 보면 좋다.

그런데 시인은 일하는 사람의 복에 대해 "네가 네 손이 수고한 대로 먹을 것이라"라고 말한다. 그것이 복되고 형통함이라고 한다. 하나님을 경외하고 그의 길을 걷는 자의 복은 일확천금이거나 로또에 당첨되는 일이 아니다. 불로소득으로 열 배 뻥튀기하여 얻는 횡재가 아니다.

그런데 뭔가 좀 아쉽다는 생각은 든다. 우리가 수고를 3만큼만 하면 하나님이 나머지 7을 채워서 10쯤 주신다면 얼마나 하나님께 감사하고 찬송하고 영광 돌리겠는가? 그런데 온 우주를 창조하시고 세상을 통치하시는 하나님이 좀 야박하시다는 생각이 들 정도도 손이 수고한 만큼 먹는 것이 복이고 형통함이라고 하셨다. 하나님의 뜻은 우리가 흔하게 접할 수 있는 세상 사람들의 축복과 성공의 개념과는 다르다는 사실을 확인할 수 있다. 경제 정책과 부동산 정책으로 복이 주어지는 것이 아니라 행복 추구의 다른 방식을 습득한 그리스도인에 의해 복이 좌우되어야 바람직하다.

그리스도인의 복에 대해 예수님이 명쾌하게 규정해 주셨다. "주는 것이 받는 것보다 복이 있다"(행 20:35). 이런 복의 의미를 새겨서 100년쯤 전에 요한네스 페더슨이 복에 대해서 이렇게 정의했다(유진 피터슨,「한 길 가는 순례자」, IVP 펴냄, 121쪽). "복이란 영혼의 내적인 힘이다. 행복도 거기서 나온다. 행복은 인간 바깥에 있는 그 무엇이 아니다. 복이란 가장 깊고도 가장 포괄적인 의미에서 삶을 누릴 수 있는 능력을 말한다. 복은 어떤 생명체도 그것 없이는 살아갈 수 없는 생의 활력을 말한다."

믿음의 길을 걷고 있는 사람들을 둘러싸고 있는 것, 성전을 향해 순례의 길을 걸어가고 있는 그 순례자들의 여정과 같은 것이 바로 복이라는 뜻이다. 우리의 믿음, 우리가 세상에서 좌충우돌하지만 하루하루 우리의 최선을 다하면서 살아갈 때 하나님이 주시는 평안을 누릴 수 있다. 그것이 진정으로 복된 상태이다.

가정의 복
: 풍성함을 나누어 넘치게 하라

다음은 아내와 자녀들이 있는 가정의 복을 말한다. 시인은 선명한 그림을 보여주고 있다. "네 집 안방에 있는 네 아내는 결실한 포도나무 같으며 네 식탁에 둘러앉은 자식들은 어린 감람나무 같으리로다"(시 128:3). 우리는 일하기만 하면서 살지는 않는다. 일터만큼 중요한 우리 인생의 '쉼터'가 있는데 바로 우리의 가정이다.

가족을 식물로 비유하는 점이 이채롭다. 포도나무와 감람나무(올리브나무)는 이스라엘 땅의 중요한 두 유실수이다. 포도주와 감람유는 밀과 더불어 이스라엘의 3대 식품이다(시 104:15). 구약에서는 이스라엘을 포도밭과 감람원으로 종종 묘사한다. 아내를 비유하는 포도나무는 특히 팔레스타인 사람들에게 있어서 풍요로움과 평화의 상징이었다. 열두 명의 정탐이 가나안 땅을 40일간 돌아본 후에 두 사람이 메고 올 정도로 크고 실한 포도송이를 보이며 풍요로운 가나안 땅을 증명해 보였다. 실제로 그렇게 큰 송이의 포도가 있고 1천 송이나 되는 많은 포도를 맺는 포도나무도 있을 정도로 포도나무는 풍요로움을 상징한다.

이런 포도나무를 한 집안의 아내로 묘사한다. 남편이 하나님을 경외하며 수고해서 일하는 것처럼 아내는 가정에서 이렇게 풍요와 평화의 열매를 맺고 유지해 간다. 결국 그런 평화와 풍성함의 복이 넘쳐나도록 만들어 가는 일이 중요하다.

감람나무, 특히 어린 감람나무는 가정의 자녀들을 상징한다. 이 올리브나무는 척박한 땅에서도 잘 자란다. 포도나무가 자라기 힘든 건조한 땅에서도 감람나무는 뿌리를 깊이 내리고 자랄 수 있다. 수명도 길어서 천 년을 산다고 한다. 줄기를 잘라도 그 남은 몸통 부분에서 어린 가지들을 여러 개 내어 없애기도 쉽지 않을 정도이다. 성장은 더딘 편이다. 7년은 되어야 열매를 맺고 15년쯤 되야 다 자란 나무가 되는데, 한 나무에서 5백 킬로그램 정도의 올리브 열매를 수확할 수 있다. 높이가 20~30미터까지 자라고 올리브 열매는 과육의 50퍼센트가 기름이어서 올리브유를 짠다.

풍성함과 요긴함을 안고 어린 올리브나무의 순이 자라나는 모습을 연상할 수 있다. 집안의 자녀를 어린 감람나무로 묘사한다. 영어의 워드플레이지만 올리브(olive) 나무를 all live, '모두를 살리는 나무'라고 표현할 수도 있다. 우리 그리스도인의 인생은 자기 하나 잘 먹고 잘사는 것으로 끝날 수 없다. 우리 자녀들의 인생 소명은 자신이나 잘 먹고 잘살고 자신의 가족이나 배 불리는 이기적 목표로 한정될 수 없다. 먹고 사는 일은 그야말로 당연하고 모두를 살리는 올리브가 되기 위해 우리의 자녀들이 성장하면 그야말로 복이 아닐 수 없다.

일터만큼 중요한 우리 인생의 터전은 바로 가정이다. 시편 기자가 말하는 대로 우리 가정은 우리 인생의 중요한 쉼터이다. 우리 가족이 바로 이렇게 우리 쉼터에서 현재에 만족하고 미래를 아름답게 꿈꾸게 하는 우리 삶의 원천이 된다. 그런데 예수님은 가족을 생물학적인 혈연관계로만 규정하지 않으셨다. "누구든지 하나님의 뜻대로 행하는 자가 내 형제요 자매요 어머니이니라"(막 3:35). 가족이 교회 공동체로 확대되고 하나님 나라 시민사회로 확산된다. 시편 128편의 1~3절이 묘사하는 일터와 가정은 자연스럽게 교회 공동체로 확대된다. 하나님이 주신 복은 가정의 행복으로부터 시온과 이스라엘의 번영으로 자연스럽게 넘어간다.

시온의 복
: 대를 이어 하나님 나라를 임하게 하라

하나님이 주신 복은 내가 일터에서 열심히 일하고 우리 가족들과 행복하게 잘 지내는 것만이라고 생각하면 그것은 폐쇄적인 생각이다. 시편 128편의 후반부(4-6절)의 내용이 바로 그런 위험을 경고한다. 4절에서 1절과 같은 여호와 경외자의 복을 언급한 후 시인은 이렇게 노래한다. "여호와께서 시온에서 네게 복을 주실지어다. 너는 평생에 예루살렘의 번영을 보며 네 자식의 자식을 볼지어다. 이스라엘에게 평강이 있을지로다"(시 128:5-6).

"시온, 예루살렘, 이스라엘" 등의 표현은 전반부의 '가정'보다는 확대된 공동체를 말한다. 시인은 성전으로 순례의 길을 가고 있기에 이렇게 말한다. 시온은 예루살렘을 말하는 또 다른 표현인데 성전을 주로 의미하고 예루살렘은 이스라엘의 수도인 도성을 말한다. 시온이 교회를 말한다면 예루살렘은 우리가 사는 도시, 그리고 이스라엘은 더 확대된 하나님 나라에 대한 상징이라고 볼 수 있다.

시편 기자는 하나님이 복을 주시면 예루살렘의 번영을 평생 보다가 그 자식의 자식을 볼 것이라고 고무적인 이야기를 한다. 여기서 '번영'은 경제적으로 번성하고 떵떵거리는 것을 말하지 않는다. 이 단어는 창세기 1장에서 하나님이 날마다 창조의 결과를 묘사할 때 하나님이 "보시기에 좋았"던 만족감과 같은 단어이다(히브리어, 토브).

하나님의 관점에서 아름다운 모습이 바로 이 번영이다. 시편 134편은 시편 120편에서 시작되는 성전 순례 시 열다섯 편의 마지막 노래이다. 성전 순례의 노래를 마무리하면서 이렇게 노래한다. "천지를 지으신 여호와께서 시온에서 네게 복을 주실지어다"(시 134:3). 온 세상의 창조주이신 하나님이 주시는 복, 하나님 나라의 아름다운 복을 언급하고 있다. 이것이 시온의 복이다.

후손들에게 하나님의 복이 전달되는 것을 말하는 이 구절은 유산(legacy)이라고 표현할 수 있다. 가족 이기주의에서 벗어나 복을 공동체 속으로 나누는 단계로 나가는 셈이다. 성공은 계승되어야 한다. 이어져야 제대로 된 성공이다. 이 계승은 참 의미 있다. 나만 성공하고 끝난다면 그것은 이기적 성공이다. 많이 가진 사람들이 자신의 부와 번영을 연약한 사람들과 나누지 않으면 그것은 성공의 사막화일 뿐이다. 한 개인의 번영이 다른 사람에게 복이 되지 않으면 오히려 저주가 될 가능성이 크다. 많이 가진 사람은 홀로 오아시스에 사는 것 같지만 주변은 황폐한 사막이 되어 있다.

한 번 성공해도 그것으로 끝이면 반짝 성공일 뿐 참된 성공은 아니다. 유산(遺産)이 되어야 한다. 자녀들에게도 계승해야 하겠고 우리 일터에서도 선배는 후배들을 양육하고 세워야 한다. 우리 교회의 다음 세대에게 바람직한 계승을 시도해야 한다. 사람이 중요하다. 결국 우리는 사람을 남겨야 한다. 어부인 제자들을 부르면서 예수님이 사람을 취할 것이라 하시지 않았는가?

영화 〈홀랜드 오퍼스〉에서 사람을 남기는 인생 소명을 아름다운 음악과 함께 알려준다. 작곡을 전공한 음악도 글렌 홀랜드는 존에프 케네디고등학교 음악교사로 취업했다. 세상이 깜짝 놀랄 교향곡 작곡가가 되기를 바라는 원대한 꿈을 위해 4년만 교사로 일하면서 종잣돈을 마련하기로 한 발짝 후퇴했다. 그리고 퇴직한 후 교향곡 작곡에 전념하여 이름을 날리겠다는 계획을 세웠다.

그러나 아이들과 음악 수업을 하면서 현실이 녹록지 않음을 깨닫는다. 아이들이 말을 알아들어야 음악을 알려줄 수 있지 않은가? 결국 비틀즈를 수업시간에 말하면서 음악을 이해시키려고 노력한다. 합주단을 만들어 연주회도 하고, 거츄르드 랭이라는 열등감에 빠진 여학생에게는 클라리넷을 연주할 때 노을을 생각하고 연주해보라며 적절한 개인교습을 해주며 돌보았다.

그런데 글렌 홀랜드는 태어난 아들이 들을 수 없는 장애아여서 절망했고 뚜렷한 대책도 없어 교사 일을 그만둘 수 없었다. 그렇게 30년간 교사 생활을 하게 되었다. 자기가 정년퇴임하면 음악 수업이 없어진다고 해서 백방으로 뛰어다니면서 음악 수업을 살려보려고 하지만 결국 실패했다. '아, 난 지난 30년간 참 헛일을 했나 보다!' 생각하며 우울하게 박스 하나를 들고 학교를 떠나려고 하는데 강당에서 사람들의 소리가 들렸다. 들어가 보니 홀랜드 선생님의 퇴임식을 재학생과 졸업생들이 준비하고 있었다. 클라리넷을 가르쳐 주었던 소녀 거츄르드가 주지사가 되어 찾아와 홀랜드 선생님의 퇴임식 축사를 했다.

"선생님, 선생님은 교향곡 작곡을 해서 유명해지고 싶으셨습니다. 그런데 우리에게나 유명하실 뿐입니다. 그런데 선생님, 실망하지는 마세요. 우리가 당신의 음악입니다. 우리가 선생님의 음표입니다. 우리가 바로 당신의 교향곡입니다. 우리가 선생님의 가르침 받아 오늘 이 자리에 있습니다. 이제 선생님에게 지휘봉을 넘겨드릴 시간입니다."

홀랜드 선생님은 30년 동안 교향곡을 단 한 곡 작곡했는데 초연도 하지 못하고 있었다. 그 곡을 제자들이 몰래 연습해서 선생님의 퇴임식 날 함께 연주하면서 이 영화가 끝난다. 이 영화의 질문을 누구나 눈치챌 수 있다. 홀랜드 선생님의 오퍼스(opus, 인생 작품)가 뭔가 말이다. 인생을 다 바쳐 한 곡 작곡한, '아메리칸 심포니'가 홀랜드 선생님의 인생 역작인 오퍼스인가? 이름을 날리고 싶었고 꼭 성공하고 싶었던 그 교향곡인가? 아니었다. 바로 제자들, 어쩌면 억지로 30년 교사 생활을 했는지 모르지만 홀랜드 선생님이 가르쳤던 바로 그 제자들, 즉 사람이 홀랜드 선생님의 인생 작품이었다고 영화 〈홀랜드 오퍼스〉는 알려준다.

사람을 세우는 일이 중요하고 그만큼 힘들다. 그런데 이 계승이 결국 시온의 복이다. 예루살렘의 번영은 결국 미래에 대한 기대이다. 나에서 시작해 가정 공동체와 일터 공동체 그리고 교회 공동체를 거쳐 결국 이 세상에 이루어질 하나님 나라를 말한다. 이것이 진정한 복이요 우리가 추구해야 할 인생 소명이다. 이 인생 소명의 확산을 예수님이 말씀하신 확대 가족 공동체와 연결시킬 수 있다.

"(너는) 네 자식의 자식을 볼지어다. 이스라엘에게 평강이 있을지로다"(시 128:6). 우리 삶은 관계 속에서 이루어지기 때문이다. 평생에 예루살렘의 번영을 보는 것은 저절로 실현되지 않는다. 후손에게 전해질 때, 사람을 통해 이어질 때 주어지는 평화이다. 우리 가정의 복과 시온의 복은 이렇게 이음터가 되어야 한다. 유산으로 전해져야 한다. "이스라엘에게 평강이 있을지로다." 하나님 나라를 상징하는 이스라엘에게 임하는 평강, 이것은 이 시의 결론이다. 하나님 나라가 확대되기를, 그래서 평화가 넘쳐흐르기를 기대하고 있다.

이 시의 마지막 부분은 서술이라기보다는 축복의 선언이다(시 128:5-6). 예배 때 마지막 순서로 하는 축도와 같다. 기도라기보다 하나님의 약속을 근거해 널리 알리는 선포의 형식이다. 시온에서 제사장이 선언하는 복을 하나님이 주신다. "여호와께서 시온에게 네게 복을 주실지어다." 예루살렘 도성에서 사회 구성원으로 얻는 번영을 주신다. "너는 평생에 예루살렘의 번영을 볼지어다." 후손들에게 대를 이어 전해지고 이스라엘, 하나님 나라에 영원한 샬롬이 임하게 된다. "네 자식의 자식을 볼지어다. 이스라엘에게 평강이 있을지어다." 이런 축복의 선포를 하고 있다.

예루살렘 성전을 향해 순례의 길을 떠난 시인은 자신의 일터와 가정의 행복과 아내와 자식들로 인한 축복에 만족하지 않는다. 일터와 가정을 넘어 교회와 사회, 민족과 나아가 하나님 나라를 바라본다. "이스라엘에게 평강이 있을지로다." "이는 물이 바다를 덮음같이 여호와의 영광을 인정하는 것이 세상에 가득함이니라"(합 2:14). 이런 놀라운 환상을 우리도 바라볼 수 있다. 우리도 우리의 가정과 일터, 교회로부터 세상과 하나님 나라를 바라봐야 한다.

CHAPTER·05
하나님 나라 왕의 인생 소명

　교회 생활에 친숙하지 않거나 교회 밖에 있는 사람들에게 성경 읽기를 권할 때 '잠언'을 많이 추천한다. 솔로몬 왕과 여러 지혜자들이 잠언을 썼는데 잠언에는 누구나 공감할 만한 인생의 지혜가 담겨 있다. 잠언의 마지막 장인 31장은 잠언의 결론이라고 할 수 있다. 지혜의 바람직하고 구체적인 사례를 제시하고 있다. 본래 잠언의 많은 부분이 솔로몬 왕이 아들 왕에게 주는 교훈이다. 그런데 잠언 31장에도 왕이 한 사람 등장하는데 그는 르무엘 왕이다. 르무엘은 '하나님께 속한 자'라는 뜻이다.

　이 사람의 존재에 대해서 여러 견해가 있다. 솔로몬 왕이라고도 하고 왜 이런 특별한 이름이 뜬금없이 나오느냐고 반론을 제기하는 사람들도 있다. 정확히는 알 수 없는 한 왕이라고 생각해도 좋겠다. 만약 솔로몬 왕이라고 한다면 그의 어머니는 밧세바이다. 솔로몬이 왕이 되자 태후가 된 밧세바가 아들 왕에게 교훈하는 내용이라고 볼 수도 있다. 이 왕의 어머니가 아들에게 주는 교훈이 잠언 31장의 앞부분(1-9절)에 나온다.

그리고 10절 이하에 길게 나오는 '현숙한 여인'에 관한 이야기는 여염집의 아낙이라고 하기에는 살림의 규모나 행동의 스케일이 너무 크다. 이 여인이 관여해야 하는 생활의 무게와 비중이 한 개인의 가정이라는 울타리를 넘어선다는 느낌을 분명하게 받는다. 그래서 잠언 31장 앞부분의 왕에 대한 여성판 대역(代役)으로 볼 수 있겠다. 현숙한 여인은 '왕비'를 가리킨다고 본다. 이런 관점으로 잠언 31장을 살펴볼 수 있다.

창조주 하나님이
인류에게 주신 왕의 소명

온 세상의 창조주이신 하나님은 세상 만물을 만드셨고 특히 인간을 창조하신 여섯째 날을 복주셨다(창 1:31) 사람에게 생육하고 번성하며 하나님이 만들어 놓으신 모든 피조물을 다 다스리라고 명령하셨다. 인간은 창조주 하나님의 지상 대리인이다. 온 세상의 왕이신 하나님의 창조 명령을 수행해야 한다. 이것이 바로 왕에게 주신 소명이다. 우리를 구원하여 양자로 삼으신 아빠 하나님은 우리에게 '왕의 소명'을 주셨다. 왕이신 하나님의 아들로서 왕의 소명을 세상 속에서 피조물들에 행사하도록 우리는 요구받고 있다.

세상을 창조하고 통치하시는 하나님의 아들이니 바로 우리가 왕이다. 피조물의 회복을 위해 기여해야 할 왕의 소명은 결국 에덴동산에서 아담이 가졌던 소명과 깊은 연관이 있다. 이렇게 기록한다. "하나님이 이르시되 우리의 형상을 따라 우리의 모양대로 우리가 사람을 만들고 그들로 바다의 물고기와 하늘의 새와 가축과 온 땅과 땅에 기는 모든 것을 다스리게 하자 하시고 하나님이 자기 형상 곧 하나님의 형상대로 사람을 창조하시되 남자와 여자를 창조하시고 하나님이 그들에게 복을 주시며 하나님이 그들에게 이르시되 생육하고 번성하여 땅에 충만하라. 땅을 정복하라. 바다의 물고기와 하늘의 새와 땅에 움직이는 모든 생물을 다스리라 하시니라"(창 1:26-28).

하나님을 대신하여 세상에서 왕으로서 소명을 다하는 인간은 하나님의 형상으로 창조되었기에 왕의 소명을 다할 수 있다. 만약 우리가 하나님의 형상으로 창조되지 않았다면 왕의 소명을 가질 수 없다. 세상에서 피조물들을 향해 리더십을 행사할 수 있도록 하나님이 사람을 만들어 놓으셨다. 하나님이 복 주셔서 세상을 정복하고 다스릴 특권을 주셨다. 인간이 하나님의 형상으로 창조되었기 때문이다. 우리 인간의 인격과 성품과 능력과 행동 속에는 하나님의 속성이 반영되어 있다. 우리는 유한한 존재이고 또한 죄를 지어 오염되기도 했지만 그 본디 속성은 남아 있다. 이것이 바로 우리에게 주어진 책임이다. 우리는 이 세상의 관리자라는 직분을 맡아서 충성해야 할 책임이 있다. "여호와 하나님이 그 사람을 이끌어 에덴동산에 두어 그것을 경작하며 지키게 하시고"(창 2:15). "경작하며 지키게" 하셨다는 말씀이 우리의 책임을 구체적으로 보여준다.

'경작한다'라는 의미는 하나님을 섬기듯 세상을 섬기는 것을 말한다. 히브리어 '아바드'는 '섬기다'라는 뜻이 있는데 이것은 하나님을 섬기는 것이기도 하고 또한 사람들에게 봉사하는 것이기도 하다. 영어 단어 Service가 하나님을 향한 예배를 뜻하고 동시에 사람을 향한 봉사를 의미하는 것도 히브리어 '아바드'와 같다. 이 섬김은 인간이 창조 세계를 다스리는 왕권을 행사하는 방식이다. 고압적 통치를 하는 세상의 왕권과는 다르다.

'지키게 한다'라는 의미는 안전하게 보호하고 돌보는 책임을 말한다. 히브리어 '샤마르'는 안전하게 지킨다는 뜻인데 보호와 돌봄, 경계함을 가리킨다. 어떤 것을 헌신적으로 보살필 가치가 있는 것으로 진지하게 대한다는 의미를 담고 있다. 이런 의미는 오늘날 경영에서 말하는 기업의 사회적 책임과 연관되어 있다. 하나님이 본래 인류에게 주신 소명을 오늘날의 기업들이 관심 가지고 실천하는 것은 고무적인 현상이다. 하나님의 일반은총의 한 역할을 잘 보여주고 있다.

결국 이런 왕의 소명은 그 뜻에서 내포하고 있는 대로 종의 모습이라고도 말할 수 있다. 왕이면서 동시에 종인 셈이다. 생소한 개념은 아니다. 예수님은 만왕의 왕이시지만 종의 모습으로 이 땅에 오셔서 인류를 위해 대속의 사역을 감당하셨다. 데이브 북리스가 「Planetwise」에서 우리 인간의 왕이면서 종인 특별한 소명에 대해 이렇게 정리했다.

"신약성경에서 예수님이 우리에게 주신 대위임 명령은 하나님이 성경 첫 부분에서 우리에게 주신 바로 그 최초의 대위임 명령과 함께 보유되어야 한다. 창세기 1장에서 하나님이 인간에게 하신 최초의 말씀은, 하나님을 대신하여 물고기와 새와 다른 살아 움직이는 피조물을 다스리고 돌보라는 것이다. 이것은 인간이 된다는 것이 무엇을 의미하는지 보여주는 직무기술서라고도 할 수 있다. '우리는 왜 여기에 있는가?'라는 질문에 대한 궁극적 대답은 하나님을 예배하고 섬기기 위하여가 되어야 한다. 그 예배와 섬김의 첫 번째 요소로 성경이 이야기하는 것은 바로 창조세계를 돌보는 것이다"(크리스토퍼 라이트, 「하나님 백성의 선교」, IVP 펴냄, 61쪽).

왕의 소명
: 방종과 방탕을 금하고 목소리를 높이라

르무엘 왕의 어머니는 잠언 31장 앞부분에서 성적 방종과 음주 방탕을 금지하고 있다. 이 두 가지를 금해야 하는 이유는 무엇인가? 왕으로서 약자를 보호하고 공의를 시행해야 하기 때문이다. "너는 말 못 하는 자와 모든 고독한 자의 송사를 위하여 입을 열지니라. 너는 입을 열어 공의로 재판하여 곤고한 자와 궁핍한 자를 신원할지니라"(잠 31:8-9).

약자들을 돌보고 정의를 시행해야 하는 왕의 책임을 다하기 위해서 방해가 되는 모든 것에서 벗어나야 한다. 성적 방종과 음주 방탕을 르무엘의 어머니가 지적하는데 오늘날에도 각종 중독이 사람들을 괴롭히고 있다. 요즘 우리 시대에는 성인들은 알코올 중독, 마약 중독, 도박 중독, 아이들은 게임 중독 같은 것들이 심각하다. 이런 것들을 4대 중독이라고 하고 외에도 많은 중독이 있다.

중독에서 벗어나기 위해서 본인이 먼저 의지를 다져야 한다. 본인이 문제의식을 느껴야 중독에서 벗어날 수 있다. 물론 그렇게 스스로 해결할 수 있으면 왜 중독으로 고생하겠는가? 쉽지 않다. 그러니 주변의 도움을 받아야 한다. 함께 하나님께 기도하며 애써야 하겠다. 의학적 도움도 필요하다. 이건 병이 아니라고 생각하는 것이 가장 심각한 병이다. 중독은 병이다. 작정하고 고쳐나가야 한다. 내 힘으로만은 안 되니 전문가의 도움을 받으면 벗어날 수 있다.

왜 이런 중독에서 벗어나야 하는가? 르무엘 왕의 어머니는 세 가지 이유를 제시한다. 성적 방종이 왕들을 멸망시키기 때문이라고 한다(3절). 또한 음주 방탕은 왕들에게 마땅하지 않기 때문이라고 왕의 어머니는 지적한다(4절). 술을 마시다가 법을 잊어버리고 모든 곤고한 자들의 송사를 굽게 할까 두렵다고 말한다(잠 31:3-5).

결국 성적 방종과 음주 방탕은 왕의 책임을 망각하게 하여 왕의 소명을 다하지 못하게 하기에 피해야 한다. 중독에서 벗어나야 하겠다. 그렇게 하지 못하면 세상 속에서 하나님이 세우신 왕과 종의 소명을 다할 수 없게 된다.

시편 72편은 솔로몬의 시인데, 이 시 속에서 약한 자들 편에 서는 왕의 중요한 책임에 대해서 말하고 있다. "그가 주의 백성을 공의로 재판하며 주의 가난한 자를 정의로 재판하리니 의로 말미암아 산들이 백성에게 평강을 주며 작은 산들도 그리하리로다. 그가 가난한 백성의 억울함을 풀어 주며 궁핍한 자의 자손을 구원하며 압박하는 자를 꺾으리로다"(2-4절).

"그는 궁핍한 자가 부르짖을 때에 건지며 도움이 없는 가난한 자도 건지며 그는 가난한 자와 궁핍한 자를 불쌍히 여기며 궁핍한 자의 생명을 구원하며 그들의 생명을 압박과 강포에서 구원하리니 그들의 피가 그의 눈앞에서 존귀히 여김을 받으리로다"(12-14절).

바로 이런 내용을 담아서 왕의 책임을 다하라고, 왕의 어머니는 아들 왕에게 핵심적인 교훈을 주고 있다. "너는 말 못하는 자와 모든 고독한 자의 송사를 위하여 입을 열지니라. 너는 입을 열어 공의로 재판하여 곤고한 자와 궁핍한 자를 신원할지니라"(잠 31:8-9). 특히 왕의 어머니는 입을 열라고 강조한다.

누구를 보고 입을 열고 목소리를 높이라고 하는가? 말 못하는 자(스스로 방어할 수 없는 사람), 고독한 자(죽어가고 있는 사람), 곤고한 자(괴롭고 비천한 사람), 궁핍한 자(도움이 필요한 사람) 등을 언급한다.

오늘 이런 사람들이 누구인가? 오늘날에도 이렇게 힘들고 소외된 사람이 많다. 우리 사회에 아직도 제대로 해결되지 않고 쌓인 문제들은 여전히 그대로이다. 안전의식의 결여에 대해서도 목소리를 높여야 한다. 구태에 빠진 사람들을 위해서도 목소리를 높여야 하겠다. 재난과 고통을 당하고 있는 불쌍한 이웃이 누구인가?

그 사람들을 향해서 입을 열라고(speak up, NIV.), 목소리를 높이라고 왕의 어머니는 교훈한다. 반드시 그들을 향해 옹호하고 돕는다는 취지의 발언을 꼭 하라고 강조한다. 스피크 업! 우리도 세상의 악과 불의에 맞서 목소리를 높여야 한다.

영화 〈쇼생크 탈출〉의 앤디 듀프레인이 자기가 가진 자유정신을 동료들에게 들려주기 위해 방송실을 장악한다. 모차르트의 오페라 〈피가로의 결혼〉 중에 나오는 멋진 아리아를 음반을 틀어 들려준다. 스피커를 통해서 한다. "아, 아, 마이크 시험 중입니다." 이렇게 하지 않고 스피커를 켜자 틱틱 소리가 한두 차례 들리더니 곧바로 노래가 나왔다. 간수들이 너 죽었다면서 빨리 문 열라고 재촉했다. 그러자 앤디 듀플레인이 스피커 볼륨을 올린다. 볼륨 업! 스피크 업! 우리도 세상을 향해 목소리를 높여야 한다.

세종대왕이 가졌던 왕의 소명 의식도 배울 수 있다. 조선왕조실록 세종 41권, 10년 9월 27일(병자) 여섯 번째 기사가 전한다. 형조에서 왕에게 이렇게 아뢴다. "진주 사람 김화라는 자가 제 아비를 죽였사오니 율에 의하여 능지처참하소서." 왕이 그대로 따랐다고 한다. 이윽고 왕이 탄식하기를 "계집이 남편을 죽이고, 종이 주인을 죽이는 것은 혹 있는 일이지만 이제 아비를 죽이는 자가 있으니, 이는 반드시 내가 덕(德)이 없는 까닭이로다." 이렇게 책임을 통감한 세종은 1434년(세종 16년)에 왕명으로 직제학 설 순 등이 편집한 「삼강 행실도」를 보급했다. 군신/부자/부부의 삼강(三綱)에 모범이 되는 사람들 110명씩을 뽑아서 3권의 책으로 만들었다. 충신과 효자, 열녀를 이야기로 만들어서 백성들에게 읽히려고 했다.

이 책은 각 사람에 대한 설명이 세 부분으로 되어 있었다. 가장 먼저 일러스트가 있었다. 당시 한자를 모르는 백성들이 그림을 보고도 알 수 있도록 일러스트를 넣은 것이다. 그리고 설명 부분은 충신, 효자, 열녀의 행적을 기술하고 마지막으로 찬시(讚詩)를 넣었다. 세종 임금이 왜 이렇게 했겠는가? 법과 율을 몰라 자기가 어떤 죄목으로 죽는지도 모르고 사형당하는 백성을 세종대왕은 긍휼히 여겼다.

이렇게 백성을 긍휼히 여기는 마음의 결정체가 바로 한글 창제였다. 그림 넣은 한자책만으로 만족할 수 없어 백성이 쉽게 읽을 수 있는 한글을 만들었다. 세자(뒷날 문종)와 함께, 왕 자신이 한글의 기본을 거의 만들어 놓고 집현전 젊은 학자들에게 구체화하라고 지시해서 한글의 체계를 완성했다. 왕이 직접 세자와 함께 많은 연구를 했다. 왕은 한쪽 눈이 물러 터지고 감길 지경에 이를 정도로 공부했다. 신하들의 상소가 줄을 이었다. 이제 글을 만드니 우리도 몽골이나 일본처럼 오랑캐가 된다고 사대주의에 빠진 신하들의 집요한 반대를 받았다. 신하들은 세자에게 학문과 수련을 시켜야 할 텐데 엉뚱한 한글 만드는 일이나 시킨다고 나라의 뒷날을 걱정했다. 그런 모든 반대를 무릅쓰고 세종대왕이 한글을 만들었다.

그런데 세계적으로도 빼어난 글자 한글을 만든 후에 세종이 가장 먼저 지시한 일이 뭔지 아는가? 어려운 한자로 되어 있는 법률을 가장 먼저 한글로 번역하게 했다. 법을 몰라 어려움을 겪는 백성이 없도록, 백성의 삶의 질을 높여주기 위해 이런 일을 했다. 바로 이것이 왕의 참다운 책임의식이다. 이런 세종대왕의 책임의식을 우리도 본받아서 우리의 위치에서 세상을 향해 목소리를 높이고 책임을 다해야 한다.

우리는 세상에서 하나님이 창조하신 세상을 돌보는 종의 소명을 다해야 하는 왕들이다. 왕으로서 책임을 다하기 위해서 노력해야 한다. 성적 방종과 음주 방탕한 삶을 중단해야 한다. 온갖 중독에서 벗어나야 한다. 바른 정신으로 왕의 책무를 다해야 한다. 약한 자들, 소외된 자들, 우리의 도움이 필요한 자들을 향해서 반드시 목소리를 내야 한다. 목소리의 볼륨을 높이라고 요구한다. 따뜻한 마음으로 연약한 사람들을 옹호할 수 있다. 들릴 때까지, 해결될 때까지 소리쳐야 한다. 우리는 우리 일터에서도 이런 왕의 소명을 다하면서 우리 동료들을 돌보고 세상 사람들을 세워주어야 한다. 그러면 왕의 소명을 다하는 하나님 나라의 멋진 왕들이 될 수 있다.

CHAPTER 06
하나님 나라 왕비의 인생 소명

잠언 31장에서는 왕의 소명에 이어 왕비의 소명을 살펴볼 수 있다(잠 31:10-31). 이 부분에 나오는 '현숙한 여인'은 이른바 슈퍼우먼이어서 찔러도 들어가는 곳 하나 없다. 일인 다역을 잘 수행하는 이상적인 주부이자 여성 직업인이다. 직장 일이면 직장 일, 집안 살림이면 살림, 가족들에게 존경받고 평판도 좋고 신앙도 좋은 그야말로 완벽한 여성 직업인의 모습을 보여준다. 또한 남편도 성공하도록 도와주니 어디 흠잡을 데가 없어 보인다.

잠언은 지혜를 여성으로, 즉 '지혜 여인'으로 묘사한다(잠 1:20-33, 8장, 9:1-12 등). 설교자와 여성 선지자, 여성인 교사로 등장한다. 그런 의미에서 잠언 31장에 등장하는 '현숙한 여인'은 바로 지혜가 구체화되고 의인화된 모습을 보여준다. 성별 구분은 별로 의미가 없다. 여성만 들어야 할 교훈이 아니라 남성을 포함한 모든 사람이

들어야 한다. "누가 현숙한 여인을 찾아 얻겠느냐?" 누가 이런 멋진 왕비를 얻겠느냐? 왕비 간택에서 확인해 보자는 뜻이다. 여염집 살림을 하는 아낙의 모습이 아니고 규모가 매우 큰 살림을 하는 것을 알 수 있다. 나아가서 이상적인 주부와 아내, 백성들의 어머니인 왕비의 미덕을 보여주려는 의도임을 우리가 알 수 있다.

왕비의 미덕은 크게 세 가지로 나타나고 있다. 하나는 능력을 발휘하는 유력함, 그리고 지혜로운 태도, 마지막은 하나님을 경외하는 믿음이다. 능력과 태도와 믿음은 직업의 목적인 3M으로 표현할 수 있다. 일해서 돈을 버는 Money, 삶의 의미와 보람을 찾는 태도를 보여주는 Meaning, 주님께 하듯이 일하며 삶을 신앙으로 승화시키는 Mission이다. 결국 하나님 나라를 세워가는 청지기이자 공동체를 세우는 사람이고 동시에 하나님이 주신 소명을 실천하는 한 사람을 보여준다. 하나님 나라 왕비의 세 가지 소명을 살펴보자.

기업가 정신으로 발휘하는
탁월한 능력 : Money

왕비의 미덕을 노래하는 잠언 저자는 현숙한 여인이 진주보다 가치 있다고 하면서 가장 먼저 남편을 안심시키고 믿음을 준다고 말한다(잠 31:11-12). 현숙한 여인은 남편을 편하게 해주는 사람이다. 흔히 말하는 '내조'로 남편을 돕는다기보다 재정적 측면으로

'맞벌이'를 한다는 의미이다. "산업이 핍절하지 않는다"라는 표현은 좀 어렵지만 남편이 가정에 필요한 돈을 벌기 위해 약탈하거나 도둑질할 필요가 없다는 뜻이다. 현숙한 여인의 역할이 평생에 남편에게 선이 되고 복이라는 뜻이다.

그렇다고 해서 이 여인의 남편이 재정적으로 무능한 사람은 아닌 듯하다. 여인의 남편을 가리켜 "그 땅의 장로들과 함께 성문에 앉으며 사람들의 인정을 받"는다고 말한다(잠 31:23). 그러면 이 여인이 왜 나서서 이렇게 일을 하고 그것이 현숙한 여인의 첫 번째 미덕으로 언급되는가 우리가 생각해 보아야 하겠다. 일단 생각할 수 있는 이유는 이 집이 큰 살림이기 때문이라고 이해할 수 있다. 남편이 대외적인 일을 주로 한다면 안에서 집안의 살림을 꾸려나가는 역할이 필요하지 않았겠는가? 과거 우리나라 양반 집의 안방마님이 청지기 역할을 하는 종을 통해 이렇게 살림을 꾸려가는 모습과 비슷해 보인다. 또한 한 나라의 왕비라면 당연히 국가의 산업을 생각해야 한다.

왕비는 그러면 어떻게 일하는가?(잠 31:14-16). 사업에 필요한 원료를 잘 고른다. "양털과 삼을 구하여 부지런히 손으로 일"하는 길쌈질을 한다. 옷감을 만들어 옷을 만드는 일은 집안 여인들의 기본적인 일이었다. 또한 상인의 배, 즉 무역선이 나오는데 먼 데서 양식을 가져온다는 것은 부지런한 여인이 식구들을 먹일 양식을 얻기 위해 먼 곳에 가는 것도 기꺼이 한다는 뜻이다. 그렇게 음식을 준비해 두고 날이 새기 전에 일찍 일어나서 집안사람들에게 나누어 준다. 그리고 여종들에게 그날에 해야 할 일을 지시한다. 이 여인은 일꾼을 일 시키려면 잘 먹여야 하는 점도 잘 알고 있다. 오늘날의 기준으로 사업가의 책임을 알고 있는 셈이다.

또한 여인은 밭을 살펴보며 사기도 한다. 보통 가장이 결정할 부동산 구입을 여인이 책임지고 하는 모습이다. 또 자기 손으로 번 것을 가지고 포도원을 일군다. 수익성이 높은 곳에 투자할 줄도 알았다. 이것은 집안 살림을 하면서 투자하는 일까지 여인이 책임진다는 뜻이다. 그야말로 현숙한 여인이라고 칭송받아 마땅해 보인다.

현숙한 여인의 일하는 모습을 보면 우리 인간 삶의 기본적 필요를 위해 애쓰고 있음을 알 수 있다. 한마디로 줄이면 의식주(衣食住)이다. 옷을 짓고 밥을 짓고 집을 짓는다. 한 기업의 광고를 보니 우리 삶의 필수적인 세 가지 의식주가 다 '짓는다'라고 표현되는 공통점이 있다. 짓는 것 세 가지를 언급했는데 또 하나 짓는 것이 있다. 의식주에 관련하여 욕심이 생기면 짓게 되는 것은 바로 '죄'이다. 의식주에 관한 부분에서 우리는 죄짓지 않기 위해 노력해야 한다.

그 방법에 대해서 예수님이 적절히 지적하셨다. "너희는 먼저 그의 나라와 그의 의를 구하라. 그리하면 이 모든 것을 너희에게 더하시리라"(마 6:33). '모든 것'은 앞에서 예수님이 말씀하신 먹고 입는 문제로 우리의 의식주이다. 왜 풍요로운 삶을 살려고 하는가? 먼저 하나님의 나라와 의, 즉 우리 인생 소명을 먼저 생각하고 우선순위를 정해야 한다는 뜻이다. 왜 돈을 많이 벌고 좋은 집에 살고 좋은 옷을 입고 싶은가? 그것이 하나님 나라를 임하게 하는 인생의 목적과 어떤 관계가 있는지, 어떤 우선순위를 세울 것인지 스스로 질문하고 냉철하게 답해야 한다.

이렇게 가정에서 경제적으로 분명하게 서 있는 현숙한 여인의 모습을 보면 기업가 정신(entrepreneurship)을 가지고 있었다고 생각할 수 있다. '기업가'라는 뜻의 영어 단어 entrepreneur는 본래는 '성직자'를 의미하는 프랑스어에서 유래했다. 중세 시대에 성당이나 성을 건축하던 큰 건축 현장을 감독했던 사람이 있는데 그 사람이 바로 사제였다. 이 앙터푸르너는 다재다능한 사람이었다. 발명가, 기획자, 설계자, 매니저, 고용주의 역할을 했다. 비전을 제시하고 구체적인 계획을 세워서 추진하는 기업가 정신을 가져야만 했다. 이런 기업가 정신을 현숙한 여인이 보여주고 있다(폴 스티븐스, 「일의 신학」, CUP 펴냄, 164쪽).

이런 기업가정신을 잘 반영한 현숙한 여인을 묘사한다(잠 31:17-19). 현숙한 여인은 "힘 있게 허리를 묶으며 자기의 팔을 강하게" 한다. 이 여인은 일할 줄 아는 기업가이다. 자신의 건강이 확보되어야 일을 제대로 할 수 있음을 알았다. 이런 기초 체력을 가지고 장사가 잘될 때는 밤에도 등불을 끄지 않고 일을 했다. 야근에 철야작업도 했다는 뜻이다. 늘 그렇게 일했다면 1, 2년은 할 수 있어도 계속하기는 힘들었을 테다. 장사가 잘될 때 그렇게 했다고 한다. 준비해 둔 힘이 있으니 필요한 때 힘을 내서 일할 수 있었다. 완급조절을 하면서 몰입해 일하는 방법을 알았다.

몰입은 참 중요하다. 집중하는 능력이 필요하다. 뭔가 느낌이 확 다가올 때의 전율을 경험해 보았는가? 상상이 휘황찬란한 날갯짓을 하며 비상하는 느낌, 아이디어가 퍼뜩 떠오르는 순간을 기억하고 있는가? 몰입할 때 가능하다. 이런 아이디어를 가진 사람은 어떤 사람일까? 게으른데도 운이 좋은 사람이 결코 아니다. 아이디어가 있는 사람은 열정이 흘러넘치는 사람이다. 늘 그것을 생각하고 집중하고 몰입하다 보니 아이디어가 떠오른다.

중력의 법칙을 발견한 아이작 뉴턴에게 어떻게 그런 위대한 발견을 했느냐고 누가 질문했다. 그러자 뉴턴이 이렇게 대답했다. "한 가지만을, 그것 한 가지만을 생각했습니다." 우리는 그저 소박한 지식으로, 사과나무에서 사과가 땅으로 떨어지는 것을 보고 반짝 떠오른 아이디어로 뉴턴이 만유인력의 법칙을 발견했다고 알고 있다. 그런데 뉴턴은 스무 살 무렵에 페스트를 피해 시골로 내려가 지내면서 사과가 떨어지는 것을 보고 문제의식을 느낀 후 20여 년 후에 만유인력의 법칙을 발표한다. 그렇게 20여 년 동안 한 가지를 집중적으로 생각했고 성과를 냈다.

그렇게 현숙한 여인이 낮과 밤을 가리지 않고 몰입해서 열심히 일하는 한 모습을 소개하고 있다. "손으로 솜뭉치를 들고 손가락으로 가락을 잡으며"라고 되어 있다(잠 31:19). 물레를 잘 아는 사람이 아니면 이해하기 쉽지 않다. 한 손만 가지고 일하는 것이 아니고 양손을 다 활용해서 일하는 물레질을 묘사한다. 한 손으로 실패 역할을 하는 물레의 가락인 막대기에 감겨 있는 솜뭉치, 즉 실뭉치를 잡는다. 그리고 다른 한 손으로 실이 자아져 감기는 물렛가락을 잡는다. 이렇게 양손을 다 활용해서 부지런히 일하는 모습을 그려주고 있다. 가족을 위해서 애쓰는 어머니의 모습을 보여준다.

또한 열심히 물레질해서 원단을 파는 게 아니라 옷을 지어 판다(잠 31:24). 삼베나 모직 같은 원단을 파는 것보다 옷을 지어 팔면 당연히 부가가치가 높다. 디자인도 해야 하고 사람들의 기호도 파악해야 하고 여러 복잡한 일을 해야 한다. 그런데 수익성은 훨씬 좋다. 그리고 현숙한 여인은 띠를 만들어 상인들에게 납품했다. 띠는 보통 가죽으로 만들고 거기에 금실 은실로 장식하거나 보석을 박은 고급품 띠도 만들 수 있었는데 이렇게 하여 현숙한 여인은 고수익을 얻었다.

가정과 이웃 공동체를 세우는
지혜로운 태도 : Meaning

우리가 살피는 현숙한 여인은 열심히 일하는 사람이다. 밤에도 등불을 끄지 않고 게을리 얻은 양식을 먹지 않는다(잠 31:18, 27). 그런데 이렇게 일을 너무도 열심히 하는 모습을 보니 일 중독자가 아닌가 생각할 수도 있다. 또 요즘 식으로 말하면 경력을 아주 중요하게 생각하는 커리어 지상주의자라는 의심이 생길 수도 있다.

하지만 그렇지 않다. 그 근거를 찾을 수 있을까? 이 여인이 이기적인 모습을 보였다면 틀림없이 일 중독자였다. 그런데 많은 부분에서 현숙한 여인은 이타적인 모습을 보여준다. 자기의 불만족을 채우기 위해 일에 빠지는 사람이 아니었다. 누군가에게 인정받아 보지 못해서 몸부림치는 사람도 아니었다. 현숙한 여인이 하는 일에는 기쁨이 있었다. "부지런히 손으로 일하며"라고 한다(잠 31:13). 그런데 이 문장은 "기꺼이 자발적으로 일한다"라고 번역될 수도 있다(worketh willingly with her hands, KJV). 스스로 기쁘게 일한다는 뜻이다. 여인이 하는 일을 주변 사람들이 볼 때 충분히 느낄 수 있었다. 기쁨을 가지고 일하니 부지런해 보이고 일의 성과도 난다. 즐겁게 일하는지, 그저 죽지 못해 일하는지, 그것은 사람들의 눈에 보이게 되어 있다. 본인도 느낀다. 이 여인은 기꺼이 자기 일을 했다.

우리의 일은 여러 방면에서 기쁨을 느끼게 한다. 단지 일할 수 있다는 사실만으로도 기쁠 수 있다. 실직 경험이 있는 사람은 잘 안다. 사실, 쉬어도 쉬어도 피곤하고 더 쉬고 싶은 심정이 직장인의 상황이다. 그런데 일을 그만두고 정작 마음 푹 놓고 작정하고 쉬라고 하면 쉬어도 쉬는 게 아니다. 그땐 정말 일하고 싶어진다. 그러니 오늘 일할 수 있다는 사실 자체에 기뻐할 수 있어야 한다. 출근할 일터가 있고 오늘 일거리가 있다면 일단 감사한 일이다.

하나님이 내게 주신 은사와 달란트를 발휘할 수 있다는 것도 기쁜 일이다. 내가 잘하는 것으로 다른 사람들이 유익을 얻고 사람들에게 기쁨을 가져다줄 수 있다면 즐거운 일이다. 「일의 즐거움」이란 책이 있다. 즐거움이 삶이 되는 일터를 위해 노력한 AES 전 CEO 데니스 바케의 이야기를 담고 있다. "한번 즐겁게 일해 보자!"라는 모토로 창업한 후 20년 만에, 전 세계 31개 나라에서 4만 명의 직원들이 1억 명 이상의 사람들에게 전기를 공급하고 86억 불의 매출을 올리는 세계 최대의 전력생산업체로 성장한 회사가 AES이다.

책 속에 아프리카계 미국인 토미 브룩스가 나온다. 열아홉 살에 결혼해서 가장이 되면서 작은 기계회사의 정비공으로, 그리고 몇 년 후 텍사스에 새로 생긴 AES 딥워터 발전소 환경팀에서 회사 생활을 시작했다. 그래서 중앙관제실 팀원으로, 이후 새 발전소에서 15명의 근로자로 구성된 업무팀 리더로 성장해 갔다. 이 사람이 보낸 편지에서 AES에서의 일과 그 일이 자신의 삶에 어떤 영향을 주었는지 이렇게 말하고 있다.

"존경하는 데니스, 제가 1986년 AES에 입사했을 때 그것은 저의 꿈과 목표를 향한 문이 열린 것이었습니다. 전통적인 관리 스타일에서 팀 개념으로의 조직 변화는 저에게는 엄청난 도전이었습니다. 관리계층 수를 줄여서 모든 종업원에게 의사결정권을 줌으로 즐거운 일터를 만들겠다는 AES의 경영 방식은 저를 AES 사람으로 성장시키고 저의 가능성을 계발시키는 실질적인 기회가 되었습니다.

공정함, 온전함, 사회적 책임, 즐거움이라는 공유가치들은 저의 기본적인 믿음과 모두 일치합니다. 그중에서도 제가 가장 좋아한 가치는 즐거움이었습니다. 저는 권한 위임, 행동의 자유, 의사 결정, 제가 훌륭한 의사 결정을 내릴 것이라고 믿어주는 회사의 신뢰를 통해 즐거움을 얻는 목표를 달성할 수 있었습니다…"(데니스 바케, 「일의 즐거움」, 상상북스 펴냄, 255-258쪽).

이 책에서 말하는 '일하는 즐거움'은 거창하지 않다. 자신이 가진 모든 재능과 기량을 마음껏 사용해서 사회를 유익하게 하면 가능하다고 본다. 그걸 위해서 이 회사에서는 조직의 말단에 있는 작은 그룹이나 개인이 의사 결정을 하도록 권한을 위임했다. 현숙한 여인은 이렇게 기쁘게 일하면서 결국 다른 사람들의 기쁨도 유발하는 이타적인 모습을 보여주었다. 우리가 일하는 사람으로서 배울 바이다. 우리의 일을 기쁘게 감당하며 보람과 의미를 찾아야 하겠다.

또 한 가지 현숙한 여인의 이타적이고 타인 지향적인 모습은 이 여인이 이웃을 사랑하는 태도에 나타난다. 이웃에 대한 사랑은 하나님을 향한 사랑에서 비롯된다. 목숨 바쳐 하나님을 사랑하고 이웃을 자기 몸과 같이 사랑하는 것이 온 율법과 선지자의 강령이라고 예수님이 말씀하셨다(마 22:35-40). 이런 이웃 사랑이 현숙한 여인에게 매우 구체적으로 나타난다. "그는 곤고한 자에게 손을 펴며 궁핍한 자를 위하여 손을 내밀며"(잠 31:20).

어디서 비슷한 구절을 본 기억이 난다. 잠언 31장 앞부분에서 왕의 소명을 말할 때 강조한 부분이 있다. "너는 입을 열어 공의로 재판하여 곤고한 자와 궁핍한 자를 신원할지니라"(잠 31:9). 가난하고 고통당하는 사람들의 억울한 문제들을 공의로운 재판을 통해 해결해 주라고 왕에게 요구했다. 입을 열라, 목소리를 높이라고 강조했다. 그런데 현숙한 여인, 왕비에게는 같은 대상의 사람들에게 손을 펴고 손을 내밀라고 한다. 직접 도우라는 뜻이다.

두 가지인 듯하지만 한 가지인 이 교훈은 연결되어 문제를 해결하는 시너지를 낸다. 목소리를 높여야 하는데 직접 행동하지 않으면 문제는 해결되지 않는다. 무거운 엉덩이로는 제대로 이웃을 사랑할 수 없기 때문이다. 곤고한 사람, 궁핍한 사람의 원한을 풀어주기 위해서는 직접 손을 펴서 내밀어야 한다.

우리는 돈 벌고 성공해서 나만을 위해 사는 것이 아니라 다른 사람들을 돌보고 하나님 나라를 세워가는 일을 통해 인생의 소명을 다한다는 사실을 늘 잊지 말아야 한다. 나보다 힘든 사람들을 돕고 세상의 정의를 위해 자신이 가진 것을 나누는 일은 젊은 시절부터, 아니 어린 시절부터 연습해야 한다. 그래서 삶의 습관이 되어야 손이 제대로 펴질 수 있다. 돈을 더 많이 벌면 할 수 있겠다고 생각하는 사람은 오히려 손이 오그라들어 손을 펴서 내밀기가 쉽지 않다. 하나님 나라 왕비로서 일의 의미를 찾는 소명은 이웃을 향한 사랑을 강조하는 우선순위를 통해 나타난다. 가족 부양의 시급성과 우선권은 전제하지만 이웃 사랑의 실천을 왕비의 중요한 소명이라고 강조하고 있다.

삶 속에서 하나님을 경외하는 믿음 : Mission

잠언의 내용은 두 가지로 요약할 수 있다. 하나님을 바르게 알고 경외하게 하는 지혜를 배우는 것이 첫 번째이다. 그리고 이 지혜는 이웃 사랑을 지향한다. 잠언에 나타나는 교훈을 보면 부모를 공경하는 것, 근면 성실, 겸손, 정의 구현, 성적 절제, 인내, 말조심,

관용과 베풂 같은 미덕인데 이 모든 것은 다 공동체의 샬롬을 지향한다. 하나님을 경외하는 지혜가 이런 이웃 사랑을 가능하게 한다. 하나님 경외는 잠언의 대전제와도 같다.

위에서도 살펴본 대로 우리가 일하면서 느낄 수 있는 기쁨을 누려야 하는데, 그 기쁨이 이렇게 표현되어 있다. "고운 것도 거짓되고 아름다운 것도 헛되나 오직 여호와를 경외하는 여자는 칭찬을 받을 것이라"(잠 31:30). 현숙한 여인이 왜 칭찬을 받는가? 바로 '여호와를 경외하는' 여인이기 때문이다. 우리가 일하고 살아가면서 얻을 수 있는 최고의 기쁨은 바로 하나님의 영광을 위해 일하는 것이다. 현숙한 여인이 애써 노력하며 능력을 발휘하고 이웃을 사랑하며 가족을 부양한 일은 바로 하나님을 향한 사랑과 넘치는 경외함에서 나온다. 이런 왕비의 소명은 결국 하나님이 주신 사명(Mission)의 다른 표현이다.

잠언에서는 내내 여호와를 경외하는 것이 지혜의 근본적 본질이라고 반복하며 강조하고 있다. "여호와를 경외하는 것이 지식의 근본이거늘 미련한 자는 지혜와 훈계를 멸시하느니라"(잠 1:7). "여호와를 경외하는 것이 지혜의 근본이요 거룩하신 자를 아는 것이 명철이니라"(잠 9:10). 현숙한 여인이 여호와를 경외하니 지혜로울 것은 너무도 당연하다. 앞에서 살펴본 대로 여인이 일하는 능력을 발휘하고 이웃을 섬기며 삶의 의미를 추구할 수 있었던 이유가 바로 이 지혜로운 믿음 때문이라고 말하는 셈이다. 여호와를 경외하면 지혜롭지 않을 수 없다. 잠언은 집요할 정도로 여호와를 경외하는 믿음이 인생에서 가장 중요하다고 강조한다. 잠언이 강조하는 여호와 경외에 대해 몇 구절을 살펴볼 수 있다.

여호와를 경외하면 하나님을 알게 된다(잠 2:5). 여호와를 경외하면 악을 떠나게 된다(잠 3:7). 악을 미워하고 교만과 악한 행실에서 벗어날 수 있다(잠 8:13). 여호와를 경외하면 장수한다(잠 10:27). 여호와를 경외하면 정직하게 행동한다(잠 14:2). 여호와를 경외하는 자에게는 견고한 의뢰가 있다. 믿을 구석이 있게 된다. 여호와를 경외하는 자의 자녀들에게도 피난처가 있게 된다(잠 14:26). 여호와를 경외하는 것은 생명의 샘이다(잠 14:27). 여호와를 경외하면 악에서 떠나게 된다(잠 16:6). 여호와를 경외함의 보상은 재물과 영광과 생명이다(잠 22:4). 그 외에도 여러 구절에서 여호와를 경외하는 믿음의 유익을 설명하고 있다.

바로 이런 믿음을 우리도 배워야 한다. 룻기에 나오는 여인 룻도 현숙한 여인의 여러 가지 아름다운 미덕을 보여주었다. 성실하게 일하여 가족을 부양하고 칭찬 듣는 삶을 살았다. 그런데 그런 미덕을 보여주게 된 원인이 있었다. 바로 여호와를 자신의 하나님으로 모셨기 때문이다. 룻이 시어머니 나오미에게 자신의 여호와 경외 신앙을 이렇게 고백했다. "내게 어머니를 떠나며 어머니를 따르지 말고 돌아가라 강권하지 마옵소서. 어머니께서 가시는 곳에 나도 가고 어머니께서 머무시는 곳에서 나도 머물겠나이다. 어머니의 백성이 나의 백성이 되고 어머니의 하나님이 나의 하나님이 되시리니 어머니께서 죽으시는 곳에서 나도 죽어 거기 묻힐 것이라. 만일 내가 죽는 일

외에 어머니를 떠나면 여호와께서 내게 벌을 내리시고 더 내리시기를 원하나이다"(룻 1:16-17).

이런 확고한 여호와 경외 신앙을 룻이 가지고 있었기에 나오미를 따라 이스라엘 땅 베들레헴에 올 수 있었다. 신앙의 결단으로 인해 베들레헴에서 유력한 남자 보아스를 만난 룻이 결국 현숙한 여인이 될 수 있었다. 하나님을 믿는 신앙 없이는 보아스가 여러 차례 말하는 룻의 좋은 평판을 얻기가 쉽지 않았다. 메시아의 가계를 이루는 왕족이 되는 삶을 살 수도 없었다. 결국 룻의 미덕은 왕비의 미덕인데 바로 그 여인이 여호와 하나님을 경외하는 믿음을 가졌기에 그런 미덕을 가질 수 있게 되었다. 룻은 세상이라는 격랑의 파도 속에서 세상의 여성들이 추구하는 성공의 기준을 따르지 않았다. 대신 여호와 경외라는 튼튼한 닻을 내려서 결국 인생의 기초인 참 지혜를 얻게 되었다.

현숙한 아내도 결국 이 여호와 경외라는 믿음의 기초 위에서 인생의 우선순위들을 정립해 나갈 수 있었다. 잠언 31장의 순서로는 일과 이웃과 가정의 순서인데 삶의 우선순위로 본다면 가정이 앞에 와야 한다. 현숙한 여인은 결혼 서약에 충실했다. 남편이 장로들과 함께 성문에 앉고 사람들의 인정을 받는 일에도 내조의 역할을 다했다(잠 31:23). 아내가 능력을 발휘해서 여러 가지 일을 맡아 하니 남편이 그런 지도자의 역할을 감당할 수 있었을 것이다. 또한 현숙한 여인은 가족의 필요를 채우기 위해 끊임없이 최선을 다하고 부지런히 일한다. 그러자 그의 자식들이 일어나 어머니에게 감사한다. 남편도 아내를 칭찬한다. "덕행 있는 여자가 많으나 그대는 모든 여자보다 뛰어나다"(잠 31:29). 남편이 아내를 칭찬하는 말 중에 이만한 멘트가 어디 있겠는가 생각될 정도로 최고의 찬사를 보내고 있다.

하지만 현숙한 여인의 관심은 자기 가족에게만 향하는 것이 아니다. 가난한 자들에게 구제와 사랑의 손길을 베풀고 그들에게 친절하고 자비롭게 말하고 대한다(잠 31:20, 26). 하나님을 믿는 신앙에 근거한 이런 이웃 사랑의 행위는 결국 칭찬이 가족의 울타리를 넘어 확대되게 한다. "그 손의 열매가 그에게로 돌아갈 것이요 그 행한 일로 말미암아 성문에서 칭찬을 받으리라"(잠 31:31). 현숙한 여인의 손으로 베푼 그 모든 일의 열매가 돌아간다. 남편이 장로로 앉아 있는 성문에서 그 행한 일들로 인해 칭찬을 받게 된다.

잠언 31장의 앞부분에서 왕의 소명을 강조한 것처럼 후반부에서 왕비의 소명을 자세하게 보여준다. 이 왕과 왕비는 결국 창세기 1장에서 살펴본 창조 명령을 실행할 사명을 가진 아담과 하와의 후손인 우리, 왕인 우리가 세상에서 추구할 소명을 보여주는 비유적 인물이다. 하나님이 허락하신 자원을 지혜롭게 활용하도록 세상에서 소명을 부여받은 사람이다. 세상의 창조주이신 하나님의 지상 대리인으로서 세상의 왕이신 하나님을 섬기는 작은 왕들이다.

현숙한 여인은 집안에서 하는 일을 통해 가족 공동체를 세워나갔다. 또한 빈곤한 자를 위해서 물질을 나눠 가족보다 더 큰 공동체인 사회와 세상을 돌보며 하나님의 창조 명령을 수행했다. 생육하고 번성해서 정복하고 다스리는 일을 수행한 셈이다. 마지막으로 현숙한 여인은 하나님을 경외했다. 이 믿음이 그가 하는 모든 일의 전제가 되고 근본이 된다. 우리가 살아가면서 이런 왕과 왕비의 소명을 잘 감당할 수 있어야 한다. 우리가 추구할 이상적인 모델로 제시된 현숙한 여인의 소명을 우리 삶 속에서 구체적으로 실천하기 위해 노력해야 한다.

사람이 마음으로 자기의 길을 계획할지라도
그의 걸음을 인도하시는 이는 여호와시니라. 잠언 16:9.
그런즉 너희는 먼저 그의 나라와 그의 의를 구하라.
그리하면 이 모든 것을 너희에게 더하시리라. 마태복음 6:33

P·A·R·T·2
— PEOPLE —

인생 소명을 찾아서
: 소명의 사람들

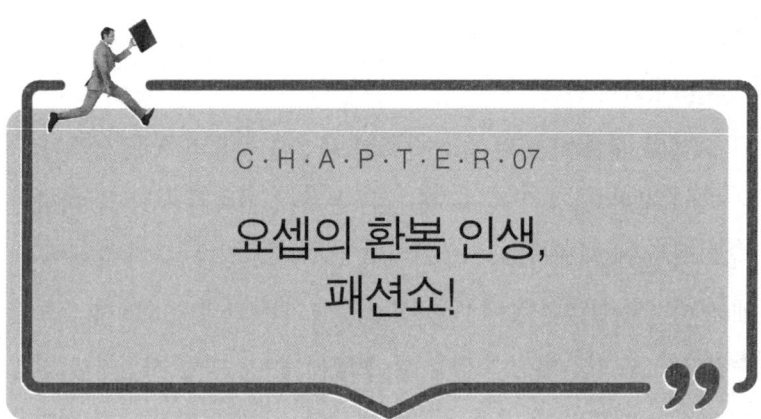

CHAPTER 07
요셉의 환복 인생, 패션쇼!

　사람이라면 누구나 입고 있는 옷이지만 성경이 어떤 인물의 옷에 대해서 언제나 상세하게 기록하지는 않는다. 죄지은 아담과 하와에게 하나님이 입혀주신 가죽옷(창 3:21) 이후로 인간은 옷을 입었다. 율법에 옷에 대한 구체적인 규정이 나온다. 아론의 제사장 직분과 관련된 옷에 관한 규정이 출애굽기 28장과 39장에 상세하게 나온다. 예수님이 십자가 형벌을 받으실 때 찢기고 제비 뽑혀 빼앗긴 옷도 기억난다. 예수님이 설교하실 때 잔치에 초대받은 자가 미처 준비하지 못한 예복에 관해 이야기도 하셨다. 하나님 나라에 들어가는 조건에 관한 말씀이었다. 들에 핀 아름다운 백합화를 솔로몬이 입은 옷과 비교하기도 하셨다. 천국에서 의로운 성도들이 입을 희고 깨끗한 세마포 옷에 관한 이야기도 요한계시록에 나온다. 성경 인물들이 크게 슬플 때 옷을 찢었던 일이 관용적인 표현으로 자주 나오기도 한다.

요셉의 패션쇼! 이런 다소 생소한 표현을 들으면 어떤 생각이 드는가? 요셉은 성경 인물 중 꽤 많은 분량이 기록된 사람 중 하나인데 그의 옷에 대해서도 여러 가지로 묘사하고 있다. 특히 요셉이 생애 시대별로 입었던 옷에 대한 성경의 묘사는 그의 일생에서 중요한 순간마다 보여준 인생 소명을 잘 설명해 준다. 어린 시절부터 인생을 마감할 때까지 네 가지 옷으로 변신한 '요셉의 패션쇼'의 의미를 인생 소명의 관점으로 살펴보자.

어린 시절, 상속권을 의미하는 채색옷

요셉은 이스라엘의 족장 야곱의 열한 번째 아들이었다. 그런데 아버지 야곱은 요셉을 자기의 장자로 생각했다. 요셉에게 지어 입힌 채색옷이 바로 그런 의미를 보여주고 있다. 비록 열한 번째 아들이지만 사랑하는 여인 라헬의 첫아들이기에 장자로 생각한 듯하다. 야곱 집안의 아내가 넷이고 아들이 열둘인, 그 비밀도 아닌 복잡하고도 아픈 가족사를 우리는 잘 알고 있다.

또한 요셉이 채색옷을 입었다는 사실은 요셉이 다른 형제들과 같이 들에서 양을 돌보는 일을 하지 않았다는 사실을 알려준다. 이 옷은 작업복이기도 한 평상복이 아니었다. 독일의 작가 토마스 만이 그의 역작 장편소설 「요셉과 그 형제들」에서 상상한다. 요셉의 채색옷은 어머니 라헬이 결혼식 때 입은 화려한 옷 '케토넷 파심'이었다. 별, 비둘기, 나무, 신, 천사, 인간, 짐승의 표식 등이 보랏빛, 흰빛, 장밋빛, 금빛, 은빛 등으로 수놓아진 옷이었다. 어느 공주가 처녀 시절에 입었다는 옷인데 소매도 길고 무릎뿐 아니라 다리까지 모두 가리는 치렁치렁한 옷이었다(「요셉과 그 형제들 : 2권 - 청년 요셉」, 살림 펴냄, 152-157쪽). 열 명의 형들처럼 양 치는 일을 시키지 않고 오히려 형들을 감시하고 그들의 잘못을 알리게 하는 특별한 역할을 아버지 야곱이 맡겼음을 이 채색옷이 알려주고 있다.

요셉은 결국 형들에게 이 채색옷을 빼앗기고 애굽에 노예로 팔리게 되었다. 요셉의 형들에게는 이 채색옷이 아버지의 편애와 왜곡된 형제 관계를 보여주는 흉물이었다. 꼴도 보기 싫었다. 형들은 요셉의 채색옷을 찢고 염소의 피를 묻혔다. 그리고 짐승에게 찢겨 죽은 요셉의 옷인 것처럼 꾸며서 아버지에게 가져다 보였다. 아버지 야곱은 특별히 눈에 띄고 세상에 하나밖에 없는 옷, 자기 아들 요셉의 옷을 알아보고는 자기 옷을 찢었다. 야곱은 아들의 죽음을 슬퍼했다. 요셉이 이런 상황을 상상하고 형들에게 외치는 장면이 토마스 만의 소설 「요셉과 그 형제들」에 나온다. 요셉이 이렇게 외치고 있다.

"형님들, 제발 그것만은 참으세요! 짐승하고 옷, 그것만은 하지 마세요! 아버지께 그러지 마세요. 아버지는 감당 못 하세요! 아, 저 때문에 이렇게 애걸하는 게 아니에요. 저는 이미 몸과 마음이 다 부서진 채 무덤에 누워 있어요. 하지만 아버지는 제발 봐주세요. 피 묻은 옷을 보여주지 마세요. 그건 죽음의 옷이에요! … 아, 사랑하는 형님들, 제 통곡을 들으시고 아버지가 느낄 공포를 생각해 주세요. 아버지께 피 묻은 옷을 보여주는 끔찍한 일은 제발 말아주세요. 아버지는 마음이 여려서 그 일을 감당 못 해요. 뒤로 나자빠지실 거예요!"(앞의 책, 305-306쪽).

채색옷을 입은 요셉을 통해 어떤 교훈을 얻을 수 있는가? 요셉의 채색옷은 마치 오늘날 많은 것을 가지고 태어난 사람의 인생 스펙을 보여준다. 쉽게 말해 요셉은 '금수저'를 물고 태어난 사람이다. 출생의 문제야 당사자가 어떻게 할 수 없는 조정 불가능의 영역이라 하더라도 당사자가 조심해야 할 부분은 있었다. 혹시 요셉처럼 금수저를 물고 태어났더라도 뻐기지 말아야 했다. 혹시 내가 가진 선천적인 장점과 재능, 그리고 어떤 인생의 자원이 많더라도 그것을 자랑하지 말아야 한다.

요셉처럼 쓸데없는 자랑을 하다 보면 인생에서 올무와 함정에 빠져 고생할 수 있다. 만약 요셉이 채색옷을 입고 형들에게 자랑하거나 뻐기지 않았더라면 그의 인생이 어떻게 전개되었을까? 가정밖에 할 수 없긴 하지만, 형들에게 노예로 팔려 애굽으로 가는 뼈아픈 심적 고통은 겪지 않아도 되었을지 모르겠다. 물론 하나님은 다른 길로 요셉을 애굽으로 보내시며 하나님의 방법으로 일하셨을 것이다.

가정총무의 옷
: 보디발의 아내 손에 범죄의 증거

채색옷을 형들에게 빼앗긴 요셉은 미디안 대상들에게 팔렸고 애굽으로 가서는 바로 왕의 친위대장 보디발에게 노예로 팔렸다. 보디발의 집에서 요셉이 입은 옷은 노예의 옷이었다. 더운 지방에서 노예생활을 했으니 옷을 제대로 입지 않았을지도 모른다. 하지만 요셉이 입고 있는 바로 그 옷이 애굽에서 살았던 노예생활의 정체를 잘 보여주었다. 채색옷과는 전혀 다른 '노예의 옷'이었다.

아마도 요셉은 열심히 자기의 일을 하면서 노예생활에 충실했을 것이다. 시간이 흘러 주인의 인정을 받았고 보디발 친위대장 집의 가정총무가 되었다. 이 가정총무는 관리자, 책임자, 심복의 의미가 있는 일종의 청지기 역할을 하는 사람이었다. 애굽 국가 권력 서열 3위쯤에 해당하는 보디발 친위대장의 집이라면 꽤 큰 규모의 살림을 했다고 상상할 수 있다. 그러면 요셉의 가정총무 자리는 꽤 책임 있고 권위가 주어지는 지위였음을 알 수 있다. 그래서 요셉은 그에 걸맞은 옷을 입게 되었다. 보디발 집의 살림을 책임지는 가정총무가 입는 옷이었다. 요셉의 객지생활 기간, 아마도 한 10년은 되었을 그 기간의 애환으로 씨줄과 날줄을 삼은, 사연이 깃든 옷이었다. 가정총무 요셉의 옷에는 그가 가진 책임과 권위가 담겨 있었다. 노예로 팔려온 이방인이지만 자수성가해서 무언가 이루어낸 입지전이 반영된 자랑스러운 성취를 보여주는 옷이었다.

그런데 이런 의미 있는 가정총무의 옷이 보디발의 아내가 요셉을 유혹하면서 문제의 중심에 서게 되었다. 보디발의 아내는 요셉을 성적 상대로 보고 동침하기를 청했다. 날마다 요청했다고 한다. 요셉은 아예 그 여인과 함께 있으려고 하지도 않으면서 피해 다녔다. 그런데 아마도 보디발의 아내가 놓은 올가미였을 텐데, 어느 날 일을 하러 보디발의 집에 들어갔는데 아무도 없는 상황이 되었다. 그러자 여인이 어떻게 하는가?

창세기 기자가 요셉의 옷에 주목하며 기록한 부분을 느껴보라. "그 여인이 그의 '옷'을 잡고 이르되 나와 동침하자. 그러나 요셉이 자기의 '옷'을 그 여인의 손에 버려두고 밖으로 나가매 그 여인이 요셉이 그의 '옷'을 자기 손에 버려두고 도망하여 나감을 보고 그 여인의 집사람들을 불러서 그들에게 이르되 보라. 주인이 히브리 사람을 우리에게 데려다가 우리를 희롱하게 하는도다. 그가 나와 동침하고자 내게로 들어오므로 내가 크게 소리 질렀더니 그가 나의 소리 질러 부름을 듣고 그의 '옷'을 내게 버려두고 도망하여 나갔느니라 하고 그의 '옷'을 곁에 두고 자기 주인이 집으로 돌아오기를 기다려 이 말로 그에게 말하여 이르되 당신이 우리에게 데려온 히브리 종이 나를 희롱하려고 내게로 들어왔으므로 내가 소리 질러 불렀더니 그가 그의 '옷'을 내게 버려두고 밖으로 도망하여 나갔나이다"(창 39:12-18).

이 부분에서 '옷'이라는 단어가 도대체 몇 번이나 반복되고 있는가? 창세기 기자가 의도적으로 옷에 집중해서 이 사건을 기록하고 있다. 보디발의 아내는 요셉의 몸을 탐하다 보니 그의 옷이라도 붙들고 사정하면서 매달렸다. 그런데 요셉이 자기의 옷을 버려두고 도망가 버렸다. 보디발의 아내는 설마 요셉이 그렇게 반응할 줄은 몰랐을 듯하다. 그렇게 거절당하고 모욕감을 느낀 보디발의 아내는 요셉을 향해 가졌던 사랑의 감정을 증오로 바꾸었다. 여인은 자신이 붙잡았던 요셉의 옷을 증거물로 잡아두었다. 집안사람들에게 악을 쓰며 "나쁜 놈 요셉을 보라"고 소리쳤다. 자기 남편에게도 "당신이 사 온 히브리 종놈이 나를 희롱하기에 내가 소리쳐서 도망간 증거를 똑바로 보라"면서 요셉을 죽음으로 몰아넣을 수 있는 모함을 했다.

보디발의 아내는 요셉의 옷을 놓고 그렇게 멋대로 생각하고 마음대로 행동했지만 요셉의 입장에서 벗어 팽개치고 도망간 그 옷에 대해 진지하게 생각해 봐야 한다. 요셉이 과연 몰랐을까? 자기의 옷을 여인의 손에 두고 도망친다면 강간 미수의 누명을 쓸 것을 요셉은 모르지 않았다. 당시의 법에 따르면 주인의 아내를 범한 노예는 물론이고 범하려고 시도한 노예조차 죽음의 형벌을 받았다. 그 사실을 가정총무 요셉이 몰랐을 리가 있는가?

그러니 요셉은 목숨을 걸고 여인의 손에 잡힌 자기 옷을 챙겨가지 않았던 셈이다. 그렇게 자기 옷은 팽개치더라도 자신의 양심은 결코 내던져 버리지 않았다. 우리가 인생을 살아가면서 무엇을 포기할지 잘 결정해야 한다. 내가 붙들고 늘어지는 것이 과연 무엇인지 잘 봐야 한다. 우리는 두 손에 무엇을 붙들고 있는가? 무엇을 손에서 놓았는가?

가만히 생각해 보라. 요셉이 벗어젖히고 도망친 보디발 집 가정총무의 옷은 어떤 옷이었는가? 그가 지금까지 쌓아온 그의 인생 자체였다. 형들에게 죽을 뻔하다가 노예로 팔려 와서 말할 수 없이 힘든 객지생활을 하면서 이룬 그의 성공이 그 옷에 담겨 있었다. 그것을 가지고 있어야 아버지도 다시 만날 수 있고 어릴 적에 하나님이 보여주신 꿈을 이룰 수도 있었다. 그러니 그 옷을 포기하면 안 되었다. 그의 인생의 공든 탑이었다. 무너뜨릴 수 없었다.

그런데 요셉은 그 옷을 포기했다. 오늘 우리도 요셉을 배워야 한다. 우리 인생에서, 직장생활에서 우리가 노력하고 애쓰면 입을 수 있는 우리의 '가정총무 옷'이 있다. 그런데 그 옷에 집착하면 안 된다. 죄지으면서도 그 옷에 매달리면 안 된다. 옷을 벗는 한이 있더라도 아닌 것은 아니고 목에 칼이 들어와도 할 수 없는 것은 단호하게 거절하는 용기가 있어야 한다. 내가 지킬 것은 스스로 지킨다는 절개가 있어야 한다.

세마포 옷
: 총리 사브낫바네아의 관복

보디발 집 가정총무의 옷을 팽개친 일로 모함을 받은 요셉은 투옥되었다. 요셉의 상사 보디발은 자기 아내가 요셉에 대해서 하는 말이 거짓말임을 모르지 않았다. 집안의 종들도 다 알았을 텐데 보디발만 몰랐겠는가? 틀림없이 알고 있었다. 보디발이 요셉을 왕의 죄수를 가두는, 자기 집 감옥에 가둔 것을 보면 알 수 있다. 당시의 법대로라면 명백한 강간미수의 증거인 요셉의 옷이 자기 아내의 손에 있었다면 보디발은 요셉을 죽였어야 한다. 그런데 그러지 않고 자기 집 안에 있는 감옥에 요셉을 가두며 오히려 자기 아내와 격리하는 조치를 했던 셈이다.

감옥에서도 하나님이 요셉과 함께하셨다. 시간이 꽤 흐른 후 요셉은 감옥의 모든 일을 책임지고 처리하게 되었다. 이후 술 맡은 관원장과 떡 굽는 관원장이 감옥에 들어왔을 때 요셉은 그들의 꿈을 해석해 주었다. 만 2년 후에 드디어 애굽 왕 바로가 꿈을 꾸었는데, 그 꿈을 바로 왕의 신하 중 아무도 해석할 수 없었다. 그러자 무언가 기시감이 들었던 술 맡은 관원장이 2년 전의 일을 기억하고 요셉을 해몽 잘하는 자로 바로에게 추천했다.

그 이후의 상황을 창세기 41장 14절이 이렇게 묘사한다. "이에 바로가 사람을 보내어 요셉을 부르매 그들이 급히 그를 옥에서 내놓은지라. 요셉이 곧 수염을 깎고 그의 옷을 갈아입고 바로에게 들어가니." 이집트 사람들의 관습에 따라 수염은 깎았을 테지만 요셉이 옷을 갈아입었다고 하는데 어떤 옷으로 갈아입었을까? 보디발의 아내 손에 두고 달아났던 가정총무의 옷은 아니었을 테지만 '죄수의 옷'을 갈아입었던 점은 틀림없었다. 이렇게 요셉이 옷을 갈아입으면서 죄수 생활을 마감했고 그의 인생이 새로운 전기를 맞았다는 점은 분명하다.

요셉은 바로 왕의 꿈을 해석한 후 애굽의 총리로 임명받았다.

"너는 내 집을 다스리라. 내 백성이 다 네 명령에 복종하리니 내가 너보다 높은 것은 내 왕좌뿐이니라. 바로가 또 요셉에게 이르되 내가 너를 애굽 온 땅의 총리가 되게 하노라 하고 자기의 인장 반지를 빼어 요셉의 손에 끼우고 그에게 세마포 옷을 입히고 금 사슬을 목에 걸고 자기에게 있는 버금 수레에 그를 태우매 무리가 그의 앞에서 소리 지르기를 엎드리라 하더라. 바로가 그에게 애굽 전국을 총리로 다스리게 하였더라"(창 41:40-43). 총리가 된 요셉에게 여러 가지 달라진 것이 있었지만 이제 왕족이나 고위관리가 입는 옷인 '세마포 옷'을 입게 되었다.

애굽의 총리가 된 요셉은 '사브낫바네아'라는 이름도 부여받았다. "신이 말씀하니 그가 살아났다"라는 뜻인데, 바로 요셉의 해몽으로 애굽이 구원받게 되는 상황을 표현하며 감사와 명예를 담아 지어준 이름인 듯하다. 애굽을 구원해 줄 요셉이 너무나 고마운 바로 왕은 요셉의 결혼을 위해서도 직접 나서는 중매쟁이를 자처했다. 요셉은 온의 제사장 보디베라의 딸 아스낫과 결혼도 했다.

그리고 요셉은 당시 세계 최대최강제국 애굽의 실권 일인자로서 자신의 역량을 발휘했다. 요셉이 바로 왕의 꿈을 해석했던 예언이 맞아 들어갔다. 풍년이 거듭되었다. 한두 해는 그러려니 했겠으나 4년, 5년 풍년이 계속되면서 사람들은 요셉이 했던 말의 권위를 인정하지 않을 수 없었다. 이후 해마다 더한 풍년이 들기를 일곱 해까지 지속되었다. 7년 풍년의 기간이 지난 후 흉년이 시작되자 애굽 사람들은 요셉의 말을 신의 말로 알아들이었다. 요셉의 세마포 옷의 권위가 한껏 드러나게 되었다. 백성들이 그의 앞에 절하지 않을 수 없었다.

요셉이 어린 시절에 꾸었던 꿈이 이렇게 성취되었다. 세상의 많은 사람이 와서 자신에게 절하는 꿈, 세상에 하나님의 통치를 드러내고 리더십을 행사하는 꿈이었다. 이 꿈은 권력을 휘두르고 대접받는 욕망의 실현이 아니었다. 자신에게 절하는 사람들을 먹여 살려주고 돌봐주는 지도자의 의무와 리더십의 책임을 보여준다. 세상을 먹이시는 하나님의 대리인으로서 요셉은 애굽 백성과 고대 근동 사람들의 생계를 책임졌다. 세마포 옷을 입은 총리 요셉은 애굽 백성이 극심한 흉년에도 굶어 죽지 않도록 조치하여 그들의 복지를 위해 기여했다.

흉년이 시작되자 요셉의 형들도 애굽으로 왔다. 형들이 와서 땅에 엎드려 절할 때 요셉은 당연히 알았지만 형들은 요셉을 몰라봤다. 요셉은 그때도 자신의 꿈을 기억했다(창 42:6-9). 그러나 요셉은 형들이 곡식을 사러 왔을 때 자신의 정체를 숨겼다. 이것은 일종의 연기를 한 셈이었다. 형들이 요셉을 볼 때 그는 사브낫바네아라는 이름을 가진 애굽 사람이었다. 애굽의 실세 서열 1위인 권력자이자 국무총리였다. 그런 사람이 요셉이라고 형들이 상상하기는 쉽지 않았다.

그러다가 요셉은 결국 자신의 정체를 밝힌다. 그 사이에 우여곡절이 있긴 했다. 요셉이 형들을 정탐꾼으로 몰아서 형제 중 한 사람만 남기고 돌아가 막냇동생 베냐민을 데려오게 했다. 그리고 베냐민을 도둑으로 몰아 사로잡으려고 했다. 그런 과정을 통해 요셉이 의도한 것은 무엇인가? 동생 베냐민을 다른 형제들이 사랑하는지 확인하려고 했다. 과거에 동생인 자신을 증오하고 죽이려던 그 미움이 형들에게 남아 있는지 요셉은 확인하고 싶었다.

베냐민을 살려달라면서 자신을 대신 희생하려는 형 유다의 감동적인 변론을 들으면서 요셉은 형들 앞에서 자신을 밝혔다. 감정을 억제하지 못하고 큰 소리로 울면서 요셉이 형들에게 자신을 알렸다. 그때 요셉은 자신을 어떻게 소개하는가? "나는 요셉이라!"(창 45:3)라고 말한다. 이것은 형들이 자신을 알고 있는 이름이 요셉이기 때문만은 아니었다. 비록 타국인 애굽에서 20여 년을 살았지만 요셉은 자신의 정체성을 잃지 않았다는 뜻이다. 요셉은 왜 자신이 애굽에 먼저 와 있었는지, 그리고 형들이 왜 지금 그의 앞에서 머리를 숙이고 있는지 잘 알고 있었다. 요셉이 이렇게 자신의 정체성을 분명히 유지한 것은 그에게 하나님의 섭리에 대한 분명한 믿음이 있었기 때문이다. 요셉은 자신이 애굽에 팔려 온 것이 하나님의 섭리로 가능했다고 고백했다. 하나님이 가족의 생명을 구하기 위해서 요셉 자신을 미리 보내셨다는 사실을 깨닫고 있었다.

요셉은 애굽 총리의 세마포 옷을 입고 있었지만 채색옷을 입고 있던 자신의 정체를 절대 잊지 않았다. 요셉은 애굽에서 애굽 사람들에 둘러싸여 살았지만 이스라엘의 족장 후계자임을 잊지 않았다. 증조할아버지 아브라함, 할아버지 이삭, 아버지 야곱의 뒤를 이어 가족을 구하고 민족을 이끌어갈 족장임을 잊지 않고 살아왔다. 오래도록 세마포 옷을 입었지만 그 부드러운 옷이 몸을 휘감는 안락함에 빠지지 않았고 자기가 누군지 분명히 기억하고 있었다. 요셉이 형들에게 말했다. "내게로 가까이 오소서. 그들이 가까이 가니 이르되 나는 당신들의 아우 요셉이니 당신들이 애굽에 판 자라. 당신들이 나를 이곳에 팔았다고 해서 근심하지 마소서. 한탄하지 마소서. 하나님이 생명을 구원하시려고 나를 당신들보다 먼저 보내셨나이다"(창 45:4-5).

우리에게도 요셉의 이런 자기 이해가 중요하다. 과연 오늘 우리는 세상 속에서 어떻게 크리스천의 정체성을 드러내고 있는가? 세상 속에서 휘둘리며 좌충우돌하지만 "나는 성도 아무개라." "나는 크리스천 직업인 아무개라." "나는 하나님의 자녀 아무개라." 이렇게 우리의 정체성을 고백하고 있는가? 우리도 요셉처럼 총리의 세마포 옷을 입을 수 있다. 현재 요셉처럼 지도자의 세마포 옷을 입고 있을 수도 있다. 앞으로 부자의 옷을 입을 수도 있다. 공부를 많이 해서 지식인의 옷을 입을 수 있다. 명예로운 사람의 옷을 입게 될 날도 기대할 수 있다. 그러나 우리는 어떤 옷을 입고 있더라도 크리스천 직업인 아무개, 하나님의 사람 아무개인 나, 요셉이어야 한다. 세마포 옷에 취해 우리의 정체를 잊으면 결코 안 된다.

요셉의 수의
: 언약 전수의 교보재로 쓰인 시신

요셉은 30세에 총리에 오른 후 세마포 옷을 오래 입었다.

110세에 세상을 떠나는데 그때까지 총리 자리에 있었는지 확실하지는 않으나 적어도 수십 년 이상 총리로 지냈을 것으로 보인다. 그러다가 요셉이 세상을 떠나게 되었다.

이제 요셉에게 어떤 옷이 남아 있는가? 요셉의 유언 속에서 피날레를 장식할 옷의 단서를 찾을 수 있다. "나는 죽을 것이나 하나님이 당신들을 돌보시고 당신들을 이 땅에서 인도하여 내사 아브라함과 이삭과 야곱에게 맹세하신 땅에 이르게 하시리라 하고 요셉이 또 이스라엘 자손에게 맹세시켜 이르기를 하나님이 반드시 당신들을 돌보시리니 당신들은 여기서 내 해골을 메고 올라가겠다 하라"(창 50:24-25).

요셉은 애굽에서 숨을 거두면서 이스라엘 백성은 애굽에 영원히 머무르지 않는다는 점을 강조했다. 아마도 자신의 유골을 매장하지 않은 채 백성들이 볼 수 있도록 전시하게 한 것으로 보인다. 요셉이 애굽에서 죽었을 때 "그의 몸에 향 재료를 넣고 애굽에서 입관"(창 50:26)하였다는 기록을 보면 당시의 관행을 따라 시신을 미라로 만들었다. 그렇다면 이스라엘의 후손들은 요셉의 유골을 눈으로 직접 볼 수 있었고 적어도 미라로 보관된 요셉의 시신에 관한 이야기를 전해 들을 수 있었다.

요셉은 죽은 이후에도 수의에 싸인 자신의 시신을 통해서 마지막 '패션쇼'를 했다. 요셉의 유골은 이렇게 후손들에게 이야기 유산으로 전해졌다. 또한 애굽에서 수십 년 이상 총리를 지낸 요셉의 유골은 애굽에 영원히 남는 것이 아니라는 사실이 후손들에게도 알려졌다. 그 유골을 가지고 애굽을 떠나야 할 순간이 있음을 후손들은 교육받았다. 이렇게 이스라엘의 후손들은 가나안으로 돌아가야 할 그들의 비전을 요셉의 유골과 함께 상기했다. 요셉의 유골은 그 자체가 이스라엘 백성이 성취할 언약에 대한 교육 자료의 역할을 했다.

그래서 출애굽을 할 때는 요셉의 유언대로 모세가 요셉의 유골을 가지고 나갔다. "이스라엘 자손이 애굽 땅에서 대열을 지어 나올 때에 모세가 요셉의 유골을 가졌으니 이는 요셉이 이스라엘 자손으로 단단히 맹세하게 하여 이르기를 하나님이 반드시 너희를 찾아오시리니 너희는 내 유골을 여기서 가지고 나가라 하였음이더라"(출 13:18-19).

이런 역사의 기록은 하나님이 아브라함에게 주셨던 언약을 애굽 땅에서 지내던 이스라엘 백성이 오랫동안 잊지 않고 유산으로 남겼음을 말해준다. 그들은 대를 이어 하나님 나라를 세우고 이어가는 꿈을 전수했다. 요셉은 이렇게 수의에 싸인 자신의 유골을 통해서도 언약 전수자의 역할을 다했다.

한 사람이 평생을 살면서 혼자서 해낼 수 있는 일은 얼마나 될까? 사실상 그리 많지 않다. 내가 모든 것을 다 하겠다는 생각은 만용일 가능성이 크다. 우리가 큰 꿈을 가지고 비전의 성취를 위해 평생 노력해야 하겠으나 내가 모든 것을 다하려는 생각은 바람직하지 않다. 내가 다 못해도 좋다! 그러면 다 하지 못한 일은 어떻게 할 것인가? 나의 자녀들이 하게 하면 된다. 나의 일터 후배들이 하게 해야 한다. 우리의 다음세대가 할 수 있도록 우리는 선구자가 되고 또

한 기꺼이 밑거름이 되어야 한다. 요셉의 생애를 통해 보는 대로 죽어서 시신마저 멋진 '옷'이 되어 유산(legacy)을 남기고 전설(legend)이 된 멋진 모습을 배워야 한다. 당신의 인생에서 마지막 옷은 어떻게 준비하고 있는가?

세상 사람들은 옷으로 인생을 구분한다. 명품 옷을 입고 있으면 괜찮은 사람 같아 보이는가? 그보다 더 중요한 옷이 있다. 인생의 옷을 제대로 잘 입어야 한다. 요셉이 인생의 단계마다 입고 있던 옷은 그의 인생 소명을 잘 보여준다. 요셉이 입고 있던 옷을 통해 그의 역할과 그가 추구하던 꿈과 성취가 고스란히 드러났다. 요셉의 인생에서 교훈을 주는 소명의 열매도 바로 그의 옷을 통해 드러났다.

요셉은 채색옷을 입고 어린 시절을 보내며 그 옷으로 인해 불행한 애굽 '유학'을 떠나게 되었다. 그러나 애굽에서 유혹받는 순간에 가정총무의 옷을 통해 절대 포기하지 않은 순결과 용기의 모범을 보여주었다. 자신의 목숨을 걸고 옷은 포기할지언정 양심은 내팽개치지 않았다. 죄수 시절의 암울한 세월을 보낸 후 요셉은 세마포로 된 총리의 옷을 오랫동안 입을 수 있었다. 그러나 그 세월 동안에도 결코 그의 정체를 잃지 않았다. "나는 요셉이라!" 그리고 죽으면서도 시신을 감싼 수의, 유산의 교보재가 된 유골의 옷으로 멋진 언약 전수의 인생을 보여주었다. 성경 인물 중 가장 화려한 패션쇼를 보여준 요셉이 오늘 우리에게도 당신의 옷이 당신 인생의 소명을 잘 보여주고 있는지 질문한다.

C·H·A·P·T·E·R·08
길 위의 인생 다윗, 갈 수 있는 곳으로 가다

망명생활을 하던 다윗이 추격하는 사울 왕을 죽일 수 있는 상황에서 살려주었다. 그 후 사울 왕과 헤어지는 모습을 사무엘서 기자가 애잔하게 기록하고 있다. "사울은 집으로 돌아가고 다윗과 그의 사람들은 요새로 올라가니라"(삼상 24:22하). 또 한 번 그런 일이 있고 난 뒤에도 이렇게 기록한다. "다윗은 자기 길로 가고 사울은 자기 곳으로 돌아가니라"(삼상 26:25하). 물론 이때 다윗의 가족도 망명 길에 동행했지만(삼상 22:1) 다윗의 거처가 임시적이었고 사울 왕과 같은 안정된 거처가 없었기에 다윗은 요새로 올라가고 자기 '길'로 갔다고 표현하고 있다. 사울 왕은 자기의 집인 '궁궐'로 돌아가지만 다윗은 요새로 올라갔다. 굴이 발각되었으니 또 다른 곳, 숨을 만한 곳을 찾아 떠났다. 다윗의 인생 소명은 '길' 위의 소명이었다. 다윗은 어젯밤에 잠들었던 곳으로 다시 돌아갈 수 없었다. 새롭게 안전한 곳을 찾아야 했다. 다윗은 유랑자였다. 나그네 세월을 뼈아프게 겪었던 길 위의 인생이었다.

다윗의 인생은 오늘 우리의 정체를 잘 보여준다. 우리는 이미 하나님 나라에 사는 사람들이다. 그런데 새 하늘과 새 땅이 임할 때까지 여전히 우리는 길을 가고 있다. '길'이라는 단어가 성경에 한 8백 번쯤 나오지만 걷는 길, 도로나 걸어가는 행위의 의미를 넘어 의미가 있다. 행동 방식이나 사람의 삶 자체를 말하는 면이 있다. '어떤 길을 걸었는가?' 우리는 질문을 듣고 스스로 하기도 한다. '어떤 길을 걸어야 할까?' 생각하고 계획하지 않을 수 없다.

왜 그런 길을 걸을 수밖에 없었는가, 다윗은 그렇게 놀랍도록 거인 골리앗을 쓰러뜨리고 민족을 구한 영웅이었으면서도 왕의 미움을 받을 수밖에 없었는가, 망명길에 오를 수밖에 없었는가? 다윗이 그러고 싶었던 것은 아니다. 상황이 그렇게 되었다. 그 길로 들어설 수밖에 없었다. 들어와 보니 참 힘든 길인데 어쩔 수 없는 상황이 된 것이다.

길 위의 인생이었던 다윗이기에 시편에도 다윗이 지은 시에 길에 대한 가르침이 많다. "여호와여 주의 도를 내게 보이시고 주의 길을 내게 가르치소서"(시 25:4), "네 길을 여호와께 맡기라 그를 의지하면 그가 이루시고"(시 37:5).

잠언에서도 "너는 범사에 그를 인정하라. 그리하면 네 길을 지도하시리라"(잠 3:6)라고 하나님이 주도하시는 우리의 인생길에 대해 솔로몬이 가르쳐준다. "사람이 마음으로 자기의 길을 계획할지라도 그의 걸음을 인도하시는 이는 여호와시니라"(잠 16:9)라고 한다. 하나님이 가르쳐주시는 길을 따르는 삶은 어떤 것일까, 생각하다 보니 익숙한 마태복음 6장 33절 말씀이 떠올랐다. "그런즉 너희는 먼저 그의 나라와 그의 의를 구하라. 그리하면 이 모든 것을 너희에게 더하시리라."

길과 곳의 차이, 요새와 집의 차이는 무엇인가? 바로 그 사람의 삶에서 확인할 수 있는 우선순위의 차이이다. 가치관, 신앙관의 차이이다. 우리가 인생을 살면서 늘 '길'과 '요새'와 '숲'에서만 사는 것은 아니다. 그런데 우리가 '길'의 정신은 늘 가지고 살아야 한다. 나는 어떤 길을 걷고 있는가? 우리의 관심은 예수님의 지적대로 '이 모든 것'에 집중되지 않는가? 뭘 먹을까, 뭘 입을까? 어디에서 살까? 어떤 성공을 해야 하나? 사람들의 눈을 의식하고 체면 생각하면서 이것저것 복잡하게 머리 굴리며 사는 사람이 많다. 우리는 어떻게 살고 있는가?

그 '모든 것'에 목숨 걸고 산다고 다 얻을 수 있는 것도 아니다. 얻어봐야 누리지도 못하고 세상을 떠날 수도 있다. 모든 것에 지나친 관심 가지지 말고 하나님의 나라와 하나님 의를 구하라고 하시는 예수님의 말씀을 들어야 한다. 다윗도 시편 23편에서 목자이신 하나님이 "당신의 이름을 위하여 의의 길로 인도"하신다고 노래한다(시 23:3). 이 의의 길, 하나님과의 관계에 근거해서 옳은 길, 바람직한 길을 우리는 어떻게 걸어갈 수 있을까?

승리했으니
모든 것을 얻은 줄 알았으나

승리는 영원할까? 다윗은 그일라 전투에서 큰 승리를 거두었다(삼상 23:1-5). 이스라엘의 차기 왕으로서 망명 시절에도 블레셋의 침입을 당한 동족을 구했다는 명분도 얻었다. 국경지역에 요새와도 같이 성벽이 있는 안전한 은신처도 얻었다. 의미 있는 승리였다. 더구나 그 전쟁을 통해서 다윗은 기도로 팀워크를 다지고 리더십을 굳건하게 세우기도 했다. 팀원들이 다 수긍하지 못했을 때 한 번 더 기도하면서 설득하는 멋진 리더십을 선보였다.

그런데 그렇게 얻은 승리가 영원하지는 않았다. 최종적 승리가 아니었다. 승리를 누리는 시간도 너무 짧았다. 그일라 탈환 소식이 사울 왕의 귀에 들어가고 다윗은 그곳 그일라 성을 떠나지 않을 수 없었다. 왜 아쉽지 않았겠는가? 승리했으면 축배를 들고 승리를 만끽하면 되는 줄 알았다. 다윗도 그러고 싶었을 테다. 그러나 곧 사울 왕에게 다윗의 근황에 대한 첩보가 들어갔다. 사울 왕은 기회를 잡았다고 쾌재를 불렀다. 이렇게 말한다. "하나님이 그를 내 손에 넘기셨도다. 그가 문과 문빗장이 있는 성읍에 들어갔으니 갇혔도다"(삼상 23:7하).

이런 황당한 상황을 좀 보라. 성문이 있어서 방어할 수 있을 만한 곳을 확보했다고 기뻐했다. 더구나 전쟁을 통해 적으로부터 탈환하여 그일라성을 확보했는데 추격하는 사울 왕의 입장에서는 가두어놓고 사로잡아버릴 수 있다는 추격의 자신감을 주고 말았다. 이렇게 다윗과 그의 사람들이 얻은 승리가 치명적 약점이 되어 돌아올 줄 누가 알았을까? 안전할 줄 알았는데 그게 오히려 갇혀버리는 결과를 낳았다. 꿀인 줄 알았는데 독이었다.

이겼는데 이긴 게 아닌 이런 경우가 종종 있다. 우리 인생에서 반복된다. 운동 경기를 할 때도 한 번 이긴다고 영원히 우승하는 것은 아니다. 우승하더라도 다음 해에 디펜딩 챔피언으로 우승을 방어해야 한다. 이기고 또 우승하면 2연패로 영광이지만 지면 나락으로 떨어진다. 이런 사실을 우리가 수긍해야 한다.

이런 상황에서는 어떻게 해야 하는가, 승리가 패배의 기운을 벌써 내포하고 그 그림자가 다가오는 상황인데 이런 때 어떻게 해야 할까? 다윗은 사울 왕이 많은 군사를 동원해서 그일라성을 에워싸려고 할 때 무엇을 했는가? 그 첩보가 다윗에게 들어갔다. 다윗은 이때 아비아달 제사장의 에봇을 가져오게 해서 하나님의 뜻을 여쭈었다(삼상 23:9-12). 다윗은 이렇게 기도하는 사람이었다. 전쟁이 눈앞에 있을 때 기도했다. 적이 또 쳐들어오면 또 기도했다. 승리하고 또 전쟁이 시작되려고 하자 다시 기도했다. 언제나 어디서나 이렇게 기도했다. 기도하는 사람을 누가 말릴 수 있는가?

다윗이 이때 기도를 하는데 어떤 때보다 간절했다. 기도의 내용을 보면 매우 구체적으로 하나님과 소통하고 있다. "다윗이 이르되 이스라엘 하나님 여호와여, 사울이 나 때문에 이 성읍을 멸하려고 그일라로 내려오기를 꾀한다 함을 주의 종이 분명히 들었나이다. 그일라 사람들이 나를 그의 손에 넘기겠나이까. 주의 종이 들은 대로 사울이 내려 오겠나이까. 이스라엘의 하나님 여호와여 원하건대 주의 종에게 일러 주옵소서 하니 여호와께서 이르시되 그가 내려오리라 하신지라. 다윗이 이르되 그일라 사람들이 나와 내 사람들을 사울의 손에 넘기겠나이까 하니 여호와께서 이르시되 그들이 너를 넘기리라 하신지라"(삼상 23:10-12).

분명히 들었는데, 당연히 사울 왕이 추격해 올 텐데 그 내용을 하나님께 여쭙는 다윗에게 주목해야 한다. "주의 종이 분명히 들었나이다." "주의 종이 들은 대로 사울이 내려오겠나이까?" "그일라 사람들이 나를 그의 손에 넘기겠나이까?" 다윗은 간절했다. "이스라엘의 하나님 여호와여 원하건대 주의 종에게 일러 주옵소서." 하나님은 사울 왕이 내려온다고 간단하게 응답하셨고 배은망덕한 그일라 사람들이 다윗을 배신할 것이라고 또 한 번 간단하게 응답해 주셨다. 하나님의 뜻을 분명히 알았으니 이제 어떻게 해야 하는가? 여기에 기도한 일만큼 중요한 다윗의 대응이 나온다.

갈 수 있는 곳으로 가라

다윗이 하나님의 뜻을 알고 난 후에 어떻게 행동했는지 사무엘서 기자는 분명하게 기록해 준다. "다윗과 그의 사람 육백 명가량이 일어나 그일라를 떠나서 갈 수 있는 곳으로 갔더니 다윗이 그일라에서 피한 것을 어떤 사람이 사울에게 말하매 사울이 가기를 그치니라"(삼상 23:13) 어떤 구절이 마음에 다가오는가? 블레셋과 맞서 그일라 전투를 치르느라 고생하고 힘들었는데, 그 승리를 누리지도 못하고 말았다. 낙담한 다윗과 그의 사람들 육백 명이 이제 허탈한 마음을 감싸 안고 어디로 갔는가? 그들은 그일라를 떠났다. "갈 수 있는 곳"으로 갔다고 한다. 킹제임스버전 영어성경은 이 부분을 "다윗과 그의 사람들이 갈 수 있는 곳은 어디든지 끝까지 갔다"라고 강조해서 표현한다(David and his men went whithersoever they could go. KJV). 다윗은 이곳저곳으로 사울 왕의 추격을 피해 돌아다녔다. 다윗과 그를 따르는 사람들은 광야의 요새에도 십 광야 산골에도, 어디든지 도망갈 수 있는 곳이라면 가리지 않고 피하며 옮겨 다녔다(삼상 23:14).

망명 생활하는 다윗, 그 도망자의 삶이 얼마나 고달팠을까? 그런데 다윗이 이렇게 "갈 수 있는 곳"으로 갔던 일은 정말 잘한 일이었다. 도망 다녀봐야 또 추격당해서 너무 힘들고 다시 도망 다녀야 하는 일이 피곤하고 고되어도 갈 수 있는 곳으로 계속 가야 한다. 정처 없는 인생길, 목적지가 이 땅 어디에도 있는 것이 아니라고 생각하면서 가야 한다. 도망 다니다가 길을 잃고 헤매도 괜찮다. 당장 눈앞에 어떤 해결책도 보이지 않아도 갈 수 있는 곳으로 가야 한다.

개미가 먹이활동을 위해 움직이는 자취를 기록한 동선(動線)을 기억하며 우리도 갈 수 있는 곳으로 가야 한다. 개미는 먹이를 찾기 위해서 땅의 구획을 정해놓고 체계적으로 움직이며 먹이를 찾지 않는다. 빠른 걸음으로 수없이 많은 궤적을 그리면서 복잡하고 무계획적인 것처럼 움직인다. 그렇다고 개미가 돌아가야 할 집의 방향을 잃은 것은 아니다. 먹이를 발견하고 난 후에 개미는 집으로 돌아갈 때 최단 거리로 간다.

우리도 갈 수 있는 곳으로 가야 한다. 엊그제 이겼어도 다시 위기가 닥쳐오면, 어려움이 있으면 우리는 주저앉아 있으면 안 된다. "갈 수 있는 곳"으로 가야 한다. 우리가 갈 수 있는 곳은 어디인가? 한 곳에만 마음을 두면 안 된다. 안전해 보이는 곳이 실제로 안전한 것도 아니다. 다윗은 안정된 근거지를 얻었다고 기뻐했던 바로 그 그일라 성문 안에, 그일라 성벽 안에 오히려 갇힐 수 있었다. 그러니 계속 가야 한다.

이곳저곳을 옮겨 다니는데, 날마다 사울 왕이 찾으니 얼마나 불안하고 힘들었겠는가? 광야의 요새가 될 만한 곳은 안 가본 곳이 있었겠는가? 십 광야 산골 곳곳에도 모두 다 피해 다녔다. 사울이 매일 찾으니 단 하루도 안심이 되지 않았다. 맥박이 비정상적으로 뛰었다. 커피 많이 마신 듯이 심장이 두근거렸다.

그런데 그곳에서 다윗이 은혜로운 기적을 만난다. 내가 잘나서 잘 도망 다닌 게 아니었다. 다윗이 사울 왕에게 잡히지 않았는데 그 이유가 있었다. "하나님이 그를 그의 손에 넘기지 아니하시니라"(삼상 23:14하). 하나님이 다윗을 사울의 손에 넘기지 않으셨다. 하나님의 인도하심이었다. 갈 수 있는 곳, 다윗이 가고 가고 또 갔던 그 길은 은혜의 자리였다. 잘 피해 다닌 줄 알았는데 하나님의 은혜로 인해 위로가 넘치는 안식처였다.

　우리는 지금 갈 수 있는 곳은 다 가고 있는가? 가고 가고 또 가고 아무도 부르지는 않아도 내 두 발로 갈 만한 곳은 다 가는 열정을 가지고 있는가? 아니면 그저 주저앉아 있는가? 가도 반기는 사람 없고 냉대와 환멸이 지긋지긋하다고 투덜거리고 있으면 안 된다. 갈 수 있는 곳을 찾아야 한다. 갈 수 있는 곳이 어디인가?

기대하지 못했던
위로와 은혜가 임하니 감사!

　　　　하나님의 은혜가 요리조리 피해 다니며 숨바꼭질하는 것에서 끝나지 않았다. 모든 불안정과 좌절과 실패를 다 덮어줄 만한 위로가 다윗에게 있었다. 십 광야 수풀에 숨어 있을 때였다. 사울 왕의 아들 요나단 왕자가 다윗이 숨어 있던 수풀로 찾아 왔다. 놀라운 일이 벌어진다.

　"다윗이 사울이 자기의 생명을 빼앗으려고 나온 것을 보았으므로 그가 십 광야 수풀에 있었더니 사울의 아들 요나단이 일어나 수풀에 들어가서 다윗에게 이르러 그에게 하나님을 힘 있게 의지하게 하였는데 곧 요나단이 그에게 이르기를 두려워하지 말라. 내 아버지 사울의 손이 네게 미치지 못할 것이요. 너는 이스라엘 왕이 되고 나는 네 다음이 될 것을 내 아버지 사울도 안다 하니라. 두 사람이 여호와 앞에서 언약하고 다윗은 수풀에 머물고 요나단은 자기 집으로 돌아가니라"(삼상 23:15-18).

다윗 일행이 숨어 있는 데도 손님이 찾아왔다. 반가운 손님 요나단 왕자였다. 아버지의 눈을 피해서 왔다. 지금 쫓기는 다윗에게 가장 필요한 것을 요나단 왕자가 주었다. 다윗은 자신의 망명생활이 과연 제대로 하는 것인지 확신이 부족했는데 하나님이 위로를 주셨다. 요나단이 다윗에게 힘 있게 하나님을 의지하도록 권면한다. 다윗의 그 힘든 도망자의 삶이 하나님의 손안에 있고 섭리와 경륜에 포함되어 있다고 했다. 두려워하지 말라고 한다. 자기 아버지 사울의 손이 다윗에게 미치지 못한다고 했다. 놀라운 소식 하나를 요나단이 알려준다. 다윗이 이스라엘 왕이 되고 요나단 자신은 다윗 다음이 될 것을 자기 아버지 사울 왕도 알고 있다고 말해준다.

다윗은 아마 이 사실을 모르고 있었을 듯하다. 사울 왕이 그렇게 자기를 못 잡아먹어서 난리인 것이 자기가 왕 되는 것을 용납하지 못해서일 텐데, 이미 사울 왕은 다윗이 이스라엘 왕이 되는 것을 수긍하고 있었다. 체념이고 자신감 없는 모습일 수도 있지만 요나단은 그 사실을 알고 있었다고 한다. 그러니 다윗에게는 얼마나 큰 위로가 되었겠는가? 두 사람은 다시 서로를 잘 돌봐주겠다는 언약을 하고 헤어졌다. 늘 그런대로 다윗은 그 은신처 수풀에 남았고 요나단은 집으로 돌아갔다.

하지만 쉽지 않은 일은 또 생긴다. 다윗이 머물러 있던 십 광야 사람들이 다윗을 밀고했다. 사울 왕은 그 십 사람들을 칭찬하면서 다윗의 동태를 살펴서 보고하라고 한다. 다윗은 그 사이에 또 마온 광야 황무지로 옮겼는데 산을 사이에 두고 사울 왕이 포위망을 좁혀 온다. 사울 왕은 지역 사람들과 합동 작전으로 다윗을 거의 잡을 뻔 했다. 마온 황무지 다윗 생포 작전 당시의 급박한 상황을 묘사해 준다. "사울이 산 이쪽으로 가매 다윗과 그의 사람들은 산 저쪽으로 가며 다윗이 사울을 두려워하여 급히 피하려 하였으니 이는 사울과 그의 사람들이 다윗과 그의 사람들을 에워싸고 잡으려 함이었더라"(삼상 23:26).

이제 길었던 도망자의 삶이 끝날 위기였다. 마지막 실패, 최종적 위기였다. 어쩌면 좋은가? 여기까지인가? 이때 하나님의 은혜가 임했다. 전령이 급히 사울 왕에게 달려왔다. 독 안에 든 쥐를 잡으려던 사울 왕에게 알리는 전령의 보고는 블레셋 사람의 침략이었다. 사울 왕이 군대를 돌렸다. 사울 왕의 '마온 황무지 회군(回軍)'이었다. 블레셋의 무력도발이 다윗에게는 죽음의 위기에서 벗어나는 기회가 되었다. 다윗이 블레셋 사람들에게 도와달라고 미리 손을 쓴 것도 아니었다. 하나님의 은혜였다. 나를 쫓는 적이 딴 일이 생겨 날 쫓기를 포기하는 것은 전적으로 은혜이다. 불안하게 도망 다니던 다윗에게 이런 하나님의 큰 은혜가 임했다.

물론 그래 봐야 끝은 아니다. 다윗이 엔게디 광야로 옮겨 요새에 머무는데(삼상 23:29), 블레셋 사람을 쫓던 사울 왕이 또 잡으러 온다(삼상 24:1). 그런데 이렇게 한숨 돌리니 얼마나 감사한 일인가! 사망의 음침한 골짜기를 피하기 힘들었지만 하나님이 지팡이와 막대기로 인도해 주셨다. 감사, 감사, 할렐루야! 인생이 그렇다. 죽을 것 같고 너무 힘들어서 견딜 수 없는 것 같은데 또 그 위기를 벗어나면 한숨 돌리고 살만해진다.

배가 난파해 함께 배에 탔던 사람들은 다 죽고 유일하게 생존해 무인도에 표류한 한 사람이 있었다. 어떻게든 생존하려고 한 달이나 걸려 작은 오두막을 지어놓았다. 어느 날 먹을 것을 구하러 섬 안쪽으로 들어갔는데 오두막이 있는 쪽에서 나는 연기를 보았다. 절망하며 돌아왔더니 오두막이 다 불타 버렸다. 너무 허탈해서 그날 밤 겨우 몸을 피해 잠을 자고 났는데 다음 날 아침에 배가 한 척 섬 가까이 왔다! 전날 연기를 보고 섬에 사람이 있는 줄 알고 배가 섬 가까이 접근할 수 있는 시간에 구조하러 왔다. 이 사람은 화가 닥친 줄 알았는데 그것이 오히려 좋은 기회가 되는 이런 일을 겪었다. 다윗이 바로 그런 경우를 경험했다.

교회를 설명할 때도 전투하는 교회와 승리하는 교회로 나누는 구분이 있다. 저 천국에서는 승리하는 교회로 마지막 완전한 승리를 만끽할 수 있다. 그러나 이 땅에서는 늘 싸움의 과정이다. 전투하는 교회이다. 이 땅에서 우리가 보는 교회는 그렇게 세상의 악과 불신앙과 싸우는 전투가 늘 있다. 이 사실을 우리가 잊지 말아야 한다.

인생을 살아가는 우리의 싸움도 끝이 없다. 승리하고 싶은데, 이기고 싶은데 결정적 승리는 그리 쉽지 않다. 그래도 우리는 갈 수 있는 곳으로 가야 한다. 물론 갈 수 있는 곳이 안정된 곳은 아니다. 또 옮겨 다니고 불안하고 심지어 죽음의 위기도 겪을 수 있다. 그래도 그곳에 하나님의 은혜가 있다. 하나님을 힘 있게 의지하는 기회도 얻는다. 지금은 불안하지만 앞날에 대한 하나님의 약속이 분명하다는 점을 한 번 더 확신하는 기회를 얻을 수도 있다. 그리고 하나님의 섭리와 은혜로 어려움에서 구원받기도 한다.

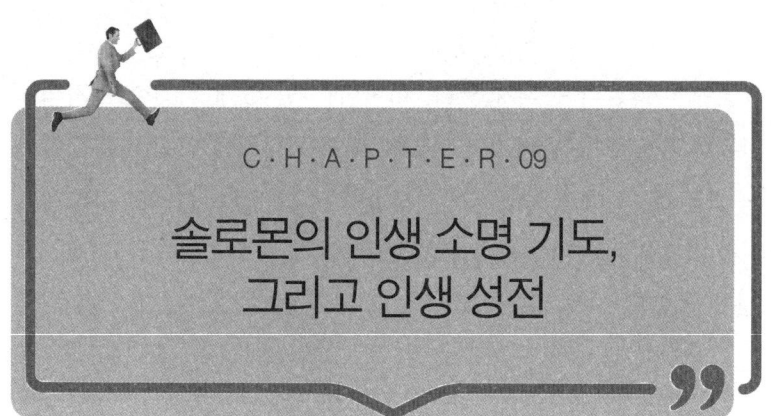

CHAPTER 09
솔로몬의 인생 소명 기도, 그리고 인생 성전

평생직장 시대는 이미 갔고 평생직업이 자주 언급되더니 이제 은퇴 후에도 수십 년을 지내야 한다. 평생직업을 대체할 무엇을 '평생 소명' 혹은 '인생 소명'이라고 말할 수 있다. 인생 소명에 대한 너무도 구체적이고 완벽하여 놀랄 만한 기도문 하나를 성경에서 발견했다.

"나의 하나님 여호와여 주께서 종으로 종의 아버지 다윗을 대신하여 왕이 되게 하셨사오나 종은 작은 아이라 출입할 줄을 알지 못하고 주께서 택하신 백성 가운데 있나이다. 그들은 큰 백성이라 수효가 많아서 셀 수도 없고 기록할 수도 없사오니 누가 주의 이 많은 백성을 재판할 수 있사오리이까. 듣는 마음을 종에게 주사 주의 백성을 재판하여 선악을 분별하게 하옵소서."

열왕기상 3장(7-9절)에 나오는 이 기도는 그야말로 '꿈의 기도'

였다. 솔로몬의 꿈에서 하나님이 이렇게 말씀하셨다. "내가 네게 무엇을 줄꼬? 너는 구하라." 누구나 부러워할 '도깨비방망이'나 '알라딘의 요술램프'와 비슷한 상황이 아닌가. 솔로몬은 평생 다시 찾아오지 않을 기회가 왔을 때 오래 살고 돈 많이 벌고 미운 사람 없애 달라고 구하지 않았다. 재판을 잘하는 지혜를 구하여 하나님의 칭찬을 들었다. 솔로몬의 인생 소명 기도에 어떤 의미가 있는지 살펴보자.

솔로몬, 인생 소명을 하나님께 기도하다

솔로몬은 아버지 다윗 왕의 뒤를 이어 이스라엘의 왕이 된 후 무언가 부족함을 느끼고 헌신의 의미로 하나님께 일천번제를 드렸다. 하나님께 간절히 구하는 것이 있었다. 꿈에 나타나신 하나님이 무엇을 구하는지 물으셨을 때 솔로몬은 대답했다. '하나님께서 부족한 종을 왕이 되게 하셨는데, 종은 작은 아이에 불과하고 주의 백성은 수효가 많아서 셀 수가 없을 정도이니 그들을 재판하고 이끌어줄 지혜를 종에게 주소서.' 이 기도는 어떤 것인가? 직업인의 관점으로 보면 바로 '자기계발의 기도'가 아닌가? 물론 인생의 전략인 자기계발만 담겨 있는 것이 아니라 그의 인생의 큰 그림인 비전과 미션에 대한 진술도 있다. 성경에서 이보다 완벽한 비전과 소명에 대한 기도를 본 적이 없다. 솔로몬의 인생 소명 기도이다.

우리가 우선 주목할 것은 솔로몬이 자기가 해야 할 일을 하기에 앞서서 그 일을 어떻게 할 것인지에 대한 고민이 있었다는 점이다. 그저 왕이 되었으니 왕으로 일하면 되는 것이 아니었다. 자기의 일을 어떻게 잘할 것인지 고민하면서 하나님께 기도하고 있다는 점이 중요하다. 오늘 우리도 바로 이런 지혜를 구해야 한다. 미래를 내다보면서, 우리 시대의 흐름을 파악하면서 과연 어떻게 일해야 할까, 무엇을 해야 하나님이 기뻐하시는 직업인이 될까, 어떻게 세상에 유익이 되며 하나님의 나라를 제대로 세울 수 있을까 고민해야 하겠다.

우리는 세상 사람들이 하는 대로 행동해서는 안 된다. 하나님을 모르는 일터의 동료들이 추구하는 목표에 휘둘리지 않도록 노력해야 한다. 세상 사람들은 너무도 뻔뻔하게 돈 많이 벌고 자기 행복을 추구하겠다고 말하고 행동한다. 복수를 꿈꾸고 실행하는 것도 자연스럽다. 그저 눈에 보이는 대로 남들 하는 대로 하지 않겠다고 결심할 수 있어야 한다.

솔로몬은 자신의 비전과 사명을 분명하게 인식하고 있었다. 왕으로서 그가 해야 할 일이 무엇인가 잘 알고 있었고 그 일을 위해서 지혜가 필요함을 알았다. 이런 기특한 기도를 한 솔로몬에게 하나님이 귀한 인생의 자원들을 선물로 주셨다. 하나님이 기뻐하셨다고 하며 칭찬하신 기도였다. 솔로몬은 이 기도를 평생 한 번 기브온 산당에서만 하지는 않았을 듯하다. 양피지 두루마리에 써서 집무실에 붙여놓고 늘 숙지한 평생의 기도가 아닐까 생각해 본다.

솔로몬의 인생 소명 기도에 어떤 내용이 담겨 있는지 살펴보자.

우리 크리스천들의 비전(Vision)은 분명하다. 자신의 인생을 통해 하나님의 나라가 이 땅에 임하게 하는 소명을 다하는 일이다. 물론 직업인들에게만 해당되지는 않는다. 직업이 비전이지만 비전이 직업만은 아니다. 더 포괄적인 개념이 바로 소명이다. 평생에 걸쳐 하나님 나라를 세우는 일을 하는 소명이 우리의 비전이다. 전업주부나 학생, 은퇴자도 넓은 의미에서 일하는 사람이기에 이 비전과 소명을 세우는 일에 예외가 될 사람은 없다. 하나님 나라가 임하게 하는 일을 위해서 직업을 통해 일하는 것 자체가 우리의 비전이고 삶을 통해서나 입을 열어서 전도하는 일 또한 우리의 인생 소명이다.

솔로몬이 자신의 인생 소명을 잘 표현해 주고 있다. "나의 하나님 여호와여, 주께서 종으로 종의 아버지 다윗을 대신하여 왕이 되게 하셨"(왕상 3:7상)다는 고백 속에서 솔로몬이 인식하고 있는 이스라엘의 '왕'이라는 소명을 볼 수 있다. 하나님의 왕국과 세상에 그의 이름대로 샬롬을 선포하고 실현하는 일을 해야 함을 알았다. 하나님의 통치를 이스라엘과 세상을 향해 드러내며 이스라엘 백성을 보호하고 부양하는 일이 솔로몬 왕에게 주어진 비전이었다.

우리는 비전에 근거해서 단기적인 목표들을 이루어가야 하는데 이 목표들이 바로 미션이다. 솔로몬의 경우에는 왕이 되어 백성을 다스리는 일, 구체적으로 백성을 재판하는 일이 바로 그의 미션이었다. 왕으로서 하는 일이 재판만은 아니었으나 재판은 당시 왕들의 중요한 업무였고 이렇게 백성들에게 리더십을 행사하는 일이 솔로몬에게도 주어질 것을 솔로몬이 잘 파악하고 있었다.

오늘 우리도 비전을 이루기 위해 추구하는 구체적인 인생의 단계들이 바로 미션이라고 할 수 있다. 학업을 계속하다가 대학에서 전공을 선택하거나 졸업 후 직업과 직장의 선택, 결혼, 이직, 창업, 은퇴 등과 같은 일들이 바로 우리 인생에서 중요한 미션들이다. 직업을 선택하고 가정을 이뤄야 하는 젊은이들에게 집중된 단계이지만 청년의 시기 이후에도 겪어내야 하는 중요한 미션들이 여전히 있다. 요즘에는 직업을 가지고 30년 일한 후 은퇴를 해도 이른바 제3의 인생이 또 30년쯤 남아 있다. 그래서 나이가 들어도 중요한 선택을 해야만 하는 상황이 되었다. 평생 소명, 인생 소명을 추구하지 않을 수 없는 현실이다.

이 구체적인 미션을 이루기 위해서는 구체적인 전략이 필요하다. 솔로몬은 자신의 미션을 이루는 데 필요한 전략이 무엇인지 알고 있었다. 수많은 백성을 재판하고 이끌기 위해서 경청하는 지혜가 필요함을 알고 있었다. 그래서 "듣는 마음을 종에게 주사 주의 백성을 재판하여 선악을 분별하게 하옵소서"라고 기도하였다. 무엇보다 솔로몬은 자신의 연약함을 알고 있었기에 겸손하게 자신의 부족함을 하나님께 고백했다. "종은 작은 아이라 출입할 줄을 알지 못하고"(왕상 3:7하). 솔로몬은 하나님 앞에서 자신을 겸손히 낮추었다. '주의 종'이 기도한다는 정도가 아니라 '4중적 겸손'이라고 표현할 수 있을 정도로 전능하고 거룩하신 하나님 앞에 납작 엎드려 기도하고 있다. 우리 인생의 길을 인도하시는 하나님의 위대하심 앞에서 이런 자기 이해가 우리에게도 필요하다.

우리에게 있어서 전략은 자기계발 과목이기도 한데, 단기적 목표인 미션을 이루기 위한 모든 노력이 전략이라고 할 수 있다. 입학이나 취업을 위해서는 공부와 취업 준비를 해야 하는 구체적인 노력이 필요하다. 이런 전략은 시간이 흐름에 따라 바뀔 수 있다는 점을 당연히 이해해야 한다. 몇 년 혹은 그보다 긴 시간이 흘러도 전략이 바뀌지 않는다면 자신을 잘 살펴보아야 한다. 5년 전과 현재의 전략이 같다면 그동안 성장하지 못했다는 뜻이기도 하다. 우리는 흔히 전략만을 염두에 두고 살아간다. 그래서 연초만 되면 계획 세우기에 바쁜데, 사실 전략은 비전과 미션이 분명히 정립된 후에야 충분한 의미가 있다. 수시로 우리 인생의 비전을 확인하고 미션을 수정하면서 전략을 점검하고 필요하면 변경할 수 있어야 한다.

솔로몬은 자신의 인생 소명에 관해서 겸손과 더불어 확고한 기준을 가지고 명확하게 기도했다. 하나님께 자신의 비전과 미션과 전략이 담긴 기도를 드렸다. 하나님이 어떻게 응답하시지 않을 수 있었겠는가? 솔로몬이 이렇게 기도한 것이 하나님의 마음에 쏙 들었다고 한다. 하나님이 솔로몬의 기도를 기뻐하셔서 솔로몬이 구한 지혜를 주셨다. "내가 네 말대로 하여 네게 지혜롭고 총명한 마음을 주노니 네 앞에도 너와 같은 자가 없었거니와 네 뒤에도 너와 같은 자가 일어남이 없으리라." 송사를 듣고 분별하는 지혜를 주셨는데 그야말로 전무후무한 지혜자가 되게 해주겠다고 약속하셨다. 또한 하나님은 솔로몬이 구하지 않은 부귀와 영광도 어떤 왕들과 비교할 수 없을 정도로 주겠다고 약속하셨다. 아버지 다윗 왕과 같이 하나님의 말씀을 따라 행하면 장수의 축복도 주겠다고 약속하셨다(왕상 3:10-14).

응답받아 지혜롭게 일하여
소명 기도를 성취해가는 솔로몬

기브온 산당에서 멋진 기도를 통해 하나님의 부르심에 응답했던 솔로몬은 과연 그 기도를 어떻게 성취해 가는가? 솔로몬이 지혜를 구한 후 바로 등장하는 솔로몬의 재판에 대한 기록을 통해 확인할 수 있다(왕상 3:16-28). 하나님이 주신 솔로몬의 지혜는 곧 시험대에 올랐다. 왕이 된 지 그리 오래지 않아서 중요한 송사가 생겼다. '솔로몬의 재판'이라고 잘 알려진 사건이었다. 비슷한 시기에 아이를 낳았던 창기 두 여인이 서로 살아있는 아이가 자기의 아이이고 죽은 아이는 상대방의 아이라고 다툰 소송사건이었다.

이 재판을 사람들이 지켜보고 있었다. 요즘 같으면 유전자 검사로 쉽게 재판을 끝낼 수 있는데 솔로몬은 어떻게 산 아이의 모친을 판단할 수 있었는가? 여기서 솔로몬은 그 사람들이 별로 유력한 신분을 가진 사람들이 아니라는 이유로 그냥 알아서 하라고 외면하면 안 되었다. 사람들이 주목하고 있었다. 또한 하나님은 이스라엘 백성들 한 사람 한 사람에게 깊은 사랑과 관심을 가지셨다. 왕위에 등극한 솔로몬이 하나님의 복으로 지혜를 얻었는데 소외된 계층의 사람들을 향해서 어떤 지혜로운 결정을 내려주는지 확인하면 하나님 사랑의 속성이 분명하게 드러날 수 있었다. 솔로몬 왕에게 있어서 이 재판은 그가 하나님께 기도하여 얻은 지혜의 은사를 확인할 수 있다는 점에서도 매우 중요했다.

우선 솔로몬은 재판정에 선 두 여인이 다투며 논쟁하는 내용을 유심히 들었다. 증인도 없었으니 그 여인들의 진술을 듣고 파악해야 했고 다른 방법은 없었다. 누군지 알 수는 없었지만 만약 한 여인의 아이가 죽었다면, 더구나 실수로 아이를 죽게 한 것에 대해 정상적인 모성을 가지고 있는 여인이라면 당연히 슬퍼했어야 한다. 그 슬픔 가운데도 살아있는 남의 아이를 훔쳐 와 자기 아이라고 했다면, 모성(母性)이 없었기 때문이라고 솔로몬은 생각했다. 솔로몬이 이야기를 잘 들으면서 여인들의 심리를 잘 파악했기에 누가 범인인지 확인할 수 있었다. 문제는 확인을 해내는 일이었는데, 산 아이를 반으로 나누어 주라고 충격적인 판결을 했을 때 무조건 반사와 같은 여인들의 반응을 보고 재판정에 있던 사람들 누구나 판단할 수 있었다.

결국 솔로몬은 이렇게 잘 들으며 판단한 재판을 통해 진짜 어머니에게 제대로 양육 받게 된 그 아이를 살렸고 아이를 잃을 뻔한 어머니도 살렸다. 죗값을 치르고 사람답게 살아야 할 가짜 어머니도 살렸다. 그 재판을 지켜보던 백성들도 살려냈다. 솔로몬의 지혜로 많은 사람이 살맛 나게 되었다.

이런 놀라운 지혜를 발휘한 솔로몬 왕은 하나님이 약속하신 대로 큰 영화를 누린다. 이스라엘의 인구와 영토, 주변 나라들의 조공, 하루의 식량, 병거와 마병 등에 대해 상세하게 기록해주고 있다(왕상 4:20-28). 특히 솔로몬의 지혜에 대해 동방 사람들의 지혜와 애굽 사람들의 지혜보다 뛰어나다고 평가하며 천하 모든 왕이 솔로몬의 지혜를 들으러 왔다. 잠언 삼천 가지, 노래는 천다섯 편, 초목과 짐승과 새와 곤충과 물고기에 대한 솔로몬의 구체적이고 해박한 지혜에 대해서 기록해주고 있다(왕상 4:29-34).

그런데 솔로몬의 인생 소명은 이렇게 지혜로 이루어낸 왕국의 번성으로 끝나는 것이 아니었다. 솔로몬이 아버지의 비전을 계승해서 성전 건축을 하는 과정이 그의 인생 소명을 잘 보여준다. 솔로몬의 인생 소명이 자신에게서 시작되지 않고 아버지 다윗을 통해 이어졌음은 성전 건축과 관련된 다윗의 유언을 통해 확인할 수 있다. 하나님이 임재하시는 영광의 장소인 성전을 건축하기 위해 다윗은 많은 준비를 하였다. 성전을 지어 하나님께 영광을 돌리는 일이 그의 인생 소명이라고 생각했다. 그러나 하나님은 다윗이 전쟁을 하느라고 피를 많이 흘려서 성전을 건축하지 못한다고 말씀하셨다(대상 22:8).

사실 다윗은 하나님이 주신 소명을 성취하기 위해 숱한 전쟁을 하면서 이스라엘의 영토를 확장하고 하나님의 영광을 드러내는 일을 했는데 바로 그 일 때문에 그렇게도 원하던 성전을 건축할 수 없었다. 다윗은 실망할 만했지만 하나님의 말씀에 수긍하고 성전을 건축하는 일은 아들 솔로몬의 몫으로 알고 계승의 미덕을 보여주었다. 다윗의 인생 소명이 아들 솔로몬에게 전수되는 과정이 참 중요하다.

다윗은 일생을 마치기 전에 성전을 위해서 자신이 준비한 것이 무엇인가 이야기하면서 아들 솔로몬에게 성전을 잘 지으라고 권하고 있다(대상 22:6-19). 우선 다윗이 성전의 건축을 위해 준비한 것은 재물이었다. 다윗은 금과 은과 놋과 철과 목재와 돌을 엄청나게 준비했다. 금만 십만 달란트에 훨씬 많은 다른 재료들을 준비하였다. 또한 다윗은 성전을 짓는 데 필요한 각 분야의 장인들, 즉 석수와 목수 등의 전문가들이 준비되었다고 말한다. 비전을 성취하기 위해서는 능력이 필요하다. 많은 재료만 준비되어 있고 일할 능력이 없다면 제대로 성전을 건축할 수 없다. 세 번째는 사람이었다. 다윗은 문무백관들을 향해 솔로몬을 도우라고 말했다. 비전을 이루는 일은 혼자서 이루어내기 힘들다. 다윗에게 함께 소명을 이루어간 용사들이 있었던 것처럼(삼하 23:8-39) 솔로몬에게도 성전을 건축하며 이스라엘을 이끌어갈 사람들이 필요함을 강조하였다.

재물과 능력과 사람을 준비하여 마음과 뜻을 바쳐서 하나님 여호와께 구하라고 한 다윗은 가장 중요한 인생의 자원을 가져야 한다고 솔로몬에게 당부했다. 우리의 인생을 어떻게 사느냐 하는 문제에서 이 명쾌한 정답만큼 단순하면서도 분명한 해답이 있을까? 하나님을 의지하는 것, 이것은 우리가 가진 돈과 능력과 인맥을 다 합한 것보다 더 중요하다. 그 모든 자원을 다 갖추었어도 하나님을 의지하는 믿음이 없으면 제대로 성공하는 삶을 살지 못한다.

이렇게 전수된 아버지의 인생 소명을 이루기 위해 솔로몬은 무진 애를 썼다. 솔로몬은 왕이 된 지 4년 되는 해에 성전의 기초를 쌓으며 건축을 시작한 후 7년 동안 공사하여 성전 건축을 완성하였다(왕상 6:1-38). 성전 건축을 완성한 후 솔로몬은 언약궤를 다윗성에서 성전으로 메어 올리고 큰 제사를 드리면서 성전 낙성식을 거행하였다(왕상 8장). 성전 낙성식에서 솔로몬은 연설하고 기도하고 축복하면서 하나님의 임재를 통한 영광의 선포와 하나님 나라가 임하는 비전의 성취를 입증하고 있다.

다윗 왕이 소원을 가졌으나 아들인 자신에게 계승된 성전 건축의 비전이 드디어 성취되며 하나님의 영광이 드러나게 되었다고 솔로몬은 연설했다(왕상 8:12-21). 그리고 성전의 제단 앞에 서서 하늘을 향하여 손을 펴고 하나님께 영광 돌리면서 솔로몬은 기도하고 있다. 이 기도의 주된 내용은 바로 하나님의 임재 장소인 성전을 향해 하나님의 백성들이 하는 간구를 들어달라는 내용이었다. 범죄한 자가 와서 성전에서 맹세할 때는 저주를 내려주시고 의로운 자에게는 복을 달라고 기도했다. 적군에 패하거나 가뭄과 재앙, 질병 등으로 재난을 당할 때 백성이 성전을 향해서 하는 기도에 응답해 달라고 간구했다. 또한 전쟁에 나가 싸우는 사람을 위해서나 포로로 잡혀갈 때 돌이켜 간구하는 기도를 들어달라고 기도했다.

뒷날 바벨론에 포로로 잡혀가 예루살렘 성전을 향해 기도했던 다니엘은 바로 이 솔로몬의 성전 낙성식 기도를 근거로 했음을 알 수 있다. 솔로몬 왕의 성전 낙성식 기도 중에 이런 부분이 있다. "그들이 사로잡혀 간 땅에서 스스로 깨닫고 그 사로잡은 자의 땅에서 돌이켜… 주께서 그들의 조상들에게 주신 땅, 곧 주께서 택하신 성읍과 내가 주의 이름을 위하여 건축한 성전 있는 쪽을 향하여 주께 기도하거든 주는 계신 곳 하늘에서 그들의 기도와 간구를 들으시고 그들의 일을 돌아보시오며 주께 범죄한 백성을 용서하시며… 그 사람들로 그들을 불쌍히 여기게 하옵소서"(왕상 8:47-50). 솔로몬의 기도 중 이 말씀에 근거해서 다니엘은 목숨을 걸고 기도하기를 포기하지 않았다(단 6:10).

기도하며, 당신의 인생 소명을 추구하라

　　　　이렇게 솔로몬이 했던 소명기도의 특징은 왕이라는 지위, 즉 미션보다는 지혜로운 재판을 하는 행동, 즉 전략에 초점이 맞춰져 있었다. 우리의 꿈은 지위나 명예가 아니고 어떻게 행동하고 일하여 소명을 이루어내는가에 달려 있다. 전에 EBS TV의 특강을 우연히 들었는데, 부모가 자녀에게 심어주어야 할 비전에 대한 김미경 강사의 강의였다. 핵심은 자녀들에게 꿈에 대해 '명사'로 정해주지 말라는 권고였다. 명사가 아닌 '형용사'가 진정한 비전의 가치관을 결정하는 원동력이라는 말이 인상적이었다. 즉 형용사인 꿈이 진화하여 참된 비전을 성취하게 한다. 예를 들어 '의사'라는 명사로 꿈을 정해주지 말고 형용사로 꿈꾸게 하는 것이다. 어떤 의사가 될지 꿈꾸는 것은 어떤 것인가? '강남에서 돈 많이 버는 (의사)'가 되려고 꿈꾼다면 너무 속 보이지 않는가? '사람들에게 봉사하는 삶을 사는 (의사)'나 '연구하고 가르치는 (의사)' 등은 어떤가? 더욱 구체적으로 의학의 분야나 지역, 일하는 방법 등이 포함되어도 좋다.

이렇게 형용사에 초점이 맞춰진 인생 소명으로 솔로몬을 평가해 보면 솔로몬 왕이 하나님이 기뻐하시는 왕이 된 이유가 있다. 바로 '지혜를 추구하여 백성들을 복되게 하려는 (왕)'의 소명을 가졌기에 하나님이 기뻐하셨다. 애굽의 국무총리라는 지위가 가장 먼저 떠오르는 요셉도 이런 관점으로 평가해 볼 수 있다. 조금 길지만 '많은 고난을 통해 내공이 깊고 배신도 많이 당해 용서의 미덕도 배운 (고위관리)'가 요셉의 형용사 소명이었다.

오늘 우리도 자신의 인생 소명을 발견하는 일이 중요하다. 위에서 말한 대로 솔로몬은 아버지의 직업을 세습해서 별다른 고민 없이 비전이 전수되고 모범적인 계승의 과정을 거친 것을 확인했다. 우리나라도 100년쯤 전에는 자녀들이 자연스럽게 부모의 직업을 세습하는 경우가 많았다. 대부분의 사람은 자신이 가지는 직업을 중심으로 인생 소명을 찾아가야 한다. 어떻게 우리는 하나님의 부르심에 응답하여 소명의 사람이 될 수 있는지 생각해 보자.

1940년대 미국의 도티 월터스라는 젊은 여인은 대출금을 받아 연 세탁소의 문을 닫고 파산할 지경일 때 잠이 오지 않는 밤에 생각난 성경 이야기와 성경 구절로 인해 영감을 얻었다. 열왕기하 4장에 나오는 여인이 죽은 남편의 스승인 엘리사 선지자를 찾아가 도와달라고 했을 때 집에 남은 한 그릇의 기름으로 빌려온 빈 그릇들을 가득 채우는 이적 이야기가 생각났다. 또한 이 여인은 이때 마태복음 25장에 나오는 달란트 비유 중에 한 달란트 받은 자가 제대로 이익을 남기지 못하자 그것을 빼앗겨 열 달란트 가진 자에게 주는 상황에 대해 "무릇 있는 자는 받아 풍족하게 되고 없는 자는 그 있는 것까지 빼앗기리라"(29절)는 말씀이 생각났다.

그러자 여인은 자신의 집에 남아 있는 기름 한 병과 땅에 묻어둔 한 달란트가 뭔지 생각하며 자신에게 글 쓰는 능력이 있음을 새삼 발견했다. 그래서 글 쓰는 사람을 찾는 구인 광고를 뒤지다가 '광고'가 그 여인의 인생 키워드가 되었다. 그래서 2007년에 세상 떠날 때까지 광고와 마케팅 분야에서 탁월한 역량을 발휘하는 사람이 되었다. 말씀에 대한 기억이 결국 한 사람 인생의 비전을 성취하는 계기가 되었다.

이렇게 인생 소명을 위해 기도하면서 교회 안의 공동체 구성원들과 서로 이야기하며 나누는 과정이 중요하다. 과거에는 성경공부 시간을 통해서 이런 비전 나눔을 쉽게 할 수 있었는데, 비단 성경공부가 아니라도 교회 안에서 여러 모임을 통해서 구체적으로 비전을 나누는 일을 중요하게 여기고 실천해 가는 노력이 중요하다.

그리고 청소년들이나 대학생, 청년들만 이렇게 비전을 생각하는 것이 아니고 나이가 들었어도 이런 과정을 거치며 자신의 인생 비전을 구체화하는 노력이 필요하다. 은퇴 후의 제3의 인생을 길게 살아야 하는 현실 속에서 하나님이 부여하신 자신의 소명에 대해 묵상하면서 인생을 설계하는 일을 꼭 할 수 있어야 한다. 교회 안에서 우리는 이렇게 말씀과 기도와 공동체를 통해서 비전을 구체화시키는 일을 해보는 것이 좋다.

또한 비전을 실현하는 중요한 인생의 마당인 직업을 찾고 지속하는 일을 교회 밖 세상에서 해나가야 한다. 이 일을 위해 하나님이 나에게 주신 달란트를 발견하는 일과 세상의 필요에 주목하는 일을 병행하는 일이 중요하다. 미국의 작가이며 목사인 프레드릭 뷰크너는 '직업'(Vocation)에 관해 정의하며 이렇게 말한다. "하나님이 당신을 부르시는 장소는 당신의 깊은 기쁨과 세상의 깊은 갈망이 만나는 곳이다"(「통쾌한 희망사전」, 복있는사람 펴냄, 167쪽).

유명한 화가 빈센트 반 고흐는 참 고단하고 힘든 삶을 살았던 사람이다. 무엇을 해야 할까, 어떤 직업을 가져야 할지 많은 고민을 하면서 37년의 짧은 생을 살았다. 고흐는 삼촌들과 여러 집안사람이 종사하던 화상(畵商)으로 일을 시작했다. 일에 의욕을 가지기도 했지만 결국 고흐는 화상 일을 그만두었고 아버지처럼 목사가 되려고 했다. 하지만 신학교에 입학하지 못해 실패하고 탄광촌에 파송되어서 헌신적으로 복음을 전하는 선교사의 일을 감당했다. 벨기에의 탄광에서 자신이 받은 선교비를 사람들에게 나누어주고 헐벗고 굶주리다시피 지내면서 헌신했다. 하지만 교회는 예수 그리스도처럼 자신이 가진 모든 것을 주고 헌신하는 고흐를 이해하지 못하고 설교자의 품위를 떨어뜨렸다면서 선교비 지원을 중단했다. 그래서 임시 선교사에서 면직되고 난 후 고흐는 자신이 뭘 해야 할지 몰라 난감했다고 고백한다.

그 절망의 시기에 고흐는 그림을 그리기 시작했다. 사실 어린 시절에 취미로 그림을 그리는 어머니를 따라 그림을 그린 적도 있는 고흐였는데, 결국 자신의 잠재력을 인생에서 가장 절망적이고 앞길이 막막할 때 발견했다. 이후 10년쯤의 세월 동안 열정적으로 그림을 그린 고흐의 인생은 참으로 고단했다. 하지만 그가 발견해 낸 그림에 대한 열정은 오늘날 수많은 사람에게 영감을 주고 있다. 그런 면에서 그림 그리기는 빈센트 반 고흐가 찾은 인생 소명이었다고 말할 수 있다.

고흐의 삶을 기회의 관점으로 본다면 하나님이 그의 가정에서 허락하신 아버지와 어머니의 모습을 통해서 세상을 사랑하고 하나님께 헌신하려는 삶을 살기 위해 불같이 노력한 사람이라고 평가할 수 있다. 고흐가 동생에게 보낸 편지에 보면 "하나님을 사랑하는 최상의 방법은 세상의 모든 것을 사랑하는 것"임을 보여주기 위해 노력했다. 화가가 되기 전에 모색했던 탄광촌 선교사의 길을 통해 하나님의 사랑을 전하기 원했다. 그 일이 여의치 않자 그림을 통해서 세상의 모든 것을 사랑하려고 시도했다. 그렇게 고흐는 하나님의 부르심에 응답하는 삶을 추구해 갔다.

하나님이 부여하신 인생 소명을 기도하며 추구하는 과정이 우리에게도 당연히 있어야 한다. 누구에게나 있으며 발견해야 하는 인생 소명이 비단 직업에만 국한되는 것은 물론 아니다. 그러나 직업은 하나님의 부르심을 확인하는 데 매우 중요하다. 솔로몬의 멋진 소명 기도를 참고하면서 우리도 하나님이 우리에게 주신 인생 소명을 확인하고 매진하는 삶을 살아나가야 하겠다.

솔로몬의 멋진 소명 기도를 살펴보았는데, 하나님의 마음에 딱

들게 기도했던 솔로몬이 결국 어떻게 일생을 마치게 되었는가? 아쉬움이 남는 솔로몬 왕의 말년을 통해서도 우리가 교훈을 얻어야 한다. 솔로몬의 인생을 총평하는 열왕기서의 기록이 솔로몬의 인생을 말해준다. "왕은 후궁이 칠백 명이요 첩이 삼백 명이라. 그의 여인들이 왕의 마음을 돌아서게 하였더라. 솔로몬의 나이가 많을 때에 그의 여인들이 그의 마음을 돌려 다른 신들을 따르게 하였으므로 왕의 마음이 그의 아버지 다윗의 마음과 같지 아니하여 그의 하나님 여호와 앞에 온전하지 못하였으니"(왕상 11:3-4). 단정적으로 이렇게 기록한다. "솔로몬이 마음을 돌려 이스라엘의 하나님 여호와를 떠나므로 여호와께서 그에게 진노하시니라"(왕상 11:9상).

솔로몬은 좋은 마음을 가지고 이스라엘의 왕으로 일하기 시작했는데 나중에는 욕심 때문에 우상숭배를 하고 결국 그 마음이 하나님으로부터 멀어졌다. 결국 하나님 여호와를 떠나서 하나님이 진노하셨다. 자신이 기브온 산당에서 했던 인생 소명 기도를 두루마리에 써서 집무실에 걸어두었을 텐데 안타깝게도 초심을 잃고 말았다. 우리는 솔로몬의 실패를 반복하지 말아야 한다. 인생 소명 기도를 일평생 추구하면서 21세기의 현명한 솔로몬이 되어야 한다.

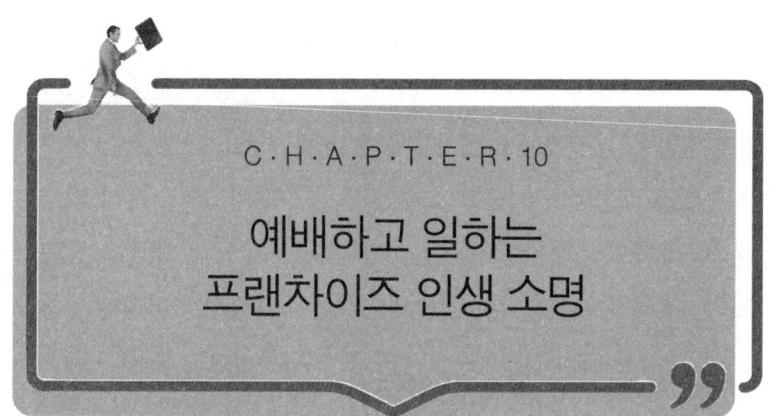

CHAPTER 10
예배하고 일하는 프랜차이즈 인생 소명

예전에 〈국민일보〉에서 신문에 내는 설교를 한 편 보내 달라고 해서, 평생 한 번만 할 수 있는 설교이겠다 싶어 일터사역을 잘 보여줄 수 있는 설교를 고민했다. 결국 창세기 26장 이삭의 이야기를 본문으로 '하나님이 기뻐하시는 성경적 성공'이라는 제목의 설교를 보냈다. 이삭의 우물 갈등은 그의 일터 현장에서 겪는 갈등과 애환을 잘 보여준다. 또한 이삭이 그의 인생에서 과연 무엇을 배울 수 있었나 생각하게 하는 이삭의 인생 소명을 가르쳐준다.

코로나 시기에 〈일터 소명 웨비나〉를 열어 8강 강의를 유튜브를 통해 진행했다. 첫 번째 강의의 제목은 '일터 소명'이었고 두 번째 강의의 제목이 바로 '인생 소명'이었다. 일만이 아닌 우리의 삶 자체가 하나님 앞에서 의미가 있다. 우리 인생은 어디서나 배우는 수업의 과정을 거친다. '인생 수업'이라는 표현도 한다. 우리의 일도 바로 배움이다. 기업에서는 '온 더 잡 트레이닝'(On the job training)이라고 해서 일하는 과정에서 배운다는 교육 프로그램도 진행한다. 우리의 일 자체가 배움이어야 하고 그래야 인생도 의미 있다. 우리 인생은 '온 더 라이프 트레이닝'(On the life training)이다. 인생을 통해서 우리는 훈련하고 배울 수 있다. 이삭은 삶의 과정에서 어떻게 인생을 배웠을까?

멈춰야 할 때 멈추어 새로운 길을 모색하라

2세대는 그늘에 가리는 경우가 많다. 아브라함은 이스라엘 역사에서 1세대였다. '믿음의 조상'이라고 평가한다. "아브라함과 다윗의 자손 예수 그리스도의 계보라." 마태복음을 시작하는 마태의 첫 마디에 바로 이스라엘의 시작인 아브라함이 언급된다. 1세대 아브라함은 개척자요 선구자의 이미지가 강하다면 그 아들 이삭은 2세대로, 보다 정적이었다. 창세기도 50장 가운데 아브라함에게 열네 장을 할애하는 반면 이삭에게는 네 장을 배당하고 있다. 어쩌면 이삭의 삶은 시대와 환경을 바꾸며 개척하는 아버지 아브라함의 동적인 삶을 이어 안정시키면서 발전을 모색하는 환경 순응적 삶이었다고 평가할 수 있다.

흉년이 들어서 애굽으로 내려갔던 선친 아브라함 때와 달리 하나님은 이삭에게 애굽으로 내려가지 말라고 하셨다. 기근이라는 상황이 견디기 쉽지 않았지만 약속의 땅에 머물러 있기를 원하는 하나님의 의도가 있었다. 중요한 점은 이삭이 하나님의 그 약속을 의지하고 그 땅에 머물러 있었다는 점이다. 힘들었지만 이삭은 순종했다. 그 블레셋 땅에서 이방인으로서 생존해 나가는 일이 어려웠다. 아버지에게 배운 바도 있어서 아내를 누이라고 해서 갈등과 불화를 방지하려고 한다. 두려웠기 때문이다. 그러다가 블레셋 왕 아비멜렉에게 왜 거짓말을 했느냐고 호된 꾸중도 들었다.

이런 우여곡절을 겪으며 흉년이 든 그 땅에 머물러 지내는데 이삭은 그런 힘든 상황에서 큰 성공을 거두었다. 농사를 지어 백 배의 소출을 얻었다. 블레셋 사람들이 살던 땅은 척박한 유대 광야와는 달리 농사를 지을 수 있는 지중해변의 비교적 비옥한 땅이었다. 비옥한 땅에서 농사를 지어도 50배의 소출을 얻으면 풍년이라고 했다. 그런데 이삭은 잘되던 농사보다 배나 더 많은 결과를 얻어낸 셈이다.

여기서 우리는 두 가지 교훈을 얻을 수 있다. 하나는 이삭의 성공이 보조 종목에서 거둔 결과라는 점에 주목해야 한다. 이삭은 유목을 주업으로 하던 사람이다. 아버지 아브라함 때부터 그랬다. 정착해서 농사를 짓는 업종이 아니라 목초지를 찾아다니면서 양과 같은 가축들을 키워 털과 고기를 팔아 돈을 벌던 유목민이었다. 그러니 기근이 들면 천막을 둘러매고 옮겨 다니면 되는 것이었다.

그런데 기근이 들었는데도 하나님이 내려가지 말라고 하셔서 어쩔 수 없이 그 땅에 머물러 있었다. 지내기가 더 나은 곳, 규모도 크고 기근도 견딜 수 있는 땅 애굽으로 가지 말라는 하나님의 말씀에 순종해서 그 땅에 머물며 농사를 지었다. 아마도 이삭은 애굽으로 내려가고 싶었을 듯하다. 아버지도 기근 때 애굽으로 간 적이 있었다. 그런데 하나님이 가지 말라고 하시니 가지 않았고, 그런 상황에서 주 종목도 아니고 보조 종목에서 이른바 대박을 터뜨린 셈이었다. 하나님이 은혜를 주시고 지혜를 주셨다. 상황에 맞추어서 여러 필요에 민감하면서, 앞길이 막혔을 때 좌우를 돌아보고 뒤를 돌아보면서 택한 막다른 골목이었을지도 모른다. 그런 상황에서 하나님의 은혜로 상상 못 할 좋은 결과를 얻어냈다.

또 하나의 교훈은 힘들고 어려울 때는 내가 해 오고 잘하던 것, 가업으로 이어오고 있는 일을 못하더라도 다른 일이라도 해야 한다는 점이다. 유목하던 이삭이 농사를 지었다. 그 농사에서 큰 성공을 거두었다. 다른 사람들은 그렇게 하지 못하는데 기근도 있고 그 영향이 지속되는 상황에서 상상 못 할 결과를 얻어냈다.

이런 성공을 통해서 이삭은 틀림없이 교훈을 얻었다. '아, 인생이라고 하는 것이 내 맘대로 되는 것이 아니구나!' 떠나야 할 상황이지만 하나님의 약속을 따라 머무르고 자기 종목이 아니지만 상황이 어쩔 수 없어 보조 종목으로 방도를 찾을 수밖에 없었는데 그것으로 큰 성공을 거두었다는 사실은 이삭의 인생에서 매우 중요한 교훈을 주었다. 이래서 주변의 블레셋 사람들도 놀라서 시기하고 우물을 메우면서 쫓아내려고 했다. 하지만 사실은 주변 사람들보다 이삭이 더 놀랐다. 하나님이 그렇게 은혜를 베풀어주실 줄 몰랐다.

이 부분이 참 마음에 든다. 내가 원하지 않아도 상황과 필요에 따라서 어쩔 수 없어서 했는데 성공했다면 얼마나 고백하기 좋은가? "하나님이 하신 것입니다. 내가 한 것이 아니에요." 이런 간증이 하나님을 제대로 높이는 바람직한 간증이다. 억지 겸손이 아니라 사실대로 전적으로 하나님이 하셨음을 찬송할 수 있다.

우리 인생에서도 이런 은혜를 자주 구할 수 있어야 한다. 일종의 틈새이다. 비즈니스로 보면 막다른 골목이나 피치 못할 상황에서 시작하는 신규사업이다. 요행을 바라는 것이 아니다. 어려울 때는 이런 방법이 정답이다. 흉년을 그 자리에서 극복하기 위해서는 이삭이 농사지어야 가족들을 먹여 살릴 수 있었다. 울며 겨자 먹기로 할 수밖에 없었더라도 이것이 바로 전략이다. 그런데 큰 은혜가 아닐 수 없다. 어려울 때는 더욱 이런 은혜를 우리가 하나님께 구해야 한다.

서글픈 인생을 사는 사람들은 이런 말을 많이 한다고 한다. "할 수 있었는데…." "아이고, 할 뻔 했는데…." 시인 존 휘티어가 말한다. "입이나 펜에서 나오는 말 중 가장 슬픈 것은 '그럴 수 있었는데' 이다." 우리는 실패한 것보다는 하지 않은 것에 대해 더 많이 후회한다. 생의 마지막 순간에 삶을 되돌아보면서, 아 그때 내가 왜 그걸 못했을까, 후회하는 수많은 사람 중 하나가 되지 않기 위해서도 과감하게 도전하는 삶을 살아가야 한다.

한 가지 더 생각해 볼 수 있다. 이런 이삭의 도전 결과를 예상해 본다. 나중에 이삭의 손자 요셉이 애굽에 내려가서 7년 풍년과 7년 흉년을 겪으면서 이뤘던 농업 혁명과 위기 극복 프로젝트를 생각해 보라. 이삭이 일찌감치 팔레스타인 땅에서 농사를 지어 큰 결실을 얻었던 경험이 가족의 성공담으로 전수되었다고 충분히 상상할 수 있다. 설령 이삭이 농사를 지어 실패했더라도 그것은 실패가 아니다. 성경에 기록된 대로 백 배 소출을 얻는 일이 매해 반복되지는 않았다. 그런 결과를 얻을 때까지 여러 해 동안 오랜 세월의 인내와 노력이 있었다고 상상할 수 있다.

그 모든 일이 경험으로 쌓이고 역사가 되었다. 뒷날 요셉을 통해 심각한 기근이 들어 굶어 죽어가는 애굽 백성과 근동 지역 사람들을 살리고 하나님의 백성을 구해내는 일의 밑거름이 되었다. 그래서 오늘 우리가 무언가 시도하는 일은 중요하다. 머물러 있으면 안 되고 무언가 시도해야 한다. 흉년이 들어 목초지를 구하는 일이 힘들어 짐승을 키울 수 없으면 안 해본 농사라도 지어야 한다. 자신은 나그네이기에 그 땅 사람들에게 구걸하듯이 농사 기술을 배웠고 땅을 비싼 가격으로 임대했을지도 모른다. 텃세도 감수했다.

이렇게 보조 종목에서 백 배나 소출을 얻으면서 결국 어떻게 되었는가? 양과 소가 떼를 이루고 그것을 돌보는 종들이 심히 많아졌다. 보조 종목의 성공을 통해 이삭의 주 종목인 유목사업이 풍성해졌다. 보조 종목의 성공으로 주 종목이 큰 혜택을 입게 된 경우이다. 주 종목 유목에서 돌파구가 없어서 새롭게 등 떠밀려 시작한 보조 종목이 농사일이었다. 그런데 그것이 결국 주 종목에도 효자가 되었다. 비즈니스 현장에서 이런 일들이 가능하다. 우리 인생도 이런 전화위복이 얼마든지 가능하다.

이런 성공에 대해서 또한 그 지역 사람들이 시기하는 것 역시 당연했다. 더구나 이삭은 블레셋 사람들의 처지에서는 외부인이고 풋내기였다. 그들이 농사를 지어 보통 풍년의 두 배를 거둬들이니 배가 아팠다. 그렇게 시기하는 사람들과 갈등을 겪으면서 우물을 파고 빼앗기는 싸움을 하게 되는데 이삭은 그 힘든 과정을 감내해야만 했다.

　　하지만 이삭은 이미 백배나 거둔 농사의 성공을 통해서 창대하고 왕성해서 양과 소가 떼를 이루고 종들이 심히 많아지는 거부가 되었다는 사실이 중요하다. 주변의 위협과 박해도 충분히 견뎌낼 준비가 되어 있었다. 어떻게 우물을 계속 빼앗기는데 또 파고 또 팔 수 있었는가? 생각해 보니 이삭에게 예전 농사의 성공을 통해 얻은 일종의 내공이 있어서 여유 있는 처세술을 할 수 있었다고 볼 수 있다. '너희들 그렇게 아등바등 해봐라. 하나님이 손가락 하나 움직이시면 끝이다. 너희들이 막으면 난 딴 곳으로 가서 개척하련다.' 이런 이삭의 마음속 여유가 느껴진다.

예배하며 계속
우물을 파며 나아가라

　　이렇게 이미 이삭은 우물을 빼앗기며 갈등을 겪으면서도 망하지 않고 견뎌낼 수 있는 일종의 뱃심과 내공을 가지고 있었다.

"여호와께서 복을 주시므로 그 사람이 창대하고 왕성하여 마침내 거부가 되어 양과 소가 떼를 이루고 종이 심히 많으므로 블레셋 사람이 그를 시기"(창 26:12-14)했다고 한다. 이제 이 우물 해프닝을 좀 더 자세히 살펴보자.

블레셋 사람들이 아브라함 때부터 사용하던 우물에 흙을 넣고 메우고 쫓아낸다. 그래서 이삭이 골짜기로 몰렸다. 거기서도 아버지 아브라함이 팠던 우물들을 다시 팠더니 감사하게 물이 나왔다. 그걸 블레셋 사람들이 또 자기들 것이라고 했다. 그래서 다툼이 일어나고 우물의 이름을 '다툼'이라는 뜻의 '에섹'이라고 붙였다. 또 쫓겨 가서 판 우물을 빼앗기고는 이름을 지었다. 정말 화가 나서 '대적함'이라는 뜻의 '싯나'라고 지었다. 이삭이 지은 우물의 이름을 자세히 살펴보면 정말 분노했음을 알 수 있다.

또 다른 곳으로 옮겨가서 우물을 팠는데 그곳은 물이 안 나올만한 곳이었는데 또 물이 나왔다. 이제 블레셋 사람들이 지쳤던 것인가, 아니면 목초지와 거리가 떨어져 있어서 빼앗아 봐야 실익이 없었기 때문일까? 그들이 더 이상 덤비지 않았다. 그래서 그곳에서 드디어 이삭이 감격적 선언을 한다. 아마도 하나님께 제사 드리면서 고백했을 듯하다. "이제는 여호와께서 우리를 위하여 넓게 하셨으니 이 땅에서 우리가 번성하리로다"(창 26:22). 장소가 넓다는 뜻으로 '르호봇'이라는 이름을 지었다. 우물에 대한 심각한 다툼이 이렇게 종지부를 찍었다.

참 힘든 과정이었다고 평가할 수 있다. 우리가 비즈니스 현장에서 겪는 어려움을 그 시대에 이삭도 경험했다. 더욱 치열한 경쟁과 힘든 갈등이라고 볼 수 있다. 산 넘어 산, 언제 배가 부를 수 있을까? 욕심에 휘둘리는 사람들 속에서 지치고 절망하기 쉽다. 이 과정에 하나님이 이삭에게 주신 은혜가 있다.

이삭이 일련의 비즈니스 갈등 과정을 겪으면서 어린 시절에 블레셋 왕 아비멜렉과 아버지 아브라함 간에 우물에 대한 갈등을 겪었던 일을 기억한다(창 21:22-34). 갈등을 겪다가 두 사람이 조약을 맺었고 그래서 맹세했다는 뜻으로 '맹세의 우물'이라는 이름으로 불리게 된 곳이 브엘세바였다. 이삭이 살던 그랄에서 30킬로미터쯤 떨어진 곳이다. 이삭이 그곳 브엘세바로 이주했다.

그 밤에 하나님이 이삭에게 나타나 이렇게 말씀하신다. "나는 네 아버지 아브라함의 하나님이니 두려워하지 말라. 내 종 아브라함을 위하여 내가 너와 함께 있어 네게 복을 주어 네 자손이 번성하게 하리라"(창 26:24). 바로 하나님이 아브라함에게 주신 그 언약과 비슷하다. 흉년 때 애굽에 내려가려고 할 때 가지 말라면서 하신 말씀과도 비슷하다. 하나님은 이삭에게 다시 한번 언약을 상기시키는 과정을 허락하셨다. 우리도 수시로 하나님의 약속을 기억해야 한다. 같은 말씀을 반복하여 들어야 익숙해질 수 있다.

그러자 이삭이 어떻게 하는가? "이삭이 그곳에 제단을 쌓고, 여호와의 이름을 부르며 거기 장막을 쳤더니 이삭의 종들이 거기서도 우물을 팠더라"(창 26:25). 이삭은 다시 그곳에 제단을 쌓고 하나님께 제사를 드리며 하나님의 이름을 불렀다. 그리고 그곳에 장막을 치고 거주했다. 이삭의 종들은 거기서도 우물을 팠다. 그렇게 이삭은 예배하며 우물을 파는 일을 계속하면서 앞으로 나아갔다. 이것이 이삭에게 주어진 인생 소명이고 오늘 우리가 배워야 할 모습이다. 우리는 살아가면서 예배드리며 또 일하며 살아가며 앞으로 나아간다. 이것이 우리의 인생이다.

그런데 우리는 이름 붙이며 나아갈 수 있다. 이삭이 떠나온 후 오랜 세월이 지나지는 않았을 때인 듯하다. 먼 길을 찾아온 블레셋 왕 아비멜렉과 그의 친구와 군대 장관을 이삭이 손님으로 맞았다. 블레셋 아비멜렉이 고개를 숙였다. 지나온 과정을 보니 하나님이 이삭과 함께 계시는 것을 틀림없이 보았으니 평화조약을 맺자고 달려왔다. 그들도 깨달았다. 이삭과 관계를 맺고 있어야 자기들의 인생이 도움 되겠다고 생각해서 조약을 맺자고 먼 길을 찾아왔다.

이 모습도 아버지 아브라함 때와 비슷하다. 우리의 삶이 보통 선배들을 닮아서 비슷하게 살아간다. 그렇게 조약을 맺고 돌아간 후 이삭의 종들이 와서 물을 얻었다고 보고했다. 그 우물은 '브엘세바'라고 다시 한번 이름 붙이면서 이삭이 앞으로 나아갔다. 우리 후배들의 브엘세바도 또 반복되어 나타날 것을 기대할 수 있다. 우리는 예배드리며 일하고 이름 붙이면서 또 앞으로 나아간다.

치열한 비즈니스 경험이
프랜차이즈가 되다

이삭은 치열한 비즈니스 현장에서 어려움도 겪었다. 그러나 하나님의 약속을 믿고 머물러서 주 종목이 힘들어지니 보조 종목에서 열심히 애써서 하나님의 은혜를 얻었다. 성공의 길을 걸었다. 하지만 함께 비즈니스를 하는 사람들과 깊은 갈등과 어려움을 겪었다. 그 과정에서도 이삭은 결코 포기하지 않았다. 뺏으면 빼앗기면서도 결국 우물을 파는 지식을 얻었고 그 지식은 그 분야에서 최고에 오르는 기반이 되었다. 이삭의 종들만큼 빠른 시간에 수맥을 찾아내는 사람들이 있으면 나와 보라고 하라!

생각해 보라. 이 치열한 비즈니스 현장에서 과연 누가 이겼는가? 우물은 파지 않고 빼앗기만 한 블레셋 사람들이 이겼는가? 죽 쒀서 개 주듯이 우물을 파서 계속 빼앗기는 이삭의 사람들이 이겼는가? 1년 후에 이긴 사람은 누구였는가? 10년 후에 결국 이기는 사람은 누구였을까? 누가 과연 비즈니스 지식을 얻었겠는지 생각해 보면 알 수 있다. 이삭의 사람들이 우물을 파놓기만 하면 빼앗은 블레셋 사람들이 얻은 지식은 무엇이었는가?

그 척박하고 건조한 땅에서 여건이 좋지 않은 곳으로 내몰렸지만 계속해서 우물을 팠던 '이삭 지하수(주)' 사람들은 무엇을 얻었을지 생각해 보라. 그들은 각기 다른 환경에서 수맥을 찾아 물을 얻는 요긴한 지식을 얻었다. 실패한 것 같지만 선친 때 팠던 우물을 복원

했던 '에섹 모델'이 있다. 새로운 환경에서 물을 얻었던 '싯나 모델'이 있다. 그곳에서 얻은 물은 특허 등록을 할 수 있는 것이었다. 또한 더 멀리 쫓겨 가서 물을 얻었던 르호봇 우물은 우물 파는 신기술을 입증하는 획기적 쾌거였다. 블레셋 사람들이 아예 덤비지도 않을 정도로 척박한 주변 환경이었다. 우물을 제대로 활용하기 힘든 곳에서도 수맥을 찾는 기술을 이삭의 사람들은 터득했다. 그러니 이 치열한 비즈니스 전쟁터에서 과연 누가 이겼는가?

서비스 업종에 프랜차이즈 시스템이 있다. 일정 지역의 영업권을 주어서 시장 확대를 꾀하는 영업 방식이다. 자신의 서비스 노하우를 다른 사람들에게 보급하며 자신도 로열티를 받는 방식인데, 일단 자신에게 성공의 경험이 확실히 있어야 건전한 영업이 가능하다. 나중에 이삭은 브엘세바로 옮겨갔는데 그를 괴롭히던 그랄 왕이 찾아와서 화해를 청했고 평화조약을 맺었다. 그들이 여호와께서 이삭과 함께 계심을 분명히 보았고 이삭은 여호와께 복 받은 자라고 고백했다. 그들이 떠난 바로 그날 이삭의 종들이 와서 보고했다. "우리가 물을 얻었나이다."

또 그곳 브엘세바에서도 우물 파는 일에 성공했다. 마치 성공이 습관처럼 반복되고 있지 않은가? 이것이 진정한 축복이다. 결국 성공하는 크리스천의 비즈니스였다. 이렇게 이삭이 각각 다른 상황에서 결과를 얻어낼 수 있는 노하우를 확보했다면 오늘날의 관점으로 보면 프랜차이즈 비즈니스를 해도 충분히 성공할 만했다.

이 모든 과정, 이삭이 비즈니스 현장에서 애쓰고 노력하는 과정을 그의 아들 야곱과 에서는 다 지켜보았다. 이삭은 이렇게 후계자 양성을 했다. 자식들이 배우게 하고 또한 그의 집에서 일하는 사람들이 배우게 했다. 결국 그래서 그들은 앞으로 나아갈 수 있었다. 우리도 인생에서 이렇게 일하고 배우면서 나아가야 한다. 이삭의 프랜차이즈 인생 소명을 통해 배워야 한다.

CHAPTER 11
말씀하시는 하나님께 인생으로 응답하며 기념하라

"그 사람은 정말 착한 사람이야. 심성이 고와. 그러니 비즈니스에는 안 어울려!" 이런 평가를 받는 사람들이 있다. 그런데 야곱은 그런 사람은 아니었다. "그 사람, 손해는 절대 안 보더라. 호락호락한 사람이 아냐. 타고난 장사꾼이야!" 야곱은 오히려 이런 사람이었다. 계산에 밝아 이기적이라는 평가도 받지만 집념도 있고 탁월한 능력도 가진 사람이었다.

그런데 이런 야곱은 참 인간적인 사람이었다. 물론 존경하고 싶은 마음이 들지는 않는다. 가까이하고 싶은 마음도 생기지 않는 사람이다. 그런데 한편 이 사람을 가만히 보고 있으면 나의 속마음, 나의 잔머리를 잘 투영해주는 것 같다. 사랑과 미움이 엇갈리는 애증의 인물이랄까, 묘한 매력과 동시에 결점을 지닌 사람 야곱은 우리 모두에게 꽤 친숙한 성경 인물이 틀림없다.

그런데 창세기를 읽다 보니 야곱의 생애에 대한 기록에서 독특하게 반복되는 패턴을 발견할 수 있었다. 하나님이 직접 야곱에게 말씀하신 기록이 유독 많았다. 물론 아브라함이나 이삭 같은 다른 족장들에게도 하나님이 직접 말씀하셨지만 야곱에게는 더욱 자주 하나님이 말씀하셨다. 족장들뿐만 아니라 어떤 다른 성경 인물들보다 많아 보였다. 이것을 살펴보면 오늘 우리에게 하나님이 하시는 말씀을 들을 수 있다. 또한 야곱은 하나님의 말씀에 어떻게 반응했는지 함께 생각해 보면서 우리를 돌아볼 수 있다.

고향을 떠나 도망갈 때
하나님이 이르시되…

야곱은 이삭의 쌍둥이 아들 중 하나였다. 형 에서의 발꿈치를 잡고 태어난 동생이었다. 나이 일흔이 넘도록 아버지 이삭의 집에서 목자 생활을 하면서 소일했다. '목옹'이 되었다. 아버지가 연로해서 유언을 남기려다가 사달이 생겼다. 야곱은 동생이었지만 장자권에 관심이 있어서 형에게 팥죽 한 그릇으로 장자의 권리를 사기도 했다. 물론 해프닝이었다. 그러다가 형 에서에게 복 주려고 하는 아버지의 축복을 가로채려고 했다. 어머니 리브가와 공모해서 아버지와 형을 속였다. 그래서 아버지가 둘째 아들 야곱에게 장자의 축복을 해주었다. 그 사실을 알고 난 형 에서가 동생 야곱을 죽이겠다고 별렀다. 이 상황에서 어머니 리브가는 야곱을 외가로 보내야 하겠다고 생각한다. 그래서 800여 킬로미터 떨어진 곳 밧단아람으로 보냈다.

  그 긴 여정에 야곱은 형이 보낸 자객이 뒤따르지 않을까 고민하면서 두려움에 사로잡혀 처음 며칠 보냈을 것이다. 어느 날 밤 자다가 꿈에서 하나님의 말씀을 들었다. 야곱이 꿈에 보니 사닥다리가 땅 위에 서 있는데 하늘에까지 닿아 있다. 사닥다리에서 하나님의 사자들, 천사들이 오르락내리락한다. 마치 잠든 야곱을 보호하기 위해 경비를 서주는 것 같은 느낌이었다.

  그런데 참 희한한 명장면이 등장한다. 사다리의 꼭대기에서 말씀하시는 분이 있었다. 바로 하나님이셨다. 오늘 우리 본문에서 볼 수 있는 대로 조부 아브라함과 부친 이삭의 하나님이라고 하시고는 네가 누워 있는 땅을 너와 네 자손에게 주겠다고 하신다. 땅의 티끌같이 많아져서 모든 족속이 너와 네 자손으로 인해 복을 받을 것이라고 하신다. 너와 함께 있어 지켜주겠다고 하신다. 바로 아브라함과 이삭에게 반복해서 말씀하신 언약을 야곱에게도 동일하게 말씀하셨다. 마지막으로 "너를 떠나지 아니하리라"라고 말씀하시니 도망자 야곱에게 얼마나 위로가 되었겠는가? 자기의 방법으로 쟁취하려고 무모한 객기를 부리던 야곱에게 하나님이 먼저 찾아오셨다. 형의 추격이 두렵고 홀로 먼 길을 도망가야 해서 괴로울 때, 바로 그 힘든 순간에 하나님이 찾아와 주셨다.

  답답하고 괴로울 때, 앞길이 막막할 때, 고통을 어디 하소연할

곳도 없을 때, 우리도 야곱처럼 찾아오신 하나님을 만나야 한다. 두려워할 때 하나님이 야곱을 찾아와 약속하신다. "내가 네게 허락한 것을 다 이루기까지 너를 떠나지 아니하리라!"

혹시 지금 야곱처럼 쫓기고 있는가? 갈 길이 먼가? 불안하고 두려운가? 쫓아오는 사람 없어도 쫓기는가? 피로사회에서 우리는 자신에게도 쫓긴다. 야곱처럼 사고를 치고 고향을 등져도 괜찮다. 도망치는 길이라도 뭐가 문제인가? 야곱처럼 사닥다리를 보라. 내가 어떻게든 매달려서 절대 떨어지지 않고 기어올라야 하는 사다리가 아니다. 아웅다웅 세상 사람들 모두가 올라가 깃발 꽂으려고 하는 그런 성공의 사다리가 아니다. 하나님이 꼭대기에서 말씀하시는 사다리였다. 그 사다리 아래서 하나님이 하시는 말씀을 들어보라. "너를 떠나지 아니하리라. 내가 네게 허락한 것을 다 이루기까지 너를 떠나지 아니하리라."

다시 고향으로 돌아갈 때 하나님이 이르시되…

외가에 피신했을 때 야곱의 외삼촌 라반은 보수 없이 일할 수 없으니 대가를 정하고 일하자고 제안했다. 그러나 결국 외삼촌의 두 딸 레아, 라헬과 차례로 결혼하느라 무려 14년의 노동력을 제공하고 아내들의 몸종이었던 두 첩도 얻었다. 아내들이 경쟁적으로 아들 낳기를 하여 자식들도 많이 얻었다. 이후 6년 동안은 외삼촌 라반의 일을 해주면서 자기 재산을 많이 끌어모았다. 그 과정에서 갈등이 생겼다. 아마도 야곱의 재산이 라반의 재산보다 많아졌거나 근접하여 위협하는 수준은 되었던 것 같다. 외삼촌의 아들들, 그 외사촌들이 수군거리는 소리가 들렸다. "야곱이 우리 아버지 소유를 다 빼앗았다. 우리 아버지 짐승들로 이 어마어마한 떼를 이룬 거잖아!" 외삼촌의 표정도 예전 같지 않았다. 이때 어떻게 해야 하는가?

사표를 내고 떠날 때는 확신을 가져야 한다. 야곱에게 하나님이 이렇게 직접 말씀해 주셨다. "네 조상의 땅 네 족속에게로 돌아가라. 내가 너와 함께 있으리라"(창 31:3). 사촌들이 눈치 주고 뒷담화 하는 것이 마음에 부담스러워서 쫓겨 간 것이 아니다. 외삼촌의 표정이 다르고 눈치 보게 되어서 떠난 것이 아니다. 고향으로 가는 것을 확신할 수 있도록 하나님이 야곱에게 직접 말씀해 주셨다.

선택의 기로 앞에 우리도 직접 자주 서게 된다. 이때 하나님이 이렇게 분명하게 알려주시는 말씀이 있다면 얼마나 홀가분하게 그 말씀에 순종할 수 있을까? "네 조상의 땅 네 족속에게로 돌아가라. 내가 너와 함께 있으리라." 하나님이 하신 말씀에서 어떤 느낌을 받을 수 있다. 어차피 야곱은 고향으로 돌아가야 했다. 문제는 언제인가, 그것이다. 바로 지금이다! 하나님이 그 적기(適期)를 알려주신다. 적기를 놓치면 낭패를 본다. 이 선택의 시점, 선택해야 할 순간에 대해서 우리는 귀를 열고 하나님의 말씀을 잘 들어야 한다.

고향으로 돌아가는 야곱에게 하나님은 세 번이나 더 나타나 말씀해 주셨다. 얍복강에서 에서를 만나기 전에 어떤 사람과 밤새 씨름을 하게 되었다. 그때 밤새 야곱이 붙들고 늘어져서 힘들었던 그 어떤 사람이 이렇게 말했다. "네 이름을 다시는 야곱이라 부를 것이 아니요 이스라엘이라 부를 것이니 이는 네가 하나님과 및 사람들과 겨루어 이겼음이니라"(창 32:28). 야곱은 그 어떤 사람이 하나님이시라고 봤다. "내가 하나님과 대면하여 보았으나 내 생명이 보존되었다"라고 고백한다(창 32:30).

그 와중에도 야곱 집안에는 어려움이 없지 않았다. 야곱의 딸 디나가 세겜 족속 추장의 아들에게 추행당했다. 야곱의 아들들이 복수한다고 그 종족 남자들을 다 죽이는 참극을 벌였다. 이런 험한 일을 겪고 사람들을 죽이는 잘못을 저질렀을 때 하나님이 야곱에게 말씀하셨다. "일어나 벧엘로 올라가서 거기 거주하며 네가 네 형 에서의 낯을 피하여 도망하던 때에 네게 나타났던 하나님께 거기서 제단을 쌓으라"(창 35:1). 20년 전에 도망갈 때 사닥다리 위에서 말씀하시는 하나님에게 응답했던 야곱의 결심과 약속을 돌아보라는 말씀이었다.

그리고 야곱이 밧단아람에서 돌아왔을 때 하나님이 다시 야곱에게 나타나서 복을 주시고 이렇게 말씀하셨다.

"네 이름이 야곱이지마는 네 이름을 다시는 야곱이라 부르지 않겠고 이스라엘이 네 이름이 되리라… 나는 전능한 하나님이라. 생육하며 번성하라. 한 백성과 백성들의 총회가 네게서 나오고 왕들이 네 허리에서 나오리라. 내가 아브라함과 이삭에게 준 땅을 네게 주고 내가 네 후손에게도 그 땅을 주리라"(창 35:10-12). 창세기 12장에 나오는 아브라함의 언약보다 구체적이다. "한 백성과 백성들의 총회가 네게서 나오고 왕들이 네 허리에서 나오리라." 야곱에게 나타나서 하나님이 말씀하신 후를 성경 기자는 이렇게 기록한다. "하나님이 그와 말씀하시던 곳에서 그를 떠나 올라가시는지라"(창 35:13).

이렇게 직접 하나님이 야곱에게 나타나서 말씀해 주셨다. 물론 오늘날에는 이렇게 하나님이 직접 우리에게 말씀해 주시지는 않는다. 하지만 우리도 야곱처럼 이렇게 하나님을 만나서 말씀을 듣는 방법이 있다. 고향으로 돌아가는 야곱에게 하신 말씀을 가만히 보면 정말 시의적절한 때에 그에게 필요한 말씀을 해주셨다. 돌아가야 하는 때에 돌아갈 적기를 알려주시고 어려움이 있던 때에 과거의 기억을 살려 전에 하나님이 말씀해 주시던 그 장소에 가라고 콕 집어 알려주신다. 왜 고향으로 돌아오게 되었는가, 하나님이 인도하시는 과정에서 이미 준비된 것임을 분명하게 확신할 수 있게 말씀해 주신다.

우리 그리스도인이 살아가는 과정에서도 하나님은 이렇게 필요한 말씀들로 인도해 주신다. 성경 말씀을 읽고 우리가 기도하고 성령님의 인도하심을 구할 때 우리에게도 야곱과 같이 고향 가는 길에 함께 하신 말씀들을 주신다. 그 말씀을 잘 들어야 한다. 아이가 태어나서 엄마 아빠의 목소리를 자연스럽게 알아차려서 아는 것처럼 잘 들어보면 우리는 하나님의 말씀을 알 수 있다. 직접 말씀하신 것은 아니라도 얼마든지 우리는 하나님의 말씀을 들을 수 있다.

먼 나라 애굽으로 이주할 때
하나님이 이르시되…

또 한 번 야곱이 중요한 결정을 해서 먼 곳으로 떠나야 할 때 하나님은 또 말씀해 주셨다. 이제 야곱의 나이가 꽤 많았고 잃어버린 줄 알았던 아들 요셉이 애굽의 총리가 되었다는 소식을 들었다. 요셉이 보낸 마차로 일종의 이민을 떠나게 되었다. 애굽으로 가는 여정이었다. 집안 전체가 옮겨가는 대이동이었다.

전에 밧단 아람으로 도망갈 때는 북동쪽으로 가야 했는데 이제 남서쪽으로 가는 길이었다. 거리는 예전보다 멀지 않았지만 마음의 부담은 상당했을 것이다. 이런 상황에서 야곱이 모든 재산과 소유한 가축들을 끌고 길을 떠났다. 브엘세바에 이르렀다. 선친 이삭과 조부 아브라함이 살고 활동하던 곳이다. 전에 블레셋 사람들과 우물 싸움을 벌이기도 했던 곳이다. 야곱은 그곳, 이제 팔레스타인 땅을 떠나게 되는 국경 부근인 곳에서 아버지 이삭의 하나님께 희생제사를 드렸다(창 46:1).

그날 밤에 하나님이 이상(환상) 중에 야곱에게 나타나셨다. 직접 내려오신 것은 아니지만 환상 중에 야곱은 하나님과 대화했다. 하나님이 "야곱아, 야곱아" 이렇게 부르셨고 야곱은 "내가 여기 있나이다"라고 대답했다. 하나님이 이렇게 말씀하셨다. "나는 하나님이라 네 아버지의 하나님이니 애굽으로 내려가기를 두려워하지 말라. 내가 거기서 너로 큰 민족을 이루게 하리라. 내가 너와 함께 애굽으로 내려가겠고 반드시 너를 인도하여 다시 올라올 것이며 요셉이 그의 손으로 네 눈을 감기리라"(창 46:3-4)

이렇게 완벽하게 야곱의 생애와 함께하시며 하나님이 직접 말씀해 주셨다. 애굽으로 가는 길도 함께 하겠다고 하신다. 두려워하지 말라고 하신다. 야곱이 애굽으로 떠나가는 그 길을 두려워하는 것을 하나님이 아셨다. 하지만 그렇게 내려가는 애굽에서 큰 민족을 이루게 해준다고 약속하셨다. 하나님도 야곱과 함께 애굽으로 내려가신다고 한다. 이보다 든든한 확신이 어디 있겠는가?

그런데 약속의 땅은 바로 그 브엘세바가 있는 팔레스타인 땅이었다. 그 땅으로 돌아오게 한다고 하셨다. 나이 많은 야곱이 죽어서 다시 못 돌아올 것 같았다. 그래도 요셉이 눈을 감겨줄 것이라고 하신다. 유골이라도 약속의 땅으로 돌아와 묻힐 것이라고 하신다. 이렇게 먼 나라로 떠날 때도 하나님은 야곱에게 나타나셔서 확신과 용기를 주는 말씀을 해주셨다.

야곱에게 적재적소에 꼭 필요한 말씀을 주신 것처럼 오늘 우리에게도 하나님은 말씀해 주신다. 우리 인생의 전환기, 특별히 어려운 때, 꼭 안내가 필요한 때 하나님은 가이드가 되어 주신다. 보호자와 인도자가 되어 주신다. 그렇게 우리 인생도 이끌어주실 것이다. 하나님은 야곱과 함께하신다고 약속해 주셨다. 떠나지 않겠다고 확신을 주셨다. 우리도 하나님의 이런 음성을 들어야 한다.

야곱의 응답과 믿음
: 하나님의 이름을 기념하다

하나님의 음성을 들은 야곱이 하나님께 어떻게 반응했는지 확인해 보면 우리도 야곱처럼 은혜로운 하나님의 인도하심을 받을 수 있다. 또한 하나님이 이렇게 야곱에게 자주 나타나서 말씀해 주시고 그가 갈 길을 알려주신 이유라고 할 만한 특별한 것이 있었다. 야곱의 응답 비결은 어디서나 하나님의 이름을 기념하는 모습이었다. 오늘 우리 식으로 표현하면 예배의 삶이었다.

야곱의 인생에서 하나님이 중요한 말씀을 하실 때마다 야곱은 이정표를 남기듯이 꼭 기념한 것이 있다. 나름의 예배 의식을 통해 하나님께 영광을 올려드렸다. 그리고 이름을 지어 하나님의 인도하심을 기념했다.

사닥다리 위에서 말씀하시는 하나님을 만난 그 밤에 야곱은 일어나서 베개로 삼았던 돌을 가져다가 세우고 그 위에 기름을 부으며 하나님께 예배하고 기념했다. 그곳 이름을 벧엘이라고 불렀다. '하나님의 집'이라는 뜻이다(창 28:18-19). 그리고 서원하면서 하나님이 저를 다시 고향으로 돌아가게 하시면 여호와께서 나의 하나님이 되실 것이고 기둥으로 세운 돌이 하나님의 집이 될 것이고 주신 모든 것에서 십 분의 일을 반드시 하나님께 드리겠다고 헌신을 약속했다(창 28:20-22).

또 밧단아람에서 돌아와 세겜 땅에 왔을 때 거기서 밭을 사서 제단을 쌓고 그 이름을 엘엘로헤이스라엘이라고 불렀다(창 33:18-20). '하나님, 이스라엘의 하나님'이라는 뜻이다. 또 돌아오는 길에는 전에 들렀던 벧엘에 이르러 거기서도 제단을 쌓고 그곳을 엘벧엘이라 불렀다(창 35:6-7). '벧엘의 하나님'이라는 뜻이다. 벧엘에서 더 하나님을 기념해서 엘벧엘(벧엘의 하나님)이라고 두 번째 이름을 지어 하나님께 믿음을 보였다. 그 벧엘에서 야곱은 액체로 된 예물인 전제물을 붓고 또 그 위에 기름을 붓고 하나님이 자기와 말씀하시던 곳의 이름을 벧엘이라 불렀다(창 35:14-15). 이렇게 야곱은 다시 기념하고 또 기념했다.

애굽으로 내려갈 때도 야곱은 브엘세바에 이르러 그의 아버지 이삭의 하나님께 희생제사를 드렸다(창 46:1). 그날 밤에 하나님이 야곱에게 다시 환상 중에 나타나셨다.

이렇게 하나님께 제단을 쌓고 기름과 예물을 붓고 제사를 드리고 경배하는 것은 어떤 뜻인가? 다름 아니고 하나님께 자기 인생을 맡긴다는 고백이다. 하나님만이 참 신이시라고 찬양하면서 자신의 인생을 인도하시는 분이라는 사실을 확인하면서 예배드리는 믿음이다. 오늘 우리가 드리는 예배에도 이런 의미를 담아야 한다. 하나님이 나의 인생에 늘 함께하시고, 우리의 가정과 교회와 기업을 인도하시는데 우리는 예배를 통해 감사의 응답을 해야 한다. 우리가 드리는 예배에 이런 의미를 부여할 수 있다.

야곱은 가는 곳마다 하나님을 기념했다. 성경에 다 기록하지 않았지만 더 많은 곳에서 하나님께 제단을 쌓고 제사를 드리면서 자신의 믿음을 고백했을 것이다. 이런 삶의 자세가 결국 야곱을 하나님의 인도하심으로 이끌었다. 예배드리는 우리에게도 하나님이 말씀하고 알려주고 섭리하고 인도하는 은혜를 베풀어주신다.

CHAPTER·12
3자 4-4-4 인생 모세, 광야교회를 이끌다

모세 하면 떠오르는 영화 장면들이 있다. 고등학교에 다닐 때 단체 관람으로 본 〈십계〉 영화에서 홍해가 갈라지는 장면이다. 세실드밀 감독에 찰턴 헤스턴이 모세로 나오던 1956년 작품이라 그래픽이 좀 엉성해 보이기는 했지만 당시에는 가슴 졸이고 웅장한 사운드와 함께 마음껏 감동했다. 그런데 애굽 군대가 그 바다 사이의 길로 추격해 오고 이스라엘 백성의 마지막 행렬이 반대편 육지에 도착하자 물 벽이 닫히면서 파도가 거칠게 해안으로 몰아치던 그 장면은 참 인상적이었다. 건너편에서 애굽의 람세스 바로 왕이 땅을 치며 한탄했다.

모세는 이 출애굽 장면, 그 놀라운 역사로 하나님의 백성을 가나안으로 이끌었던 걸출한 지도자였다. 40년의 광야 생활 동안 수백만의 백성을 이끈 일은 정말 대단하다고 아니할 수 없다. 이 지도자 모세의 생애를 정리해 보면서 하나님이 주신 인생 소명의 길을 그가 어떻게 걸었는지 확인해 보자.

3자, 4-4-4 인생, 모세

우리 시대를 가리켜 '3-3-3 시대'라고 한다. 평균 수명이 늘어서 한 90년 산다고 보면 이 3-3-3이 이해된다. 직업과 관련해서 직업을 준비하고 공부하는 30년, 직업을 가지고 일하는 기간 30년, 일을 마치고 살아갈 노후의 30년이다. 모세는 120세까지 살았는데 4-4-4였다. 모세의 직업을 정리하면 '자' 자로 끝이 나는 직업들이다. 40년씩 끊어서 세 직업을 가지고 평생 살았다. '왕자(王子)-목자(牧者)-지도자(指導者)'이다.

모세는 40년 동안 애굽 궁궐에 있으면서 애굽의 왕 바로가 될 후보인 왕자의 신분으로 지냈다. 영화 속에서도 바로 왕의 아들인 람세스와 라이벌 관계를 이루면서 왕위를 다투었다. 모세는 궁궐에서 정치와 경제와 역사, 사회, 문화, 예술 등 제왕 수업을 받으면서 세상을 배웠다. 애굽의 선진 문물과 세계 정부의 통치술을 배웠다.

그런 생활을 오래 한 후 40세가 되었을 때 모세에게 뜨거운 열정이 생겼다. 어릴 때 유모 역할을 해주었던 어머니에게 가르침 받은 신앙을 잃지 않아서 하나님의 백성 이스라엘 민족을 돌볼 마음이 생겼다. 열정이 앞서서 히브리인을 보호하려다가 애굽 사람을 죽인 일이 탄로 나서 결국 도망자의 길을 선택했다. 애굽의 왕자로 누렸던 그 모든 것을 다 포기하고 광야로 도망갔다.

모세는 광야에서 목자로 40년을 살아간다. 인생의 황금기라고 할 수 있는 시기를 모세는 숨어 지냈다. 양 치는 일로 생계를 꾸리며 지냈다. 광야에서 만난 미디안의 제사장 이드로의 딸 십보라와 결혼했고 자식들을 낳아 양육했다. 물론 모세의 40년 목자 생활이 의미 없지는 않았다. 초기 40년의 생활이 너무나 치열하고 대단한 삶이어서 비교가 되지만 목자 생활을 하면서 은둔하던 모세는 자신이 배운 것을 돌아보고 되새기며 묵상하는 기회를 가졌다. 그가 배운 철학과 관리 능력과 조직 운영 능력을 삶의 현장에서 시험해 보고 정리하는 기회였다.

그리고 중요한 공부가 있었다. 하나님의 음성을 들으며 모세는 영적 깨우침을 얻게 된다. 일하며 하나님의 음성을 들었다. 애굽의 궁궐에서는 제대로 듣지 못했을 테다. 그런데 지팡이를 들고 그의 일터에서 양을 치는 일을 하는 도중에 하나님과 가까이 교제했다. 광야는 생활이 거칠고 불편하긴 해도 영적으로는 하나님과 친밀하게 지내기가 참 좋은 곳이다.

그렇게 40년의 세월이 흘러 여든 살이 된 모세였다. 젊은 날의 열정도 조금 사그라졌을까? 울분을 참지 못하던 성질도 죽었을까? 욱하는 성질이야 뒷날 광야에서도 여전했던 것 같긴 하지만 모세의 인생이 광야에서 성숙해진 것은 틀림없었다.

호렙산 떨기나무 불꽃 가운데 계시던 하나님이 주시는 새로운 소명의 길로 들어설 수 있었다. 하나님이 애굽에 있는 백성의 고통을 분명히 보고 그 부르짖음을 들으셨다. 하나님은 모세를 애굽의 왕 바로에게 보내서 이스라엘 자손을 구원해 내겠다고 말씀하셨다(출 3:1-10). 목자로 일하던 모세가 바로 이런 인생의 전환을 경험한다.

모세의 세 번째 인생을 지내는 동안 위대한 출애굽의 역사가 있었다. 열 가지 재앙이 애굽에 내리꽂혀서 그야말로 애굽은 쑥대밭이 되었다. 애굽 바로 왕의 장자부터 짐승들의 첫 새끼까지 하룻밤에 다 죽는 열 번째 재앙을 그들이 겪었다. 애굽은 국가의 근간이 흔들렸다. 하나님은 그렇게 세계 최대 최강 제국 애굽을 박살 내시고 이스라엘 백성을 구원하셨다. 이후 모세는 광야에서 40년 동안 이스라엘 백성의 훈련받는 과정을 담당하는 지도자의 역할을 했다.

그런데 광야까지였다. 가나안 땅에는 들어가지 못하고 그 광야 생활까지가 모세가 감당할 영역이었다. 모압 평지에서 이스라엘의 신세대, 즉 나이 육십이 되지 않은 그 젊은 백성을 두고 신명기 말씀을 유언처럼 남긴 모세는 느보산에서 생을 마감했다. 이 모세는 이스라엘의 지도자로 살았는데, 정치인의 역할도 했고 대제사장 아론이 있었지만 영적인 일을 감당하는 선지자의 역할도 했다.

이렇게 4-4-4 인생을 산 모세의 소명의 길을 보면서 우리는 우리 인생과 견주어서 어떤 교훈을 얻을 수 있는가? 우리의 3-3-3 인생은 직업을 위해 준비하고 일하고 난 후에는 쉬며 일하지 않는 것이 보통이다. 그런데 모세는 일을 위해 지적인 준비를 제1 인생에서 하고 제2 인생에서 영적 준비를 잘 하여 제3의 인생에서 실제로 일하는 모습을 보여준다. 오늘 우리 시대를 살아가는 크리스천과는 조금 다른 구도였다.

우리도 제3의 인생에 의미를 부여할 수 있어야 한다. 노후 준비를 잘해야 한다. 현재 제2 인생으로 한창 일하고 있더라도 제3의 인생에서도 더욱 의미 있는 일을 할 수 있다는 생각을 하면 좋다. 제3의 인생에서도 우리의 소명은 계속되고 반드시 그래야 한다. 우리 시대의 조류가 또 그것을 요구한다. 이제 실버세대가 소비 트렌드에서도 중요한 역할을 하고 정치인들을 선출하는 투표에서도 중요한 흐름을 형성한다. 지미 카터 전 미국 대통령은 은퇴 후, 노후의 준비를 30대부터 이미 해야 한다는 말을 했다. 우리도 한참 일하는 중이라도 제3의 인생에서 하나님 나라가 임하게 하는 일을 위해 기여하는 의미 있는 일을 감당하겠다는 결심을 할 수 있어야 한다.

약점을 강점으로
만들어 주시는 하나님

모세의 4-4-4 인생을 통틀어 생각해 볼 때 중요한 특징 두 가지가 있다. 하나는 모세의 인생은 하나님이 그의 약점을 들어서 강점으로 써주신 인생이라는 점이다. 약점 없는 사람은 없다. 일단 모세는 말을 잘 못했다고 한다. 모세는 하나님과 실랑이를 벌였다. "모세가 여호와께 아뢰되 오 주여 나는 본래 말을 잘하지 못하는 자니이다. 주께서 주의 종에게 명령하신 후에도 역시 그러하니 나는 입이 뻣뻣하고 혀가 둔한 자니이다"(출 4:10). 본래 말을 잘하지 못한다고 했다. 하나님의 소명을 받고도 역시 뻣뻣하고 둔한 혀는 어쩔 수 없다고 한다. 다시 한번 모세가 하나님께 항변한다. "모세가 여호와 앞에 아뢰어 이르되 이스라엘 자손도 내 말을 듣지 아니하였거든 바로가 어찌 들으리이까. 나는 입이 둔한 자니이다"(출 6:12). 그 후에도 한 번 더 발을 빼려고 했다. "모세가 여호와 앞에서 아뢰되 나는 입이 둔한 자이오니 바로가 어찌 나의 말을 들으리이까?"(출 6:30).

세 번이나 자기 약점을 부각하면서 말을 못 한다고 하나님께 하소연하고 도를 넘어 대들다시피 말하는 모습을 보면 모세의 진심이었다는 생각이 든다. 한두 번도 아니고 세 번이나 고집을 부리는 모습을 보면 정말 자신이 없었던 모양이다. 이때 하나님의 심정이 어떠셨을까?

모세의 핸디캡과 자기 정체성도 심각했으나 하나님도 참 대단하셨다. 처음에는 하나님이 화를 내셨다. 노하여 네 형 아론과 함께 가면 된다고 하고 지팡이를 잡고 이적을 행해서 말 못하는 것을 보충하라고도 설득하셨다(출 4:11-17). 그런데 세 번째로 모세가 말을 못 한다면서 버티는데 하나님은 화도 안 내셨다. 다시 아론이 대언자가 될 것이라고 하면서 모세를 달래고 설득하고 힘을 주셨다(출 7:1-6).

모세가 본래 말을 잘 못하는 사람은 아니었다. 스데반 집사가 설교하면서 모세에 대해 말했다. "모세가 애굽 사람의 모든 지혜를 배워 그의 말과 하는 일들이 능하더라"(행 7:22). 말을 잘했다고 한다. 능력도 가지고 있었다. 백성들 앞에 서는 것 때문에 문제가 되었을까? 히브리말에 서툴렀기 때문일까? 애굽 말은 잘하고 또 왕자로 40년 살아서 모자람이 없는데 모국어 히브리어에 둔했던 것일까? 그것은 아닌 듯하다. 애굽 왕 바로 앞에 서는 것이 두려웠던 것이 아닐까 생각해 본다. 그런데 말을 잘 못한 것은 아니었다. 그러면 결국 자신감이 없었던 셈이다.

그래서 하나님은 모세에게 능력을 주려고 준비하셨다. 바로 지팡이였다. 출애굽기 4장 20절이 이야기해 준다. "모세가 그의 아내와 아들들을 나귀에 태우고 애굽으로 돌아가는데 모세가 하나님의 지팡이를 손에 잡았더라." 약점을 커버할 지팡이를 하나님이 준비해 두셨다. 모세 자신이 일하는 것이 아니라 하나님이 능력 주셔서 일하게 하신다는 점을 분명히 하셨다. 이 지팡이는 모세가 목자 생활을 하면서 당연히 가졌던 일의 도구였다. 그 일상의 물건에 하나님이 능력을 입혀서 모세의 약점을 보완하셨다. 그래서 모세가 바로 왕과 상대하면서 능력 있고 담대하게 자기 일을 해나간다.

하나님이 모세를 상대하신 것을 보면 하나님이 부르신 사람은 하나님이 그에게 합당한 일을 하도록 준비해 주신다. 단점이 있어도 그 단점을 극복할 기회를 주신다. 모세는 40년간 손에 쥐고 있던 지팡이를 통해서 하나님의 능력을 보이면서 말을 잘 못하는 약점을 보완했다. 말 잘하는 것이 뭐 그리 중요한가, 행동으로 보이면 된다! 모세는 애굽 사람의 지혜를 배워서 발휘할 수 있었던 능력과 더불어 하나님의 능력을 지팡이로 나타내 보일 수 있으니 말 못한다고 열등감에 빠졌던 모세의 약점은 결국 그의 사역에 방해가 되지 않았다. 실제로 모세가 말을 제대로 못해서 어려움 겪었던 적이 있는가? 아마도 없는 것 같다. 하나님이 모세의 약점을 그대로 두지 않고 보완해 주셨다.

우리도 마찬가지다. 약점이 있는가? 하나님께서 우리의 약점을 강점이 되도록 보완해 주신다. 하나님 나라를 위한 일을 하게 하려고 하나님이 우리의 손을 그렇게 쓸모 있게 만들어 가신다. 우리에게도 지팡이를 통해 하나님의 능력이 드러나게 하신다. 이 사실을 믿고 우리는 우리에게 주어진 일, 우리의 소명을 잘 감당해야 한다.

구원자로 세워져
광야교회를 이끌다

또 하나 모세의 소명에서 특징적인 점은 모세의 나이 40세 때 인생 전환점을 맞은 장면에서 찾을 수 있다. 스데반 집사가 말한다. "그 동무를 해치는 사람이 모세를 밀어뜨려 이르되 누가 너를 관리와 재판장으로 우리 위에 세웠느냐"(행 7:27). 모세는 이스라엘 사람이 자기를 하나님이 보내신 리더라고 생각해 줄 줄 알았다. 하지만 사람들이 인정해 주지 않았다. 자기의 손을 통해서 이스라엘을 구원할 줄 알고 백성들의 '관리와 재판장' 역할을 하면 될 줄 알았다. 그 분야가 모세의 전공이었다. 애굽 나라의 관리와 재판장으로도 손색이 없을 최고의 훈련을 받았다. 그렇게 하면 되는 줄 모세는 알고 있었다.

그러면 누가 모세를 관리와 재판장으로 세워야 제대로 일할 수 있었을까? 하나님이 관리와 속량하는 자로 모세를 세워서 보내셨다(행 7:35). 누구의 손인가? 천사의 손으로 보내셨다. 모세는 그저 '재판장(judge)'만 되면 될 줄 알았는데, 하나님은 모세를 '속량하는 자(deliverer)'로 세우셨다고 한다. 누가 잘못했나 판결을 명확하게 내려주는 역할이 모세가 해야 할 일인 줄 알았다. 그 일이 민족을 위하고 동족을 세울 수 있다고 생각했다. 그런데 하나님은 그 이스라엘 민족을 구원하는 자로 모세를 세우셨다. 속량하는 자는 구원자를 말한다. 판결을 내려주고 시비를 가려주는 역할로 만족하면 안 된다. 모세는 자기 손으로 그 일을 할 수 있으리라 생각했지만 하나님의 손으로 세움 받아서 구원자의 역할을 감당해야 했다.

나이 마흔에 자기가 강하게 드라이브를 걸어서 자기 손으로 무언가 하려고 했을 때 모세는 쓴맛을 보았다. 이제 모세는 나이 팔십에 적절한 단어가 잘 떠오르지도 않아서 말도 잘 못하겠고 힘들었지만 하나님의 손에 사로잡혔을 때 비로소 소명의 직분으로 세움 받게 되었다.

놓치지 말아야 할 점 하나는, 모세가 하나님의 손에 붙들려 소명을 받을 때 자기 일에 최선을 다했다는 점이다. 자기의 일터인 광야에 떨기나무가 자연 발화되어 불이 붙었는데, 그냥 두면 꺼질 것을 좀 오래 탄다고 그 현장을 모세가 직접 가봤다. 그런 성실한 모세, 자기 일에 최선을 다해 감당하던 모세를 하나님이 들어 쓰셨다.

이 사실이 오늘 우리에게도 중요하다. 내가 무엇을 해보려고 노력하는 것은 설치는 일일 수 있다. 대체로 그렇다. 하나님의 손에 잡혀 쓰임 받을 때 내가 생각하던 역할보다 의미 있고 진지하게 일할 기회가 주어진다. 우리는 오늘 우리에게 주어진 일을 잘 감당해야 한다.

모세의 소명은 전기, 중기, 후기로 삼등분할 때 마지막 후기가 강한 대기만성형이었다. 우리의 소명도 제3의 인생에서 더욱 꽃필 수 있다. 그렇게 기대하면서 준비하는 삶을 살면 좋겠다. 하나님은 모세를 들어 쓰시면서 약점도 강하게 하셨다. 자기가 무엇을 하려고 설칠 때는 막으셨다가 하나님의 때에 하나님이 그를 들어 이스라엘의 구원 역사를 이루는 놀라운 일을 하셨다. 모세의 인생처럼 우리도 약점을 강점으로 바꾸어 주시는 하나님의 은혜를 입을 수 있다. 내가 무엇을 하려고 하기보다 하나님이 세우신 일들을 감당해 나갈 수 있어야 한다. 하나님을 의지하고 우리 인생을 맡기는 믿음으로 우리가 무장해야 한다.

모세의 소명을 정리하면서 우리가 특징적인 점 하나를 살펴봐야 한다. 사도행전 7장 38절이다. "시내 산에서 말하던 그 천사와 우리 조상들과 함께 광야교회에 있었고 또 살아있는 말씀을 받아 우리에게 주던 자가 이 사람이라." 어떤 단어가 눈에 들어오는가? '광야교회'라는 표현은 성경에서 이곳 밖에 나오지 않는다. 모세가 일하던 그 미디안 광야, 40년간이나 은둔하면서 일하던 그 광야를 '교회'라고 말한다. "하나님이 너희 형제 가운데서 나와 같은 선지자를 세우리라"라고 하면서 메시아를 예언했던 바로 그 모세가 이끌던 공동체, 광야에서 40년간 살아가던 이스라엘 백성도 '광야교회'의 구성원들이라는 말이다.

어떤 의미인가? 하나님을 믿는 사람의 공동체이고 하나님의 구원 역사가 일어나는 곳, 그곳이 바로 교회이다. 그렇다면 우리가 주일에 가는 우리의 교회만이 아니라 우리가 가서 일하는 일터도 '일터 교회'일 수 있다. 우리의 가정도 '가정 교회'가 아니겠는가? 동호회 모임도 하나님의 구원 역사가 일어날 수 있다면 '동호회 교회'이고 '동창회 교회'일 수도 있지 않을까? 모세의 삶이 바로 우리 일상의 삶을 보여준다. 우리는 모인 교회만이 아니라 흩어진 교회에서 하나님의 사람으로 온전히 서야 한다. 흩어진 교회에서 승리해야 한다. 소명의 사람 모세의 소명 타입을 살펴보면서 우리 각자를 불러서 하나님의 일을 감당하게 하시는 하나님의 손길을 느낄 수 있어야 한다. 모세의 소명을 우리의 소명으로 삼아 우리 일터와 삶의 현장에서도 멋진 광야교회를 세워갈 수 있어야 한다.

CHAPTER 13
일상의 기도를 놓친 삼손의 인생 소명기도

성경에 기도문이 기록된 명예로운 사람들이 있다. 지역을 넓히시고 근심 걱정이 없게 해달라는 기도를 해서 응답받은 '야베스의 기도'(대상 4:10)가 있다. 오늘날로 보면 사업가의 기도, 영업사원의 기도라고 할 수 있겠다. 정직하게 하시고 가난하거나 부하게도 아니하시며 하나님을 잘 섬길 수 있게 해달라고 기도한 '아굴의 기도'(잠 30:7-9)도 많은 사람이 좋아하는 기도문이다. 왕의 사명을 다하기 위해 듣는 마음을 달라고 훌륭한 소명기도를 했던 '솔로몬의 기도'(왕상 3:7-9)도 있다.

사사 삼손도 성경에 기도가 기록된 몇 안 되는 사람이다. 물론 '삼손의 기도'라는 표현을 자주 들어보지는 못했다. 성경은 삼손이 했던 두 번의 기도를 다 "부르짖었다"라고 언급한다. 절박한 상황에서 올려드린 기도였다. 살려달라고 하고 죽여달라고 한 '사생결단'

의 기도였다. 그런데 그 사람이 평생 했던 기도 중 성경에 기록된 기도가 이런 죽고 싶다거나 살려달라는 기도뿐이라면, 과연 왜 그랬는지 호기심을 발동시켜 볼만하다.

"목말라 죽겠으니 살려주소서!"

삼손은 하나님이 세우신 사사들이 다스리던 시대의 마지막 무렵에 20년간 사사로 지낸 사람이었다. 단 지파 출신이고 아버지 마노아와 어머니가 오랫동안 자식 없이 지내다가 늦둥이로 낳은 아들이었다. 하나님의 사자가 나타나서 아들을 낳을 것이라고 예언했다. 삼손의 출생과 관련해서 하나님은 그 어머니가 술과 어떤 부정한 것도 먹지 말도록 금하셨고 태어난 아들은 머리를 자르지 말고 나실인의 규칙을 지키는 평생 나실인으로 살아가게 하라고 명하셨다.

우리가 잘 아는 대로 삼손은 힘이 장사였다. 삼손에 대해 하나님의 사자가 블레셋 사람의 손에서 구원한다고 했는데(삿 13:5) 그 구원이 삼손의 힘을 통해 이루어졌다. 삼손의 기도도 블레셋과 힘겨루기를 하는 과정에서 나왔다.

결혼하러 블레셋으로 간 삼손은 자신의 피로연에서 하객들에게 수수께끼를 내고 사람들이 삼손의 아내를 통해 문제를 풀자 다른 마을에 가서 사람들을 쳐 죽이고 옷을 벗겨 선물로 주었다. 장인이 삼손의 아내를 다른 사람에게 시집보내자 삼손은 여우 300마리를 붙

잡아서 두 마리씩 꼬리를 묶고 횃불을 매달아 블레셋 사람들의 곡식 밭으로 몰아 불살라버렸다. 그러자 블레셋 사람들이 삼손의 장인과 아내를 불태워 죽였고 또 삼손은 블레셋 사람들 여러 명을 죽였다.

그 후에 삼손이 에담 바위틈에 숨어 있자 블레셋이 전쟁을 걸어왔다. 블레셋 사람들은 삼손만 넘겨주면 전쟁하지 않겠다고 했고, 유다 사람들이 3천 명을 데리고 에담 바위틈에 가서 삼손을 설득했다. 삼손은 결국 동족에게 배신당해서 블레셋 사람들에게 넘겨졌다. 이때 레히라는 곳에서 하나님의 영이 삼손에게 임했다. 그러자 삼손이 묶였던 밧줄을 끊고 나귀의 새 턱뼈를 손으로 집어 들었다. 죽은 지 얼마 안 된 나귀의 턱뼈였다. 튼튼한 그 뼈를 가지고 블레셋 사람들 천 명을 쳐 죽였다. 그리고 삼손은 스스로 노래를 지어 불렀다. "나귀의 턱뼈로 한 더미, 두 더미를 쌓았음이여 나귀의 턱뼈로 내가 천 명을 죽였도다"(삿 15:16).

그 나귀 턱뼈를 내던진 삼손이 그곳을 '라맛 레히'라고 이름 붙였다. '턱뼈의 산'이라는 뜻이다. 이때 혼자 적군 천 명을 상대하다 보니 삼손의 목이 너무 말랐다. 삼손이 하나님에게 부르짖으며 기도했다. 이것이 삼손의 살려달라는 기도이다. "주께서 종의 손을 통하여 이 큰 구원을 베푸셨사오나 내가 이제 목말라 죽어서 할례받지 못한 자들의 손에 떨어지겠나이다"(삿 15:18).

처절한 기도였다. 살고 싶어서 한 기도였다. 그런데 "제가 목마릅니다. 물을 주십시오. 과거 광야에서 이스라엘 백성이 물 마시게 하려고 광야의 바위틈에서 물을 내신 것처럼 제게도 기적의 물을 주십시오"라는 내용의 기도가 아니었다. 급하게 물을 좀 주셔서 살려 달라는 기도가 아니라 여러 개념이 담겨 있다. '종의 손' '큰 구원' '할례받지 못한 자들의 손' 등이다. 이것이 어떤 의미인가? 이 개념들을 보니까 삼손의 어머니에게 하나님의 사자가 나타나서 알려준 예언과 연관 있어 보인다. "그가 블레셋 사람의 손에서 이스라엘을 구원하기 시작하리라"(삿 13:5). 블레셋 사람의 손, 즉 할례받지 못한 자들의 손에서 이스라엘을 구원하기 시작할 것이라고 예언된 대로 삼손이 지금 그 구원의 역사를 이룬 것이다.

그런데 뭔가 삼손의 살려달라는 기도가 부정적인 뉘앙스를 담고 있지 않은가? 자기의 손을 통해 하나님이 큰 구원을 베푸셨지만 이제 목말라 죽어 이방인들의 손에 떨어질 것 같다는 불평과 투정의 느낌이 기도에 담겨 있다. 주께서 자기의 손으로 큰 구원을 이루셨다고 기도한 것은 하나님을 찬송한 것이 아니라 그렇게 할 일은 다 했는데 왜 지금 목말라 죽게 하느냐고 항변하기 위한 도입이었다. 하나님을 향한 간절함보다 불평이 담겨 있다. 천 명의 블레셋 사람들을 쳐 죽인 일에 함께하신 하나님이 저를 더 도와주셔야 하겠다면서 간절하게 기도하지 않았다. '라맛 레히'를 보면 그 이유를 알 수 있다. "나귀의 턱뼈로 한 더미, 두 더미를 쌓았음이여 나귀의 턱뼈로 내가 천 명을 죽였도다"(삿 15:16). 삼손이 부른 승전가에 하나님의 도우심에 대한 감사와 찬송은 나오지 않는다.

"내가 했소, 내가 다 했소!"라고 너스레를 떨고 있는 삼손에게 하나님은 강력한 메시지를 주셨다. "그래, 삼손아! 나 없이도 살 만했나 보구나. 한 주먹 했니? 쌈마이 삼손! 그런데 너, 나 없으면 죽어! 물 없으면 너는 죽는다고!"

하나님이 레히에서 한 우묵한 곳을 터뜨리셨다. 물이 솟아 나와 삼손이 그 물을 마시고 정신이 돌아왔다. 그래서 그 샘의 이름을 '엔학고레'라고 불렀다. '부르짖은 자의 샘'이라는 뜻이다. 샘의 이름도 기도에 응답하신 하나님을 기념하기보다 자신의 부르짖음이 더 중요했다. 내가 턱뼈로 산을 만든 것이 더 중요해서 '라맛레히'라고 이름 붙이더니 부르짖어서 물을 얻었다며 '엔학고레'라고 이름 붙였다. 당시 이스라엘 사람들은 지도자라 하더라도 하나님을 높이기보다 자신의 공로를 드러내며 제멋대로 행동했다. 그때 왕이 없어 사람들이 자기 소견대로 행했다는 사사기 기자의 탄식이 이해된다(삿 17:6, 21:25).

"힘을 주사 원수를 갚게 하옵소서!"

삼손의 두 번째 기도는 그의 인생 최후의 기도였다. 이번에도 블레셋 여인 들릴라와 연관된 삼손의 여성 편력이 사건을 만들었다. 삼손은 힘의 비밀을 캐내려는 블레셋 사람들과 또 한 번 수수께끼를 하듯이 유희를 즐기다가 결국 사로잡혔다. 그래서 맷돌을 돌리는 가축의 역할을 했다. 블레셋 사람들이 사로잡은 삼손의 두 눈을 빼 괴로운 나날을 보냈지만 시간이 흘러서 삼손의 머리카락이 자라기 시작했다. 머리카락이 자랐기에 삼손에게 힘이 생긴 것이 아니라 하나님의 영이 삼손을 떠나셨다가(삼상 16:20) 이제 다시 함께하시게 된 것이다. 삼손이 하나님에게 불순종하다가 순종하니 다시금 하나님이 주신 은사, 즉 카리스마가 돌아왔다. 그래서 힘이 다시 생겼다.

이제 블레셋 사람들이 섬기는 다곤 신의 큰 제사를 지내는 날, 블레셋 사람들이 삼손을 불러내 조롱하면서 자기들의 위대한 승리를 다시 만끽하려고 했다. 여기서 삼손의 마지막 기도가 나온다. 신전을 버티는 기둥을 무너뜨려서 블레셋 사람들을 죽이려고 했다. 신전의 테라스에만 3천 명의 사람들이 있었으니 그 신전 안에는 수천 명의 사람이 있었다. 삼손이 마지막 싸움을 계획하고 기도했다. "주 여호와여 구하옵나니 나를 생각하옵소서. 하나님이여 구하옵나니 이번만 나를 강하게 하사 나의 두 눈을 뺀 블레셋 사람에게 원수를 단번에 갚게 하옵소서"(삿 16:28).

한마디로 이야기해서 '죽여달라는 기도'였다. 블레셋 사람들의 입장으로 보면 삼손의 '자살 테러'였다. 자기의 두 눈을 뺀 원수를 단번에 갚을 수 있도록 이번만 강하게 힘을 달라고 기도했다. "주" "여호와여" "하나님이여"라며 하나님의 이름을 다 부르고 있다. "구하옵나니" "구하옵나니"라고 간절히 반복했다. "나를 생각하옵소서"라고 부르짖었다. "혹시 잊으셨습니까? 제가 잘못했습니다. 주님의 얼굴을 내게로 향하여 저를 생각해 주옵소서!"

처절한 기도였다. 삼손의 마음속 생각을 상상해 본다. "하나님, 저를 죽여주옵소서. 제물로 드립니다. 저들은 자기들이 믿는 다곤

신에게 제사를 지내는 날, 저를 불러 자기들의 신이 저 삼손을 잡도록 해주었다고 떠듭니다. 제가 저 사람들의 헛된 제사에 제물이 되겠습니다. 아니, 제가 제물이 되어 하나님의 위대하심을 드러내겠습니다. 하나님만이 참 신이심을 입증하겠습니다. 제게 마지막 힘을 주옵소서. 제가 제물이 되겠습니다. 하나님만이 삼라만상 우주의 주인이심을 드러내는 제물이 되겠습니다. 제가 비록 눈이 빠진 흠이 있어 정결한 제물은 아니지만 제 한 몸 드려서 하나님의 이름을 열방에 드러내겠습니다."

죽여달라고 비장하게 외치는 삼손의 기도에는 많은 내용이 함축되어 있었다. 삼손은 꽤 무책임해 보이는 사사로 20년간 지냈지만 자기가 무엇을 해야 하는지는 알고 있었다. 블레셋 사람들의 압제에서 이스라엘을 구원해 내는 일이었다. 비록 리더십을 발휘하여 백성들과 함께 그 일을 하지는 못해 안타까웠지만 자신을 통해 이루시는 하나님의 구원이라는 인생의 목표는 분명하게 인식하고 있었다.

삼손이 첫 번째 기도에서 살려달라고 간절하게 기도한 이유는 블레셋 사람들의 손에서 민족을 구하는 사명을 다하기 위해서는 죽으면 안 되었기 때문이었다. 그래서 살려달라고 기도했다. 이번에 두 번째이자 마지막 기도에서는 죽어서라도 복수하려고 했다. 그래서 하나님의 구원역사를 드러내겠다는 간절함을 담아서 기도하고 있다. 삼손은 죽어서라도 하나님의 구원을 이루고 싶었다.

삼손은 이번만 나로 강하게 하사 블레셋 사람들에게 복수한 후 두 눈도 떠서 이스라엘로 돌아가게 해달라고 기도하지 않았다. 죽음을 각오하고 마지막으로 순종하며 인생을 걸었다. 우리가 하나님에게 기도하면서 아픈 것을 고쳐달라, 돈이 없으니 돈을 달라, 부족한 것을 채워달라, 미운 놈 좀 혼내 달라 등과 같이 뭣 좀 해결해 달라고만 기도하다가 일생을 마치면 너무 허무하지 않을까? 온 마음을 다해 하나님 나라를, 하나님이 나에게 주신 사명을 다하고 간다면 보람되지 않겠는가?

우리는 예수님의 말씀을 수시로 되새겨야 한다. "너희는 먼저 그의 나라와 그의 의를 구하라. 그리하면 이 모든 것을 너희에게 더하시리라"(마 6:33). 우리는 하나님이 인생의 우선순위를 두고 살면 당연히 주시겠다고 한 '이 모든 것'에 목숨 걸고 살지는 않는가? 무엇을 먹을까, 무엇을 마실까, 몇 평짜리 집에서 살까, 어떤 고급 승용차를 탈까, 그렇게 안달복달하다가 인생 마치고 말면 너무 아쉬움이 크다! 그래서 삼손의 기도를 보면서 우리도 인생의 마지막 승부수를 띄우고 죽여달라는 기도에 감동받는다.

삼손이 일상의 기도를 배웠더라면…

그런데 삼손의 살려달라거나 죽여달라는 기도는 뭔가 아쉽다. 그의 기도는 너무 극적(劇的)이었다. 큰 이적을 바라는 기도였고 기도 응답도 놀라운 이적으로 나타났다. 우리 인생에서 이런 기도를 해야 할 때도 있지만 우리가 이런 기도에만 초점을 두고 살아가면 놓치는 것이 많다. 그래서 삼손이 좀 배웠으면 좋았을 기도, 그러나 안타깝게도 삼손이 배우지 못한 기도에 생각해 보자.

우리는 삼손처럼 위기에 처했을 때 기도해야 한다. 어려운 순간은 당연히 기도할 시간이다. 죽을 만한 위기, 인생의 마지막 순간에는 당연히 기도해야 한다. 그런데 위기가 오면 '인생 기도'를 하겠다고 결심하고 살면 다른 기도는 그저 기도같이 보이지 않아 싱거울 수 있다. 그러면 우리는 기도를 제대로 배우지 못하고 일생을 마칠 가능성이 크다. 평소에 기도하지 못한 사람이 인생의 위기에 처했을 때 하나님이 원하시는 기도를 제대로 할 수 있을지도 미지수이다.

삼손이 배웠으면 좋겠다고 생각하는 성경 속의 기도는 일상의 기도이다. 하나님과 날마다 교제하고 소통하는 기도를 삼손이 배웠다면 좋았을 텐데 아쉽다. 그런 기도가 어떤 기도인가? 이스라엘 백성의 광야생활 가운데 모세가 언약궤 앞에서 했던 기도이다. 모세는 아침에 성막 위에 있던 구름이 떠올라 언약궤가 떠날 때는 이렇게 기도했다. "여호와여 일어나사 주의 대적들을 흩으시고 주를 미워하는 자가 주 앞에서 도망하게 하소서"(민 10:35). 그리고 저녁에 해가 떨어져서 언약궤가 멈출 때 모세는 이렇게 기도했다. "여호와여 이스라엘 종족들에게로 돌아오소서"(민 10:36).

광야생활에서는 아침마다 성막 위 구름의 움직임에 따라서 출발할지 말지를 결정했다. 그야말로 '하루살이' 인생이었다. 그들은 날마다 하나님의 진행신호를 보고 순종하며 살았다는데 아침에는 하나님께 "기침하셨습니까? 이제 우리와 함께 하나님이 세상에서 활동해 주시기 원합니다"라며 기도했다. 저녁에는 "하나님, 돌아와 이제 좀 쉬시지요"라고 기도한 셈이다. 하나님과 친밀한 기도를 했다. 하나님이 '아바마마'가 아니라 '아빠'인 것 같은 친밀함을 모세는 보여주었다. 삼손이 이 모세의 기도, 즉 광야의 기도를 배웠다면 얼마나 좋았을까.

또한 삼손은 선배 사사인 기드온에게도 배웠더라면 좋았겠다는 아쉬움이 있다. 삼손보다 90여 년 전에 활동한 사사가 기드온이었는데 그는 부르심을 받을 때부터 매우 소심했다. 밀 타작을 하는데 포도주 틀에 숨어서 했다. 미디안 사람들에게 빼앗길까 봐 먼지가 많이 나는 타작 작업을 좁은 공간인 포도주 틀에 숨어서 했다.

이런 소심함 때문인지 하나님의 부르심에 확신을 갖지 못한 기드온은 하나님에게 표징을 보여달라고 했다. 그래서 기드온이 하나님에게 드리는 제물에 하나님의 사자가 지팡이 끝을 갖다 대니까 바위에서 불이 나와 그 제물을 태웠다. 그랬더니 기드온이 바알의 신당에서 바알 제단을 헐고 아세라 신상을 찍는 열정적인 행동을 했다. 그런데 막상 전쟁이 일어나서 백성들이 모이니 기드온에게 소심증과 의심병이 다시 도졌다. 이때 어떻게 해야 할까? 하나님의 일을 하려고 하지만 뭔가 미심쩍으면 그때가 바로 기도해야 하는 때인 줄 알아야 한다. 기드온이 하나님께 기도했다. "이슬이 양털에만 있고 주변 땅은 마르면"(삿 6:37) 하나님의 말씀을 믿겠다고 했다. 하나님이 그대로 해주셨다. 그런데 기드온에게 의심이 떠나지 않았다. 그러면 어떻게 해야 하는가? 다시 기도하는 것이다.

　기드온은 하나님에게 화내지 마시고 이번만 기도하겠다면서 양털만 마르고 주변 땅에는 이슬이 있게 해달라고 부탁했다. 하나님이 그대로 해주셨다. 하나님의 말씀을 잘 믿지 못한 의심이지만 우리가 기드온에게 배울 점이 있다. 뭔가 미심쩍을 때 하나님에게 기도했다는 사실이다. 또 그것도 미심쩍으면 한 번 더 기도하면 된다. 이런 기드온을 삼손이 좀 배워야 했는데 삼손은 끝내 배우지 못했다. 기드온의 이야기가 이미 삼손에게도 다 알려졌을 텐데, 삼손은 역사 속에서 바람직한 교훈을 얻지 못했다. 문제가 있어 보이던 일들, 확신이 없었던 많은 순간에 기도할 수 있었다면 좋았을 텐데 그러지 못했다.

　다른 여러 사람에게 배우는 것보다 삼손이 아버지 마노아에게 배웠다면 훨씬 더 좋았을 것이다. 아버지 마노아가 삼손에게 가르쳐줄 기도가 있었다. 하나님의 사자가 삼손을 낳게 될 것이라고 알려주었을 때 마노아의 기도가 나온다. 하나님의 사자가 먼저 마노아의 아내에게 나타나서 아이를 낳을 것이라고 이야기한다. 그때 아내는 남편에게 다 말해주었다. 하나님의 사람이 내게 왔는데 하나님의 천사와 같은 모습이었고, 자기에게 임신할 것이니 태어나는 아이를 정결하게 나실인으로 키우라고 했다는 이야기를 다 해주었다(삿 13:3-7).

　이때 마노아가 기도한다. "주여 구하옵나니 주께서 보내셨던 하나님의 사람을 우리에게 다시 오게 하사 우리가 그 낳을 아이에게 어떻게 행할지를 우리에게 가르치게 하소서"(삿 13:8). 이 기도에 대한 응답으로 다시 나타나신 하나님의 사자가 자기의 가정에 태어날 아들에 대해 알려준 것을 마노아는 다 수긍했다. 이렇게 하나님의 자녀가 하나님에게 기도하고 하나님은 그 기도를 응답해 주시는 패턴은 참으로 중요하다. '기도와 응답', 즉 '하나님의 자녀들이 기도하고 하나님은 응답해 주신다'는 이 단순하고 명쾌한 시스템은 이스라엘 백성들의 삶의 원동력이었다. 일상 속에서 대화하듯이 "내 아내에게 알려주신 것을 다시 알려주세요!"라고 기도하는 마노아의 일상 기도는 너무나 멋지다.

사사 시대에 이스라엘 백성은 이런 일상의 기도를 잘하지 못했다. 이스라엘 백성은 하나님을 떠나 제멋대로 살다가 이웃 나라의 압제를 당할 때나 작정하고 살려달라며 기도했다. 잘못했으니 도와달라고, 이방 민족에게 압제를 당하고 있으니 구원해달라고 절규하며 기도했다. 위기가 닥칠 때만 하는 이런 대표적인 기도가 바로 삼손의 기도 아닌가? 일상의 기도, 소소하게 자신이 겪는 문제들을 하나님에게 아뢰고 그 내용에 대해서 응답받는 기도의 삶을 사사 시대 사람들이 잊고 있었다. 이것이 사사 시대의 영적 혼란의 비극을 초래한 원인이 아닌가 생각한다.

왜 삼손은 사자의 몸에 있는 벌꿀을 보고 그것을 먹어도 되는지 안 되는지 하나님에게 기도하지 않았을까? 나실인은 시체를 만지면 안 되는데 자기가 직접 만든 사자의 시체에 있는 꿀을 떠서 먹었다. 그런 문제에 대해서 하나님에게 기도했어야 한다. 결혼식 하객들에게 수수께끼를 낼 때는 왜 기도하지 않았을까? 기도했다면 하나님이 그렇게 하라고 하셨을까? 삼손이 좋아한 블레셋 여인 들릴라가 집요하게 힘의 비밀을 물었다. 왜 삼손은 그때 기도하지 않았는가? 들릴라는 자기 힘의 비밀을 캐러 온 스파이가 분명한데 왜 기도하지 않았는가 말이다. 삼손의 극적인 기도뿐인 인생, 그래서 비극적이었던 인생의 원인이 바로 여기에 있었다. 삼손은 꼭 했어야만 할 일상의 기도를 놓쳤다. "쉬지 말고 기도하라"(살전 5:17)는 하나님의 뜻대로 살지 않은, 삼손 일생의 큰 과오였다.

삼손의 기도를 통해 우리가 교훈을 얻을 수 있다. 그가 했던 살려달라는 기도, 자신의 사명을 다하기 위해 살려달라고 절규했던 기도가 주는 교훈이 있다. 죽기 전에 했던 기도, 죽어서라도 복수하겠다면서 죽여달라고 기도했던 상황에 우리도 비장한 마음으로 공감할 수 있다. 삼손은 부족했지만 자신의 투박한 방식으로 이스라엘을 구원했다. 그런 삼손의 사생결단 기도, 죽기살기의 기도를 통해 배울 점이 있다.

그런데 그런 급한 기도는 배우지 않아도 할 수 있다. 삼손이 제대로 하지 못한 기도, 놓친 기도가 더 아쉽다. 누구보다 가까운 그의 아버지 마노아가 했던 기도를 삼손이 배웠더라면 그의 인생은 틀림없이 달랐다. 의심이 가는 불확실한 점에 대해서 하나님에게 기도했다면 삼손의 인생은 그리 허둥대지 않았을 것이다. 자신의 책임을 다하기 위해서 한 번 더 알려 달라고 기도했던 아버지를 배웠다면 얼마나 좋았을까? 그랬다면 삼손은 그리 경솔하게 독불장군처럼 사사의 직분을 감당한다면서 좌충우돌하지 않았을 듯하다. 이스라엘 백성들에게 인정받지 못하고 그저 복수로 점철하며 인생을 끝마치지 않았다. 삼손이 사사로서 책임을 완수하면서 무언가 다른 모습을 보여줄 수 있었을 것이다.

　삼손은 아버지 마노아의 기도를 배우지 못했다. 또한 아버지는 자식에게 잘 가르치지 못했다. 우리는 삼손의 실수를 저지르지 않기 위해 마노아의 일상기도를 배워야 한다. 모세의 광야생활 중 일상기도, 의심이 들 때 했던 기드온의 반복된 기도를 배워야 한다. 우리도 삶의 문제들을 놓고 늘 기도할 수 있다. "주여, 알려주옵소서. 제게도 가르쳐주옵소서." 그리고 일상의 기도를 자녀들에게, 후배들에게, 다른 사람들에게 가르쳐주어야 한다. 아버지 마노아는 자기는 잘해 놓고 자식에게 가르치지 못한 큰 실수를 했다. 일상의 기도를 제대로 하는 사람은 죽기살기의 기도가 달라진다. 바람직한 사생결단의 기도를 제대로 할 수 있다.

> 하나님을 믿는 사람의 공동체이고 하나님의 구원 역사가
> 일어나는 곳, 그곳이 바로 교회이다.
> 그렇다면 우리가 주일에 가는 우리의 교회만이 아니라
> 우리가 가서 일하는 일터도 '일터 교회' 일 수 있다.
> 우리의 가정도 '가정 교회' 가 아니겠는가? 동호회 모임도,
> 하나님의 구원 역사가 일어날 수 있다면 '동호회 교회' 이고
> '동창회 교회' 일 수도 있지 않을까?

그가 우리를 위하여 목숨을 버리셨으니 우리가 이로써 사랑을 알고
우리도 형제들을 위하여 목숨을 버리는 것이 마땅하니라. 요한일서 3:16.

P·A·R·T·3
— PRACTICE —

소명으로 인생을 살라
: 소명의 실천

CHAPTER 14
세상의 변화, 행동하는 믿음으로!

오늘 우리 시대는 안타깝게도 전도를 잘하지도 않지만 전도가 잘되지도 않는 시대이다. 복음이 들불처럼 확산하는 부흥의 시대도 아니다. 이런 때일수록 원칙으로 돌아가야 한다.

성 프란체스코가 말했다.

"복음을 전하세요. 언제나! 필요하면 말을 사용하세요."

전도하지 말라는 뜻이 아니라 먼저 삶을 보이라는 말이다.

예수님 말씀대로 우리는 '착한 행실'을 통해 세상의 빛과 소금의 역할을 다해야 한다. 그래야 세상 사람들이 하나님께 영광 돌리게 된다(마 5:16).

세상을 변화시킬 만한 착한 행실은 어떤 것인가?

행함이 없는 믿음은
믿음이 아니다

　　　　찰스 스펄전 목사가 영국 런던의 메트로폴리탄장막교회에서 담임목사로 섬길 때는 정식 교인이 되려면 인터뷰를 통과해야 했다. 교회 목사를 비롯해 구레나룻과 턱수염을 기르고 사슬 달린 시계에다 정장을 차려입은 빅토리아 시대풍의 근엄한 남자들인 장로와 집사들이 도열해 앉아 있는 곳에서 인터뷰해야 했는데, 정말 끔찍한 테스트였다고 한다.

　어느 날, 런던의 어느 저택의 하녀로 일하던 십대 소녀가 교인이 되겠다고 신청했다. 소녀가 인터뷰 자리에 와서 앉았을 때 스펄전 목사가 질문했다.

　"당신이 정말로 죄를 회개하고 그리스도를 믿고 있다는 증거를 제시해 보십시오."

　잔뜩 긴장해 있던 소녀는 잠시 생각하더니 이렇게 대답했다.

　"글쎄요. 저는 예전에는 집을 청소할 때 쓰레기를 몰래 구석에 감추곤 했습니다. 그러나 이제 예수님을 믿고 난 후 그런 행동을 그만두었습니다."

　스펄전 목사는 곧바로 이렇게 말했다.

　"더 이상의 질문은 없습니다. 우리는 이 소녀를 우리 교회 공동체의 구성원으로 받아들일 것입니다. 모두 교제의 악수를 나누십시오"(이안 코피, 「하나님은 월요일에 무슨 일을 하실까?」, 새물결플

러스 펴냄, 73-74쪽).

행동하는 믿음은 더이상 확인해 볼 필요도 없는 분명한 믿음이다. 야고보는 행함이 없는 믿음을 가리켜 영혼 없는 몸이 죽은 것 같이 '죽은 믿음'이라고 했다(약 2:26). 죽은 믿음은 믿음이 아니다.

아일랜드의 국민적 음료라는 '기니스 포터'를 만든 젊은 건축가에 대해 들어보았는가? 1759년, 34세의 아서 기니스(Arthur Guinness)는 유산으로 물려받은 돈 100만 원을 계약금으로 주고 거의 영구적으로 저렴한 임대료로 양조장을 인수할 수 있었다. 당시 아일랜드 시골 지역에는 위스키나 진 등의 독한 술을 사람들이 많이 마셨고 맥주는 거의 알려지지 않았다. 쉽게 살 수 있고 알코올 도수가 높은 독한 술 때문에 알코올 중독과 나태가 사회적인 문제가 된 안타까운 상황이었다. 이런 모습에 문제의식을 느낀 기니스는 하나님의 나라에 대해 고민하는 크리스천이었다. 당시 아일랜드는 가톨릭 국가였는데 기니스는 영국 국교 성공회 신자였다.

그가 보니 거리 모퉁이 곳곳에 술집이 들어서 있었다. 그 주변을 목적 없이 어슬렁거리며 방황하는, 술에 취한 아일랜드 젊은이들을 보니 너무 안타까웠다. 더블린 시내를 걷던 기니스는 하나님께 부르짖었다. "아일랜드 사회에 만연해 있는 술 취함에 대해 제가 무언가 할 수 있게 해주십시오."

엄청난 부담감을 느낀 이 젊은이는 아일랜드 사람들이 진정으로 즐길 수 있고 그들에게 유익한 술을 만들겠다고 결심했다. 그래서 기니스는 당시 짐꾼들이 주로 마셨다고 해서 '포터'(porter)라고 불린 맥주를 개발했다. 보리를 탈 정도로 바싹 볶아 발효시켜 만들었기에 짙은 색깔이 나는 흑맥주였다. 풍성한 거품이 나고 감칠맛과 약간 씁쌀한 맛이 나는 술로 미네랄과 각종 영양소도 풍부하게 함유하고 있어서 마치 한 끼 식사와 같이 영양도 있는 좋은 맥주를 만들었다. 기니스가 만든 맥주는 상당량의 철분을 함유하고 있어서 대부분의 술꾼이 1리터 이상을 마시기 힘들었다. 위스키나 진보다 적은 알코올을 함유하고 있어서 맥주를 마시고 취하는 사람이 거의 없기도 했다(마이클 프로스트, 「위험한 교회」, SFC펴냄, 378-380쪽). 지금도 세계인들이 기니스 맥주를 마시고 있다.

주눅 들지 말고 회피하지도 말고 세상과 맞서야 한다. 술을 왜 만드느냐고 생각할 수 있는데 문제가 많은 분야에서 창의성을 발휘해 대안을 제시하는 일은 정말 멋진 일이 아닌가? 당장 술을 없앨 수도 없다면 안 좋은 술을 대체할 수 있는 좋은 술을 만드는 일은 세상을 아름답게 변화시키는 일이다. 이런 창의적이고 대안적인 일을 우리도 할 수 있어야 하겠다. 적극적인 믿음으로 도전해야 세상을 변화시킬 수 있다.

"어떻게 하면 나의 조국의 젊은이들을 술독에서 건져낼 수 있을까?" 건축가였던 한 젊은이가 느꼈던 안타까움과 열정이 결국 이런 놀라운 일을 가능하게 했다. 이렇게 행동하는 믿음이 세상을 변화시킨다. 우리의 일터와 삶터에서 어떻게 우리의 믿음을 행동으로 나타낼 것인지 고민해야 한다. "나는 행함으로 내 믿음을 네게 보이리라"(약 2:18).

선한 사마리아인은
왜 죽어가는 사람을 도왔을까?

교회에 다니지 않는 사람들도 익히 잘 알고 있는 성경 이야기들이 몇 가지 있다. 대표적으로 구약에서는 '다윗과 골리앗' 이야기, '솔로몬 왕의 재판' 이야기이고, 신약에서는 '탕자의 비유'와 '선한 사마리아인' 이야기이다.

이중 예수님이 하셨던 선한 사마리아인 비유 속에 등장하는 사마리아인은 어떤 사람이었을까? 예수님이 직접 말씀하시지는 않았지만 추측해 볼 수 있다. 여리고에서 예루살렘으로 올라가는 길에서 사마리아인은 강도를 만나 죽어가는 사람을 만났다. 이 사마리아인은 사업 관계로 예루살렘으로 출장을 가는 사업가가 아니었을까 추측해 볼 수 있다. 이 사람은 경제적 여유도 있었다. 당시 사마리아인들은 차별받던 상황이었다. 일과 관련된 필수적 상황이 아니라면 사마리아인이 예루살렘에 갈 일이 그리 흔하지 않았다. 선한 사마리아인 비유는(눅 10:30-37) 그래서 일하는 우리에게 더욱 친근하게 느껴진다.

사마리아인에게는 자신의 목표가 분명하게 있었다. 쉽지 않은 예루살렘 여행을 결정했고 그 뜻을 이루어야 했다. 비즈니스를 한다면 이익을 얻어야 하는 목표가 있었다. 일을 제대로 하기 위해서라면 사마리아인은 강도 만난 사람을 지나쳐야 했다. 아직 예루살렘에 도착하지도 못했고 죽어가는 사람과 연루되면 일도 쉽지 않다는 예상을 할 수 있었다. 그런데도 이 사람은 일정이 어긋나면서 자기의 시간을 투자했다. 적잖은 돈을 썼으면서 더 들면 돌아오는 길에 또 내겠다고 약속했다. 이렇게 희생한 이유가 무엇이었을까?

비유 말씀 속에서 예수님은 명쾌하게 답을 주셨다. "어떤 사마리아 사람은 여행하는 중 거기 이르러 그를 보고 불쌍히 여겨 가까이 가서 기름과 포도주를 그 상처에 붓고 싸매고 자기 짐승에 태워 주막으로 데리고 가서 돌보아 주니라"(눅 10:33-34). 사마리아인은 그 강도 만난 사람이 불쌍했다. 불쌍하게 여겼기에 그런 호의를 베풀 수 있었다. '사랑 공감'이라고 표현할 수 있을까, 마틴 루터 킹 목사가 이 사마리아인이 강도 만난 사람을 불쌍하게 여긴 일에 대해 잘 요약해서 표현했다.

제사장과 레위인은 강도 만난 사람을 지나쳐 버렸는데 두 사람은 이렇게 생각했다. "내가 이 사람을 돕는다면 내게 무슨 일이 일어날까?" 그러니 감히 죽어가는 그 사람을 만질 엄두가 나지 않았다. 이 종교인들은 예루살렘에서 종교적 임무를 마치고 숙소가 있는 여리고로 가는 사람들이었다. 만약 이 강도 만난 사람을 돌보는 중에 그 사람이 자기 손에서 죽으면 부정해졌다. 시체를 만지면 정결례를 치러야 하기에 성전에서 제사에 관한 자신의 임무를 다할 수가 없었다. 그런 염려를 충분히 할 수 있었기에 제사장과 레위인은 강도 만난 사람을 지나쳤다.

반면에 사마리아인은 이렇게 생각했다. "내가 이 사람을 돕지 않는다면 이 사람에게 어떤 일이 일어날 것인가?"(다니엘 골먼, 「포커스」리더스북 펴냄, 155쪽) 사마리아인은 생각했다. '내가 이 사람을 돕지 않으면 이 사람이 틀림없이 죽는다. 돌봐주면 살아날 텐데 지나치면 죽는다.' 그러니 얼마나 불쌍한가? 지금 사람이 죽어가는 상황이다. 사람의 생명은 귀하다. 하나님이 창조하시고 계획하여 세상에 보내신 사람의 생명은 하나같이 다 귀하다. 그 사람의 생명이 끝나가는데, 어떻게 불쌍히 여기지 않을 수 있는가? 내가 돕지 않으면 그 사람이 죽을 수밖에 없다고 사마리아인은 생각했다.

불쌍히 여기는 것, 긍휼의 마음은 주님의 뜻이다. 그런데 불쌍히 여길 줄 아는 사람은 불쌍히 여김을 받아본 사람이다. 사랑할 수 있는 사람은 사랑을 받아본 사람인 것과 같다. "우리를 구원하시되 우리의 행한 바 의로운 행위로 말미암지 아니하고 오직 그의 긍휼하심을 따라 중생의 씻음과 성령의 새롭게 하심으로 하셨나니"(딛 3:5). 하나님이 긍휼히 여겨주셔서 우리는 구원 받았다. 구원의 은혜를 받은 우리가 사람들을 긍휼히 여길 수 있다. 그런데 하나님을 사랑하고 하나님의 기쁨을 추구하며 하나님과 동행하는 삶을 산다는 신앙인들이 자칫 오류에 빠질 수 있다.

세상을 사랑하신 하나님을 우리가 꼭 기억하면서 이 말씀도 명심해야 한다. "그가 우리를 위하여 목숨을 버리셨으니 우리가 이로써 사랑을 알고 우리도 형제들을 위하여 목숨을 버리는 것이 마땅하니라"(요일 3:16). 하나님 사랑을 다한 후에야 이웃 사랑을 할 수 있다고 생각하면 오해이다. "하나님 사랑과 이웃 사랑은 똑같은 일이다"라고 미국의 소설가이자 목사인 프레드릭 비크너가 말했다(「주목할 만한 일상」, 비아토르 펴냄, 43쪽).

예수님께 사랑받은 제자 요한이 말했다. "그 형제를 사랑하지 아니하는 자는 하나님께 속하지 아니하니라"(요일 3:10하). "누구든지 하나님을 사랑하노라 하고 그 형제를 미워하면 이는 거짓말하는 자니 보는 바 그 형제를 사랑하지 아니하는 자는 보지 못하는 바 하나님을 사랑할 수 없느니라"(요일 4:20). 우리는 하나님께 사랑받은 사람들이 분명하다. 하나님을 사랑하는 주의 자녀들이다. 우리 동료와 고객들과 사람들을 사랑하기 위해 노력해야 한다. 선한 사마리아인 비유를 통해서 우리가 하나님과 사람을 사랑해야 하는 사명을 확인할 수 있다.

소금과 빛! 착한 행실로!

미국 뉴욕의 리디머교회를 섬겼던 팀 켈러 목사님의 강의 중에 들었다. 한 젊은 여인이 리디머교회를 스스로 찾아왔다. 팀 켈러 목사가 왜 우리 교회에 오게 되었는지 물었다. 그 여인은 텔레비전 방송국에 취업했는데 어느 날 심각한 실수를 저질러서 당연히 해고될 줄 알았다. 그런데 직속 상사가 자신의 상사에게 가서 아랫사람을 충분히 교육하지 못했으니 자기 책임이라고 말했다. 어쨌든 그 상사는 자신의 윗사람에게 신뢰를 잃은 셈이고 다행히도 그 여인은 해고되지 않고 일을 계속하게 되었다.

여인은 자신을 변명해 준 상사에게 꼭 물어보고 싶었다고 한다. 지금까지 일하면서 만난 상사들은 아랫사람이 잘한 일은 자기가 한 것처럼 가로채고 아랫사람의 잘못은 당연히 그 자신의 책임이라고 말했다. 그런데 왜 그렇게 스스로 책임을 져서 손해 보는 일을 했느냐고 상사에게 질문했다. 처음엔 대답하지 않았지만 하도 물으니 그 상사는 자신이 '크리스천'이기 때문에 그랬다고 대답했다. 예수님이 자신을 대신해 욕을 먹고 자기가 받을 책망을 다 받고 심지어 자기를 위해 목숨을 버리신 분이라고 말했다. 예수님이 자신에게 해주신 일과 비교할 수 없지만 그저 아랫사람에게 조금 나누어준 것뿐이라고 말했다.

그 여인이 어느 교회에 다니는지 묻자 상사는 리디머교회에 다닌다고 해서 그 여인이 리디머교회로 찾아왔다. 이 여인의 직장 상사인 리디머교회 교인은 세상에서 빛과 소금으로 사는 크리스천의 정체성과 존재감을 잘 보여주었다. 일터에서 아랫사람이 용서를 체험하게 하고 그녀의 커리어를 구할 수 있었던 이런 일이 바로 주님이 오늘 우리에게 요구하시는 '착한 행실'이다. 이 일의 결과로 그 여인은 교회로 찾아와 예수님을 믿게 되었다. 상사가 빛으로 보여준 착한 행실을 보고 아랫사람인 그 여인은 결국 하나님께 영광 돌리게 되었다. "이같이 너희 빛이 사람 앞에 비치게 하여 그들로 너희 착한 행실을 보고 하늘에 계신 너희 아버지께 영광을 돌리게 하라"(마 5:16).

산상수훈을 말씀하시던 예수님이 오늘 우리 모두가 잘 아는 두 가지 비유로 크리스천의 정체와 사명에 대해 말씀해주셨다. "너희는 세상의 소금이라." 일하는 우리는 이 말씀을 이렇게 해석하여 읽는다. "너희는 일터의 소금이라." 예수님이 세상과 일터에서 크리스천다움을 드러내는 삶을 말씀하시기 위해 '소금'을 소재로 택하신 이유는 바로 그 소금의 '짠맛' 때문이었다. 소금이 만일 그 맛을 잃으면 아무 쓸데없어 밖에 버려져 사람에게 밟힐 뿐이다. 그런데 소금이 맛을 잃을 수 있는가? 예수님 당시 가정집에서 화로의 밑바닥에 보온재로 소금을 넣었는데 딱딱해져 제 기능을 못하면 겨울철 우기의 질척해진 길바닥에 깔았다고 한다. 우리는 일터에서 어떻게 소금의 맛을 내야 하는가? 소금이 기능을 잃으면 음식의 맛도 낼 수 없고 부패를 막지도 못한다. 어떻게 일터에서 맛을 내는 삶, 부패를 막는 삶을 실천할 수 있는가?

또한 예수님이 세상의 빛이라고 하신 말씀을 우리 일하는 제자들은 일터에서 빛을 비추는 삶을 살아야 한다고 읽는다. 그런데 '빛이 되라'고 말씀하시지 않았다. 물론 '소금이 되라'고 말씀하시지도 않았다. 소금이나 빛은 우리 그리스도인의 존재를 설명하고 정체를 보여준다. 우리는 이미 소금이다. 이미 예수님 안에서 빛이다. 예수님은 우리의 존재가 바로 빛이기에 우리가 일터에서 일한다면 당연히 빛을 드러내어야 한다고 말씀하신다.

빛은 어둠을 몰아낸다. 등불을 켜서 숨겨두지 않고 높이 매달아 사람들이 보고 길을 밝히게 해야 한다. 일터의 빛인 우리가 이렇게 사람들을 유익하게 해야 한다. 일터의 부조리와 잘못된 관행이라는 어둠을 몰아내는 일을 어떻게 실천할 수 있는가? 우리가 일하는 곳은 적어도 점점 '밝아지는' 일터가 되어야 한다. 비록 더디더라도 세상과 일터의 빛인 우리의 존재로 인해 뭔가 달라져야 한다. 이런 변화를 위해 노력해야 한다. 이렇게 소금과 빛으로 사는 것은 구체적으로 무엇을 말하는가?

예수님은 그것을 분명하게 '착한 행실'이라고 밝혀주셨다. 복잡하게 생각할 것 없이 사람들이 고마워하고 실제적인 유익을 주는 행동을 구체적으로 실천하면 된다. 리디머교회에 다니던 방송국 직원이 아랫사람의 실수를 대하는 자세가 바로 착한 행실이다. 우리가 행하는 착한 행실을 경험하는 사람들은 하나님께 영광을 돌리게 된다. 오늘 우리 동료들이 하나님께 영광을 돌리지 않는 이유는 우리의 착한 행실이 부족하거나 없기 때문은 아닐까 생각해봐야 한다.

물론 일터의 사람들은 웬만한 일로는 감동하지 않고 자신들에게 이익이 되어야만 미지근하게 반응한다. 자신들이 잘하는 것도 아니면서 우리 크리스천에게 요구하는 기준은 높아 야속하기도 하다. 그러나 이것이 바로 빛과 소금의 삶을 살기 바라시는 하나님의 의도임을 기억해야 한다. 벤저민 프랭클린이 시간 계획 점검표 밑에 "나는 오늘 어떤 선행을 했는가?"라고 기록해두고 실천했듯이 우리도 우리의 일터에서 하나님의 영광이 달린 '착한 행실'을 시도해야 한다.

CHAPTER 15
예수님이라면 어떻게 하실까?

　1897년에 발간된 「In His Steps」라는 소설이 있다. 찰스 M. 쉘돈(Charles M. Sheldon) 목사가 미국 캔자스주 토페카에서 목회생활을 하며 몸소 실직한 인쇄공처럼 가장하여 시가지를 직접 헤매기도 했다. 그때 기독교인들의 냉대와 무관심에 큰 충격을 받았다.

　그래서 자신이 섬기는 교회 성도들에게 낭독해 주기 위해 썼던 글이다. 「예수님이라면 어떻게 하실까?」(브니엘 펴냄)라는 제목으로 번역된 이 유명한 책은 그리스도인들, 그중에도 특히 직업인들에게 많은 도전을 주는 책이다. 소설이지만 세상 속의 그리스도인들이 믿음을 실천하는 방법을 발견할 수 있는 책이기도 하다.

"예수님이라면 어떻게 하셨을까?" 질문하다!

이 소설의 주인공인 레이몬드제일교회 담임목사 헨리 맥스웰이 크리스천의 제자도에 대한 동기부여를 받게 된 계기는 한 실직한 인쇄공의 방문이었다. 감동적으로 설교하기를 좋아하는 맥스웰 목사가 설교 준비를 할 때 찾아온 전직 인쇄공은 새로 나온 자동주조 식자기 때문에 10개월 전에 실직한 사람이었다. 아내도 4개월 전에 세상을 떠났고 어린 딸은 다른 인쇄공의 집에 맡겨놓고 일자리를 찾아다니는 딱한 사람이었다.

주일 예배 때 그 사람이 자신의 상황을 이야기하면서 교우들에게 도전을 주고 심장마비로 세상을 떠났다. 그러자 맥스웰 목사는 "예수님이라면 어떻게 하셨을까?"라는 질문을 자신에게 던졌다. 그리고 1년간 세상에서 예수님이라면 어떻게 하실지 생각하고 실천하기로 결심하는 성도들을 모집한다. 그 특별한 동아리에는 일간지 발행인, 대학총장, 철도공장 감독관, 성악가, 유산 상속녀, 기업가, 소설가 등의 직업인들이 모였고 그들은 늘 하던 자기 일에 대한 문제점을 발견하고 한 주간의 삶에서 예수님의 안목으로 자신을 바라보기 시작했다.

그래서 〈레이몬드 데일리뉴스〉 사장 에드워드 노먼은 도박, 스포츠 기사를 의도적으로 싣지 않았고 술과 담배 광고를 신문에서 뺐다. 철도공장 감독관 알렉산더 파워즈는 근로자들이 점심식사와 휴식을 할 수 있는 공간을 마련해주고 관행적인 비리에 대한 내부자 고발을 하고 사표를 냈다. 기업체를 경영하는 밀턴 라이트 사장은 직원들을 가족같이 대하고 사업의 주요 목적을 상호 유익으로 정하고 부정직하거나 의심받을 만한 일을 하지 않을 것을 결심했다. 성악가인 레이첼 윈슬로우는 오페라단의 초빙을 거절하고 빈민가 집회에서 봉사하고 결국 그곳에서 빈민들을 위한 음악교육을 담당하기로 결심하고 실행했다. 백만 달러 이상의 상속을 받은 버지니아 페이지는 레이첼과 함께 빈민가 천막집회를 섬기면서 거액의 기부를 실천하고 빈민가의 복지관에서 섬기는 삶을 살았다.

이런 놀라운 삶의 변화가 바로 성령님의 강한 임팩트인 "예수님이라면 어떻게 하실까?"라는 질문 하나로 가능했다는 것이 놀랍다. 물론 회의주의자도 있었다. 소설가 야스퍼 체이스는 이 운동에 가담했지만 예수님의 음성을 거부하고 통속소설을 쓰는 작가로 전락하고 말았다. 어려움도 있었다. 링컨대학의 마쉬 총장처럼 그리스도를 따르기 위해서는 자신을 찢어야 하는 아픔이 있었다. 술집을 없애는 것을 지지하는 후보들을 지원했으나 결국 선거에서 아쉽게 지고 말았다.

하지만 이 운동은 위축되지 않았다. 1주년 후 이 운동은 확산되어 시카고에 있는 나사렛애비뉴교회의 캘빈 브루스 목사와 그의 친구인 에드워드 감독이 감명받았다. 그들은 1세기 성도들의 고난과 손해, 고통, 배척 등을 감당하기로 하고 목사직을 사임하고 빈민가로 들어가 사역하는 헌신적 결단을 한다. 자신들의 모든 것을 바쳐 헌신하는 그들은 빈민가 선교를 통해 그들이 할 수 있는, 이 사회의 구조적인 변화를 위한 최선의 노력을 보여주었다. 그래서 결국 이 운동을 시작한 맥스웰 목사는 '기독교 국가'의 부활에 관한 꿈을 꾸면서 참다운 교회, 주님의 발자취를 따르는 세상 속 교회의 그림을 그려나가는 것으로 소설은 희망차게 마친다.

말씀의 원리를 적용하면
세상을 변화시킬 수 있다

100여 년 전에 쓰인 소설 속 이야기지만 오늘 우리 시대를 잘 표현해 주는 이야기들을 정리해 보니 몇 가지 눈에 띄는 것들이 있었다.

첫째, 이런 변화의 과정에서도 새로운 고용이 창출되고 은사가 발견되는 바람직한 결과가 있었다. 버지니아의 사촌으로 시카고에 살던 펠리시아는 아버지의 파산과 자살, 어머니의 충격으로 인한 죽음으로 하루아침에 고아가 되고 무일푼이었다. 그러나 버지니아의 도움으로 결국 자기 일을 발견하고 재능을 활용한다. 요리하는 일을 통해 레이몬드의 빈민가에서 섬기다가 다시 고향 시카고로 돌아가 작은 음식점을 열었다. 동네에서 가장 창문이 깨끗한 음식점이 에드워드 감독의 눈에 띄었고 둘은 재회하였다.

결국 펠리시아는 빈민가 복지관에서 요리를 전적으로 책임졌다.

여기서 계속 살 작정은 아니지 않느냐고 질문하는 감독에게 그녀가 하는 말이 인상적이다. "아니요, 저는 여기서 일할 생각이에요. 이것이 저의 복음이기에 저는 이것을 끝까지 따라갈 거예요." 하나님이 그녀에게 주신 일, 그것이 사명이고 복음이라고 확신 있게 말한다.

둘째, 주인공인 맥스웰 목사는 '일터목회'를 시작했다. 교우인 철도공장 감독관이 맥스웰 목사를 회사로 초빙해 식사 시간에 모인 철도 근로자들에게 말씀을 전해달라는 부탁을 한다. 맥스웰 목사는 주일에 만나는 교인들과 전혀 다른 세계의 사람들을 상대로 말씀을 전하는 것이 당혹스러웠으나 결국 그들에게 '삶의 만족'에 대한 즉석 직장설교를 하면서 일하는 사람들을 만나는 기쁨을 누렸다. 그리고 빈민가의 천막 집회장에서 자신의 말에 주목하지 않는 청중들을 대하는 곤란을 겪으면서도 결국 복음을 전한다. 그는 기독교의 목적이 의인이 아닌 죄인을 불러 회개시키는 것이고 예수님이라면 그런 청중들 앞에서 무엇을 말씀하실까 생각하며 설교하게 되었다.

사실 이 운동을 주관한 맥스웰 목사의 가장 큰 변화는 더 이상 사람들의 갈채를 받는 멋진 설교를 하는 것이 아니라 사람들에게 필요한 하나님의 음성을 들려주는 일종의 '직장설교'를 깨닫게 된 것이라고 할 수 있다. 성도들의 삶의 정황과 밀접해지면서 맥스웰 목사는 모인 교회에서 안주하지 않고 흩어진 교회를 세워나가는 바람직한 일터사역 목회자가 되었다. 책에는 레이몬드제일교회 담임목사라면 예수님이 하실 일의 목록을 적은 맥스웰 목사의 이야기도 나온다.

1. 불필요하게 사치하지도, 또한 과도하게 금욕적으로 사시지도 않고 단순하게 사실 것이다.
2. 교회 내의 위선자들에게 그들의 사회적 지위나 부와 상관없이 담대하게 설교하실 것이다.
3. 교육받고 세련된 부유층의 교인들뿐만 아니라 일반 교인들에게도 주님의 사랑과 연민을 실질적으로 보여주실 것이다.
4. 자신을 부정하고 고난에 동참하는 개인적인 방법으로 인류의 대의를 위해 자신을 동일시하실 것이다.
5. 레이몬드시의 술집들을 질타하실 것이다.
6. 빈민가인 렉탱글 지역에 사는 죄인들의 친구가 되실 것이다.
7. 올여름 유럽 여행을 취소하실 것이다. (나는 벌써 두 번이나 외국에 다녀왔다. 그러므로 또다시 해외여행을 간다는 것은 사치이다. 또한 나는 지금 건강하기 때문에 휴가를 포기할 수도 있다. 대신 그 돈을 가지고 나보다 휴가가 더 필요한 사람을 위해 사용할 것이다. 아마도 이 도시에 그런 사람들이 많을 것이다.) (찰스 쉘던, 「예수님이라면 어떻게 하실까?」, 브니엘 펴냄, 93-94쪽)

셋째, 오늘날에도 필요한 동료 전도, 관계 전도의 모델을 이 책은 잘 보여준다. 부유한 상속녀 버지니아의 오빠 롤린은 찬양사역자 레이첼에게 청혼했으나 거절당했고 사교계에서 소일하는 한량이었다. 그가 천막집회에서 진정으로 회심한 후 어떤 행보를 보이는가? 그는 사교계에 계속 드나들었다. 그 도시의 사교계에서 방탕한 삶을 사는 젊은 남자들, 목적 없이 살아가는 자신과 같은 사람들을 전도하는 일을 그가 계속했기 때문이다. 그것이 '예수님이라면 어떻게 하실까?'라는 질문에 대한 롤린 나름의 대답이었다. 롤린은 그 일을 자신의 십자가라고 여기면서 동료들을 전도하는 일을 계속했다. 이런 멋진 관계 전도의 모델이 어디 있겠는가? 함께 일하는 사람이 동료들의 고민과 고통을 가장 잘 알 수 있다는 점에서 롤린의 관계 전도는 오늘 우리 시대의 일터 전도법으로도 추천받을 만하다.

넷째, 세상에서 일하는 제자들, 세상 속 크리스천을 구분할 수 있는 시금석은 무엇인가? 지성과 지식과 고상함인가? 그것이 아니라 바로 실천에 있다는 것, 헌신과 결심과 희생에 정답이 있다는 이 책의 지적이 일터사역과 관련해 중요한 안목을 준다. 이 책에 등장하는 사람들, 예수님을 따라 제자의 삶을 살겠다고 결심한 사람들은 하나같이 희생한 사람들이다. 그들은 자신의 금전과 명예와 지위를 잃는 희생을 감당했다. 장기적인 어려움을 겪기도 했다. 심지어 가족들이 반대하여 어려움을 겪기도 했다. 그러나 그런 희생이 결국 변화를 가져왔다. 건물을 가지고 있으면서 술집에 임대하여 높은 소득을 올리던 교인 클레이튼이 결국 회심하면서 재정적 손해를 감수했다. 이런 쉽지 않은 희생만이 예수님의 제자도를 잘 보여준다. 일터사역은 지적인 동의 이상의 행동과 결심과 희생을 요구한다는 점을 우리는 기억해야 한다.

소설 속에서 밀턴 사장도 자신의 목록을 작성한다. 하나님께 영광을 돌리기 위한 사업을 하며 돈을 자신의 소유로 여기지 않고 사업을 할 것이라고 적었다. 직원들과 가장 사랑스럽고 친밀한 관계를 맺고 부정직하거나 의심받을 만한 일을 하지 않고 동종업계 사람들을 이용하지 않고 이타주의 원칙을 고수할 것이라고 결심했다. 목록을 보고 맥스웰 목사가 이렇게 질문했다.

"사업을 이런 식으로 운영해도 흑자를 낼 수 있다고 생각하십니까?"

물론 예수님의 원리가 통하지 않는 이기적인 세상과 관계 유지가 쉽지 않음을 그도 잘 알고 있다. 그렇다. 하루아침에 이 모든 일이 이루어지지는 않을 것이다. 하지만 예수님은 어떻게 하실까, 질문하며 노력하면 된다. 우리가 성령님의 역사하심을 기대하면서 차근차근 주님의 뜻을 실천하기 위해 애쓴다면 우리의 일터와 세상은 예수님이 바라시는 모습으로 변해갈 수 있을 것이다.

오늘날에도
세상을 향해 날리는 임팩트

이런 일이 소설 속의 일이기만 한 것인가? 역사 속에서도 제한적이지만 이런 일이 실제로 일어나기도 했다. 빌리 선데이로 알려진, 20세기 초 30년 동안 활발하게 활동했던 복음전도자가 그 주인공이다. 프로야구 선수였다가 거리에서 전도 받고 예배에 참석하기 시작해 개종한 빌리 선데이는 1903년에 목사 안수를 받은 후 주일성수와 금주(禁酒)를 특히 강조했다. 당시 미국에서 술 문제는 심각하여 미국 전역에 21만 8천 개의 술집이 있었는데 150미터마다 한 개의 술집이 있는 것이었다. 매일 5백만 명의 남녀가 술독에 빠져 지냈고 범죄와 빈민, 고아 문제 등 심각한 상황을 초래하고 있었다. 1912년 미국 정부와 주정부의 주세 수입이 1억3천4백만 달러였는데 빈민과 고아, 범죄문제로 인해 정부가 지출한 돈이 6억 달러였다고 한다.

이런 상황에서 빌리 선데이 목사가 미국인들에게 전한 금주와 사회 가치의 회복 메시지는 설득력이 충분했다. 보스턴 시민들이 특히 빌리 선데이에 호응하여 1919년에 금주법이 미국의회에서 통과되었다. 그의 부흥 집회를 그리 달갑게 여기지 않던 프린스턴신학교 찰스 어드만 교수도 "주님이 그를 사용하시고 계시는 증거"가 분명하다고 그의 공을 인정하였다. 한 사람의 복음 사역이 이렇게 한 사회와 국가를 변화시킨 사례가 있다(조광성, '빌리 선데이', 〈연합기독뉴스〉, 2009. 7. 19.). 우리 크리스천들과 교회가 일터와 세상에서 하나님의 사람들로 온전하게 서기 위해 노력한다면 세상을 향해 영향력을 미치고 세상의 변화를 초래하는 일이 불가능하지는 않다.

세상에서는 영향력을 발휘하기 힘든 목회자가 노력했을 때도 이런 일이 일어났는데 세상의 주연배우인 일하는 크리스천들이 힘을 모은다면 얼마든지 세상에 변화를 가져올 수 있다. 세상에 강한 충격과 영향을 주는 일이 가능하다. 당대 세계 최강 제국의 궁궐에서 고위관리로 일했던 다니엘을 통해서 우리는 그 가능성을 볼 수 있다. 헌신하고 준비하여 훈련받은 사람은 얼마든지 세상 속에서 복음의 임팩트를 보여줄 수 있다. 그런 일터 사역자들은 이런 칭찬을 들을 것이다. "지혜 있는 자는 궁창의 빛과 같이 빛날 것이요 많은 사람을 옳은 데로 돌아오게 한 자는 별과 같이 영원토록 빛나리라"(단 12:3).

CHAPTER 16
당신의 소명! 스위트 스폿을 찾으라

 도구를 활용하는 구기 종목에서 공을 가장 멀리 힘 있게 날려 보낼 수 있는 타구의 부위를 가리키는 용어가 있다. 스위트 스폿(Sweet spot)이다. 야구공을 칠 때 가끔 빗맞아서 손바닥이 울리고 매우 아팠던 경험이 있는데 어떤 때는 정확하게 공을 맞히니 손이 하나도 아프지 않으면서 멀리까지 공이 날아가는 때가 있다. 바로 그 포인트가 스위트 스폿이다.
 스위트 스폿은 스포츠 용어였지만 이 단어가 우리 인생에서도 최적의 삶을 살 수 있는 삶의 영역, 인생의 시간, 삶의 자리라는 뜻으로 쓰이고 있다.

하나님이 보시는
'나'를 찾으라

　　　　우리는 모두 하나님이 특별히 생명을 주신 존재이다. 우리 한 사람 한 사람을 하나님은 모태에서부터 지으셨다. 이사야 선지자가 말한다. "너를 만들고 너를 모태에서부터 지어낸 너를 도와줄 여호와가 이같이 말하노라"(사 44:2). 예레미야 선지자에게 하신 말씀은 곧 우리 한 사람 한 사람을 향해 주신 하나님의 메시지이다. "내가 너를 모태에 짓기 전에 너를 알았고 네가 배에서 나오기 전에 너를 성별하였고 너를 여러 나라의 선지자로 세웠노라"(렘 1:5). 사도 바울도 에베소서에서 말한다. "우리는 그가 만드신 바라 그리스도 예수 안에서 선한 일을 위하여 지으심을 받은 자니 이 일은 하나님이 전에 예비하사 우리로 그 가운데서 행하게 하려 하심이니라"(엡 2:10).

　어떻게 스위트 스폿을 잘 찾아서 하나님이 선한 일을 위해 우리를 지으신 목적을 따라 살아갈 수 있을까? 이 스위트 스폿은 순우리말로 '끼'라고 할 수 있다. 우리가 잘 아는 성경 속 인물들을 생각해 볼 수 있다. 요셉과 같은 경우에 어린 시절부터 불의를 못 참고 형들의 잘못을 아버지에게 이르는 정직함이라는 끼가 있었다. 애굽의 친위대장 보디발의 집에서도 이런 정직함으로 성적 유혹을 이겨냈다. 감옥에서도 술 맡은 관원장과 떡 굽는 관원장의 꿈을 해석하면서 정직하게 사실 그대로 이야기했다. 애굽의 총리로 지내면서도 정직함으로 돈 관리를 했다. 애굽과 팔레스타인 지역의 돈을 모두 거두어 그 돈을 바로의 궁, 즉 국고에 귀속시켰다.

다윗은 집안의 양들을 오래 돌보던 상황에서 물맷돌 던지기를 부단히 연습하던 성실함과 용기를 가지고 자신의 끼를 키워나갔다. 골리앗을 물리친 후 이스라엘의 군대장관으로, 또 천부장으로 강등되었을 때도, 망명을 떠났을 때도, 왕이 되었을 때도, 수많은 전투에 직접 나섰다. 심지어 나이가 많이 들었을 때도 전투에 나가 거인 적장 이스비브놉과 맞상대하며 싸울 정도였다.

바울의 스위트 스폿은 무엇이었을까? "열심으로는 교회를 박해하고 율법의 의로는 흠이 없는 자라"(빌 3:6). 자신의 모든 것을 예수 그리스도를 위해 다 해로운 것과 배설물로 여긴다고 했으나 결국 그 열심과 집념이 무언가 만들어내었다. 예수님을 만난 후에 그 열심과 열정으로 결국 기독교의 기초를 세우는 놀라운 일을 해냈다. 열정은 중요하다.

경영의 구루로 불리는 게리 하멜이 기업 성장에 공헌하는 업무 능력을 공헌의 정도에 따라서 여섯 단계로 구분했다. 가장 낮은 단계는 복종이다. 시키는 대로 하는 것인데(0%), 기업 성장에 기여하는 비율이 제로였다. 근면은 5%, 지성은 15%, 추진력은 20%, 창의성은 25%로 봤다. 그런데 하멜은 모든 업무 능력을 능가하는 최고의 능력이 열정이라고 했다(35%)(박경숙, 「어쨌거나 회사를 다녀야 한다면」, 위즈덤하우스 펴냄, 186쪽).

베드로도 바울과 비슷하다. 밤새 그물을 내려 고기를 잡았는데 한 마리도 못 잡았다. 고기를 한 마리도 잡지 못했는데도 밤새도록 그물을 던지는 열정이 있었다. 베드로가 예수님을 부인할 것이라고 예수님이 예언하셨으면 예수님을 따라가지 않으면 될 것 아닌가? 그런데 굳이 따라갔다. 베드로의 스위트 스폿은 열정이었다.

모세의 스위트 스폿은 사도행전 7장에 나오는 스데반 집사의 설교에서 발견할 수 있다. "누가 너를 관리와 재판장으로 우리 위에 세웠느냐?"(행 7:27). 모세의 끼는 바로 다스림의 은사, 리더십, 관리자 유형의 인품이었다. 애굽 궁궐에서 왕자로 지내면서 학습하고 훈련한 성품일 수도 있다. 노예로 일하는 이스라엘 동족 두 사람이 싸워서 뜯어말릴 때도 관리와 재판장 티가 났다. 모세의 이런 성향은 미디안 광야에서도 드러났다. 모세가 보니 미디안 제사장의 일곱 딸이 양들을 몰고 와서 우물에서 물을 길어서 먹이려고 했다. 그런데 다른 목자들이 와서 일곱 자매를 쫓아내자 나그네요 도망자인 모세가 그걸 그냥 두고 보지 못하고 목자들을 물리쳐내고 물을 길어 일곱 자매의 양들에게 먹였다(출 2:16-17).

스데반 집사가 명확하게 모세의 스위트 스폿을 지적한다. "그들의 말이 누가 너를 관리와 재판장으로 세웠느냐 하며 거절하던 그 모세를 하나님은 가시나무 떨기 가운데서 보이던 천사의 손으로 '관리와 속량하는 자' 로서 보내셨으니"(행 7:35). 하나님이 모세를 80세에 부르실 때 여전히 관리이지만 '속량하는 자', 즉 구원자로 보내셨다. 그런데 모세는 나이 마흔에 관리와 재판장이 되어보려고 하다가 낭패를 보고는 살인자가 되어 광야로 도망갔다. 거기서 이스라엘 백성이 아닌 양과 염소들에게 리더십을 발휘했다. 하나님이 지적해 주시는 스위트 스폿을 위해서 기다리고 훈련받는 과정을 거쳐야 했다. 우리도 하나님이 인도하시는 스위트 스폿을 기대하며 하나님의 뜻을 찾고 자신의 상황을 제대로 바라보며 훈련하는 삶을 살아야 한다.

냉정하게 자신을 바라보라

자신을 제대로 보고 스위트 스폿을 발견하기 위해서는 과대평가나 과소평가를 하지 말아야 한다. 하나님이 재능대로 주신 나의 달란트가 있다. 어떤 재능을 어느 정도 주셨는지 우리는 찾아낼 수 있어야 한다. 맥스 루케이도 목사가 「일상의 치유」(청림출판 펴냄)에서 말하는 스위트 스폿은 세 요소가 겹치는 자리이다.

첫째 요소는 자신의 강점이다. 뭘 잘하는지, 하나님이 나에게 어떤 은사를 주셨는지 찾아야 한다. 둘째 요소는 하나님의 소명이다. 하나님이 부르셔서 맡기신 나의 역할이 있다. 그것을 잘 찾아야 한다. 모세라면 이스라엘의 지도자가 하나님의 소명이었다. 셋째 요소는 삶의 과정이다. 하나님이 그저 기계적으로 우리에게 스위트 스폿을 안겨주시는 것이 아니다. 삶의 과정 가운데 차근차근 알려주신다.

모세는 나일강에 버려졌다가 갈대상자가 바로의 공주에게 발견되어 살아나서 애굽 궁궐에서 40년을 지낸 인생의 과정이 있었다. 이런 지도자 훈련이 모세의 소명에서 중요한 역할을 했다. 미디안 광야에서 40년을 지내는 그 세월은 인고의 과정이었다. 겸손해질 수밖에 없었다. 뭔가 해보려고 의욕이 앞섰는데 관리와 재판장이라는 스위트 스폿을, 고작 양과 염소들에게 쓸 수밖에 없었으니 말이다. 그런데 이 과정이 중요하다. 모세의 광야 생활이 없었다면 지도자 생활을 하면서 그 괴롭고 힘들고 외로운 과정을 견뎌낼 수 있었을지 생각해 보라.

우리 인생에도 이렇게 모세의 광야 생활과 같은 시절이 있다. 그래서 우리가 자신의 강점을 찾기 위해서는 객관적으로 자신을 볼 수 있어야 한다. 어린 시절에 찾기도 하고 시간이 흘러서 찾을 수도 있다. 모세의 스위트 스폿이 사람들에게 드러나게 된 때는 그의 인생의 3분의 1이 지난 40세 무렵이었다. 그리고 결정적으로 그 스위트 스폿이 세상에 알려지고 활용된 때는 생애 3분의 2가 지난 80세 때였다. 스위트 스폿을 찾는 과정이 쉽지 않다는 사실을 알 수 있다. 우리가 기도하고 노력하고 사람들의 평가를 들어보고 자신을 보는 안목을 키워야 하겠다.

그래서 우리는 자신을 제대로 볼 수 있어야 한다. 모세는 자신의 존재를 제대로 볼 수 없었다. 애굽 사람을 죽이고 미디안 광야에 갔을 때 모세가 배웠다. 미디안 제사장 르우엘의 딸 일곱 명을 모세가 도와주어 일찍 귀가한 후 딸들이 아버지에게 했던 말을 들어보라. "한 애굽 사람이 우리를 목자들의 손에서 건져내고 우리를 위하여 물을 길어 양 떼에게 먹였나이다"(출 2:19). 사람들의 눈에 모세는 '애굽 사람'으로 보였다. 노예생활을 하며 절망에 빠져있던 민족을 구해보겠다고 설치던 모세만 자신에 대해 잘 몰랐다.

자신을 발견하기 위해 유념해야 할 것이 또 하나 있다. 비교의식에서 벗어나야 한다. 다른 사람의 좋아 보이는 것을 무턱대고 내 인생에 가져오면 불행해질 가능성이 크다. 부모님께 물려받은 것이 적거나 없을 수도 있다. 그런데 내가 어떻게 할 수 없는 부분 때문에 너무 속상해하면 우리는 우리 인생의 달란트를 제대로 발견하여 꽃피우지 못하고 불평만 하다가 끝날 수 있다.

남들보다 탁월하게 잘하는 것이 내게는 없는 것 같다는 생각이 들 수도 있다. 그런 탁월한 사람이 그리 많이 있는가? 내게 있는 능력에 대한 점검이 중요하다. 나의 여러 가지 능력 중에서 가장 효과적이었고 또 나 자신도 만족할 수 있었던 능력을 찾을 수 있다. 그 스위트 스폿을 찾아서 집중하고 훈련해야 한다. 소설 「백경」의 작가 허먼 멜빌이 고래잡이를 할 때 고래를 향해 작살을 던지는 작살꾼에 대해서 말한다. 작살꾼은 다른 뱃사람들처럼 분주히 이곳저곳을 돌아다니지 않는다. 무심히 그저 앉아 있는 듯하다가 결정적인 순간에 벌떡 일어나 한 번에 작살을 던져 고래 급소에 꽂는다.

모세가 애굽 궁궐에서 살다가 전혀 다른 삶의 현장, 광야에서 양과 염소를 이끌고 다녀야 했던 기간이 있었다. 모세는 그때 자신을 제대로 바라보는 기회를 가졌다. 리더십이라는 재능으로 훈련받아 준비했고 스위트 스폿인 하나님의 부르심에 수긍했다. 40년간 애굽 궁궐에서 애굽의 바로 왕 후보로 제왕수업을 하는 기회를 얻었다. 광야에서 40년간 양들을 돌보며 리더십을 적용해 보고 영성 훈련도 제대로 받았다. 그 40년씩 두 번의 기간이 얼마나 조화롭게 모세의 지도자 시절을 위한 준비였는지, 모세의 인생은 참 기막히게 조화로운 하나님의 설계였다. 우리도 모세의 40년 궁궐 생활과 40년 광야 생활, 자신을 바라보며 확인하고 찾아내는 기간이 꼭 필요하다.

하나님이 바꾸어 주시는 스위트 스폿

우리가 하나님이 허락해 주신 스위트 스폿에 집중하고 노력하면 하나님이 그 스위트 스폿을 거룩하게 바꾸어주시는 경험을 할 수 있다. 바울의 경우 교회 박해에 열심이었지만 교회를 위한 무한 열정으로 바꾸어주셨다. 복음을 전파하며 세운 교회를 향한 바울의 열정은 대단했다. 성도들을 위해 목숨까지 주려고 할 만큼 대단한 열정을 보였는데 그 열정이 초대 교회를 바르게 세울 수 있었다.

다윗도 물맷돌 던지기로 민족을 구하고 성실과 열정으로 이스라엘의 영역을 확장하며 하나님 나라를 세워갔다. 베드로도 밤새도록 고기잡이에 열심을 다한 열정으로 사람의 영혼을 구원하는 일에 쓰임 받았다. '사람을 낚는 어부'가 되어서 교회를 굳건하게 세웠다. 모세의 경우 '관리와 재판장' 이라는 스위트 스폿이 조금 달라진 점을 스데반의 설교에서 확인할 수 있다. "그들의 말이 누가 너를 관리와 재판장으로 세웠느냐 하며 거절하던 그 모세를 하나님은 가시나무 떨기 가운데서 보이던 천사의 손으로 관리와 속량하는 자로서 보내셨으니 이 사람이 백성을 인도하여 나오게 하고 애굽과 홍해와 광야에서 사십 년간 기사와 표적을 행하였느니라"(행 7:35-36).

모세가 생각하고 사람들이 평가하던 역할과 달리 하나님은 "관리와 속량하는 자"로 모세를 애굽에 보내셨다. '속량하는 자'는 속전(贖錢)을 주고 노예를 사서 그 사람을 노예에서 해방시켜 주는 사람을 말한다. 과거의 스위트 스폿인 재판장보다 더 확대되고 의미 있는 구원의 사명이 모세에게 주어졌다. 하나님이 모세의 스위트 스폿을 변화시켜 주셨다. 모세의 모습이 예수님을 잘 보여준다. 구약 시대에 직분을 가진 사람 중에 예수님에 대해서 미리 보여주는 예표에 해당하는 사람들이 있었다.

왕과 선지자, 제사장이었다. 모세는 이 중에서 왕과 선지자의 두 가지 역할을 충실하게 다 감당했던 사람이라고 볼 수 있다. "나와 같은 선지자 하나를 세우리라"(행 7:37)라고 말했던 바로 그 사람이 모세라고 스데반 집사가 설교하면서 이야기한다. 하나님이 이렇게 모세의 스위트 스폿을 확대하고 더욱 영향력이 있도록 바꾸어주셨다. 우리도 살아가면서 이런 변화를 충분히 경험할 수 있다.

맥스 루케이도 목사가 로리 닐이라는 한 학생을 소개하며 스위트 스폿을 바꾸어주시는 하나님에 대해서 알려준다. 이 학생은 미국 테네시주 잭슨에 있는 유니온대학에 들어갈 때 체육특기생 같았다. 고교 시절 세 가지 운동을 했고 소프트볼 선수 자격으로 대학에서 장학금을 받았다. 그런데 시간이 지나면서 체육 쪽이 아니라 미술에 관심이 많이 생겼다. 2학년으로 올라가면서 화학, 경제학 과목 수업을 빼고 미술 관련 수업을 두 과목 신청했다.

친구들은 '미술사' 수업 시간에는 눈꺼풀이 저절로 내려오는데 로리는 강의 내내 한마디도 놓치지 않고 경청한다. 기말시험에 미술사 시간에 뭘 배웠는지 말해보라는 문제가 나왔는데 대문짝만한 글씨로 썼다. "나는 예술가다!" 이후에 도예 수업을 받을 때 심장이 터질 것 같았다. 대학에서 개최한 전시회에 도자기를 출품했는데 한 점도 남지 않고 모조리 팔렸다. 머릿속에 '이걸로도 충분히 먹고 살 수 있겠는걸!' 하는 생각이 스쳤다.

맥스 루케이도 목사가 전화했더니 45분 동안 줄줄 자신의 이야기를 했다. 도자기 만드는 그 일에 완전히 빠졌다고 한다. 그 일을 사랑하고 그릇 만드는 달란트를 주신 하나님께 감사하다고 말했다. 그것을 주님께 드릴 수 있는 선물로 생각한다고 하자 루케이도 목사가 질문했다. "하지만 어떻게 예술가로 일하면서 하나님께 영광 돌릴 수 있지요?"

로리가 두 가지 대답을 했다. 우리도 귀 기울여 들어야 한다. "예술계에는 예수님을 믿는 사람들이 많지 않습니다. 일에서 최선을 다하면, 언젠가 나를 통해 예술가들이 주님을 보게 될 것입니다." 두 번째 대답은 여름방학 때 장애인 재활시설에 가서 봉사했던 이야기를 꺼냈다. 풍선에 그림을 그려서 장애아동들에게 나누어 주었다. "내 손으로 한 일이 어린아이들에게 미소를 줄 수 있다면 그 이상 뭘 더 바라겠어요?" 좌충우돌하면서 자신의 스위트 스폿을 찾은 로리는 하나님께 영광 돌리는 일이 뭔지 알고 있었다. 예술계에 하나님 나라를 세우는 일을 자신이 하고 있다고 생각하고 실천하고 있다(맥스 루케이도, 「일상의 치유」, 청림출판 펴냄, 236-239쪽). 하나님이 주신 소명, 스위트 스폿을 찾아가는 과정이 우리 인생이다. 하나님이 보시는 나, 나의 정체를 잘 찾아서 하나님이 기뻐하시는 인생을 복되게 살아야 한다.

CHAPTER 17
자원봉사만 소명의 실천인가?

16세기에 시작된 종교개혁으로 '직업이 소명'이라는 새로운 명제가 대두되었다. 종교개혁자들이 시작하고 청교도들이 화두를 이어 갔지만 여전한 문제는 소명의 실천에 대한 딜레마였다. 이미 16세기부터 개혁자들과 가톨릭 사람들을 신경 쓰게 하며 괴롭혔던 아나뱁티스트의 행동하는 믿음, 즉 소명의 실천에 대한 문제 제기에 답해야만 했다. 오늘도 여전히 교회와 크리스천들의 어려운 숙제인 세상 속 크리스천의 삶에 관한 문제를 고민한 한 사람, 자끄 엘륄(Jacques Ellul)의 견해를 살펴보려고 한다.

자끄 엘륄은 1912년 프랑스의 보르도에서 태어나 보르도대학에서 오래 가르쳤고 법학박사이면서 사회학자, 신학자, 철학자로 활동했다. 프랑스 정계에도 투신해 활동했고(1936-1939년), 레지스탕스 운동에도 열렬히 가담했다(1940-1944년). 현대 사회의 기술중심주의의 문제점을 분석하는 책을 많이 남겼다. 여기서는 엘륄의 '노동과 소명'에 대한 정리된 글이 담긴 책 「자유의 투쟁」(Les Combats de la liberte, 솔로몬 펴냄)을 중심으로 엘륄의 소명론을 살펴보려고 한다.

자끄 엘륄의
노동과 직업에 대한 이해

자끄 엘륄은 성경 어디에도 '노동'과 '소명'을 동일시해서 다루는 곳이 없다고 한다. 그것을 이해하기 위해 성경을 길게 연구할 필요도 없다고 자신 있게 말한다. 성경에서 소명은 언제나 선지자나 사도와 같은 하나님에 대한 특별한 섬김으로 부르심을 의미한다는 주장이다(506-507쪽). 사람들이 노동이 소명이라는 개념을 성경에서 끌어내려는 이유는 노동을 찬양하려는 유혹 때문이라고 한다. 18세기 이래 막스 베버에 의해 노동 이념이 나오면서 문명적 노동에 대한 숭배 경향이 생겼다고 주장한다(508쪽). 엘륄의 노동에 대한 이해를 직접 들어보자.

"노동은 그 자체로 인간을 소외시킨다. 그것은 사회적이거나 경제적인 조건에 속하지도 이념에 속하지도 않는다. 하지만 그렇다고 내가 노동이 나쁘다고 말하는 것은 아니다. 내 말은 노동이 단지 유익하고 필연에 속한다는 것뿐이다. 그러므로 노동을 찬양하지도 하나님의 소명과 혼동하지도 않은 채 노동을 행하자('땅에 충만하고 땅을 정복하라' (창 1:28)에서 노동이 하나님의 소명이라는 개념을 끌어내는 것은 얼마나 거짓인지!). 노동을 할 필요가 있고 그게 전부다"(508-509쪽)

엘륄은 노동을 무시하지는 않는다. 바울이 "일하기 싫어하거든 먹지도 말게 하라"(살후 3:10)고 야단친 말은 자명한 이치라고 한다. 노동은 하나님이 생존의 수단으로 주셨다. 그래서 노동은 필수적이지만 현실적이고 어쩔 수 없이 해야 하는 '필연의 질서'에 속한다고 보았다(532쪽). 그러면서도 엘륄은 또한 노동을 소명으로 인정해야 한다며 이렇게 말한다.

"그리스도인으로서, 구속된 자로서, 자유로운 자로서 사는 소명이 아니라 그 반대다. 즉 하나님 앞에서 우리를 피조물로(유한하고, 제한적이며, 필연에 굴복하는), 그리고 죄지은 피조물로(성부와의 단절 결과를 감내하는) 인정하는 소명이 있다"(533쪽).

노동과 소명에 대한 이런 소극적이고 부정적인 정의는 어떤 의미일까? 필연과 자유의 질서로 나눈 이분법은 가톨릭의 성속(聖俗) 구분과 비슷한 점이 있다. 같지는 않더라도 속(俗)을 열등하게 본 것은 다르지 않다. 엘륄이 말하는 노동은 '우리 삶의 부조리의 표지'이고 어떤 궁극적 가치나 초월적 의미도 가지지 않는다. 엘륄에게 있어서 노동은 하나님 앞에서 우리를 생존하게 하는 것으로 그의 말대로 이것은 '현실주의'이다(533쪽).

상대적으로 노동이 가치와 유익이 없는 것은 아니다. 노동이 삶을 지속시키고 세상을 지탱할 가능성을 준다. 엘륄은 이런 영역에서만 노동은 하나님의 뜻이라고 말한다. 자끄 엘륄은 이렇게 생존에 관한 부분에서만 노동에 소명이 있다고 본다(535쪽).

노동과 소명에 대한 인식의 역사

엘륄의 노동에 대한 이해는 노동에 대한 인식의 역사를 다룬 부분에서 더 구체화된다(509-525쪽). 교회사를 고찰하면서 엘륄은 3세기 말 일부 신학자들이 노동에 가치를 부여했다고 한다. 노동의 소명은 결혼이나 독신의 소명과 같은 일종의 신분에 대한 소명으로 일이 사람의 삶에서 필연적인 요소임을 강조했다고 본다.

4세기 이후에는 하나님에 대한 섬김이 교회 안의 설교나 봉사만이 아니라 섭리라는 개념 안에서 세상의 봉사로도 확대되었다. 하나님의 창조질서가 유지되고 그 질서를 보존하기 위해서 행하는 노동은 하나님에 대한 섬김이라고 보게 되었다. 중세시대에는 노동이 그저 저주일 뿐이라는 입장과 농사일과 같은 신성한 노동은 하나님의 부르심의 대상이 될 수 있다는 입장이 공존했다. 하지만 이 후자의 입장, 신성한 노동이 가능한 영역에서도 무역과 같이 돈거래를 하는 직업은 소명을 구현할 수 있는 노동이 아니라고 보았다.

종교개혁 시대에는 노동의 저주 개념이 사라지고 품격이 높아지며 노동의 가치가 강조되는 토양이 조성되었다. 이런 분위기가 이어져 일을 통해 인간에게 주어진 죄의 저주를 속할 수 있다는 개념에 도달해(17-18세기) 노동이 명백하게 소명의 일부가 되었다. 노동에 소명 개념이라는 가치가 부여되자 경제 활동도 증가하고 그럴수록 더욱 노동의 가치 또한 높아졌다.

그러자 노동하는 자들에 대한 하나님의 뜻을 자본가들이 이용했고 19세기에는 종교적 이념을 이용해 노동자들을 착취하게 되었다. 하나님의 질서라는 미명으로 복종하고 순종해야 한다면서 일하는 사람들을 속박하고 붙들어두는 부작용이 생겼다. 이런 부작용과 더불어 현대에 와서는 노동의 소명 개념이 사라졌다고 엘륄은 평가한다. 현대 사회에서 그리스도인들은 노동과 소명을 더 이상 연관해 생각하지 않는다고 본다. 노동은 기계의 작업 속도와 경영 방식에 굴복하고 노동이 인간성을 박탈한다. 노동이 더 이상 노동자의 삶의 일부가 아니라 노동자의 시간 대부분을 흡수하게 되었다. 소명 속에 직업이 흡수되어 통합되면서 오늘날 사람들은 아무런 의미도 없고 만족을 주지도 못하는 노동 현실에 처하게 되었다고 본다.

결국 엘륄은 노동은 그저 필연적 질서에 속한 것으로 삶에서 필수적이라는 점에서만 의미가 있다고 본다. 하지만 노동 그 자체로 은혜와 자유의 질서를 뛰어넘는 것은 아니라고 주장한다. 좀 까다로운 이분법인데 종교개혁자들이 직업을 소명이라고 본 입장과 꽤 다른 결의 소명론을 자끄 엘륄이 보여준다.

자원봉사로
대안적 소명을 실천하라

이렇게 '직업은 소명'이라고 시원하게 말할 수 없는, 다소 애매한 엘륄의 소명론이라고 평가할 수 있다. 물론 자끄 엘륄이 직업과 소명에 대해 우리가 느낄 수 있는 딜레마를 무시하는 것은 아니다. 가치 없는 노동에 헌신하는 삶과 소명으로 가치가 높아지는 삶으로 나뉘어 절망적 난관에 봉착할 수 있다고 한다. 하지만 기독교적 소명이 노동에 포함되지 않는다고 하여 가슴 아파하지 말라고 한다. 또한 노동이 소명이 아니라고 해도 노동이 유익이 없는 것은 아니라고 한다. 따라서 의미 없는 노동을 하고 있을 때도 나를 위한 하나님의 계획 안에 있다고 확신해야 한다고 말한다(539-540쪽).

결국 생존을 위한 노동은 크리스천들도 세상 사람들과 다르지 않다. 그러면 어떻게 필연의 질서를 뛰어넘어 자유의 질서에 편입될 수 있는가? 이 질문에 대답하면 해답을 찾을 수 있다. 그리스도인의 소명을 표현할 수 있는 구체적 신앙의 활동을 해야 한다고 자끄 엘륄은 말한다.

한마디로 말하면 '대가성 없는 노동', 즉 자원봉사를 해야 한다고 명확하게 말한다. 자원봉사가 대안적 소명이다. 엘륄의 말을 들어보자.

"이 소명은 행동으로 표현되어야 한다. 우리가 있는 세상의 형태를 이런저런 방식으로 바꿀 수 있는 사회적, 집단적, '영향력'을 가진 행동으로, 우리가 실제 노동에 부여하는 성격-성실함, 능력, 지속성, 창의력-을 온전히 간직하면서도 무상(無償)일 수밖에 없는 행동으로 말이다. 내가 보기에 바로 이런 식으로 활동은 소명을 표현할 수 있다. 소명이 무대가성(無代價性)이며 은혜의 표현인 것처럼 이 활동 역시 대가성 없는 호응이어야 한다. 그것은 우리 주변의 사람들이 살 수 있도록 돕고 사회가 지속될 수 있도록 도와주는 것이어야 하며, 그러므로 그것은 노동과 동등한 것을 가져다주어야 하고 그 '이상의 것', 결과적으로 어쩌면 하나의 의미를 가져다주어야 한다"(536쪽).

수고의 대가 없이 정말 순수한 마음으로, 그러면서도 돈을 받고 일을 하는 것과 같이 능력있고 영향력을 발휘하며 자원봉사를 하면 그것이 소명의 실천이라는 뜻이다. 엘륄은 돈에 대해서도 대가성이 없는 순수한 의도를 강조한다. 하나님을 대적한 돈의 권세를 부수기 위해 돈을 비신성화해야 한다고 주장한다. 즉 돈을 무상으로 주는 증여를 통해 하나님 나라의 풍요함과 예언자적 행위를 실천해야 한다고 말한다(자끄 엘륄, 「하나님이냐 돈이냐」, 대장간 펴냄, 113-114쪽).

마찬가지로 노동에 대해서도 무상으로 하는 점을 강조한다. 노동에 있어서 필연의 질서를 벗어나 자유의 질서를 확보하는 방법은 바로 대가성을 포기하는 것이다. 노동이 자신에게 부를 가져다주는 것이 아님을 인식하고 세상 모든 것의 주인이 되시는 하나님의 은혜로 살아가는 인생을 고백해야 한다. 이렇게 자유를 향한 투쟁을 해 나가야 한다고 엘륄은 주장한다.

엘륄은 이런 대가성 없는 노동을 통한 소명 실천의 한 사례로 자신이 '청소년 범죄 예방 클럽'에서 자원봉사 하는 일을 소개한다. 이 단체는 부적응자로 규정되는 젊은이들의 요구와 호소에 부응할 목적으로 조직되어 특히 자살 행동을 하는 젊은이들을 대상으로 범죄 예방 활동을 해왔다. 그들의 부정적 행동을 창의력으로 전환하고 공격성이 절제된 행동력으로 바뀔 수 있도록 도와서 인격적으로 건전해지게 하는 일이다(「자유의 투쟁」, 536-537쪽).

물론 이런 일을 대가를 바라지 않고 한다고 하여 취미 활동처럼 하는 것은 아니다. 보수를 받고 일하는 것처럼 진지하게 하되 다만 돈은 받지 않는 것이다. 현대 사회 속에서 은퇴 연령이 낮아지고 자원봉사에 관한 관심이 증가하기에 더욱 고무적으로 이런 바람직한 소명을 실천할 수 있다고 말한다(536쪽).

당장 이런 질문이 가능하다. 청소년 범죄 예방 클럽에서 엘륄은 무보수로 소명으로 섬기지만 그 일을 직업으로 하는 교수는 그렇다면 소명을 실천하지 못하는 것인가? 이에 대해서 엘륄은 교수는 직업 관계에서 돈을 받고 하는 업무가 아닌 다른 일을 통해 소명을 실천할 수 있다고 말한다. 돈을 받고 하는 일 외에 무상으로 자기 학생들의 일면을 발견하고 그들을 도와주면 그 교수도 소명을 실천할 수 있다고 말한다(541-542). 자신의 직업 안에서도 대가와 연관되지 않은 소명의 실천사항을 찾아낸다면 그것이 소명이 될 수 있다는 주장을 엘륄은 자신의 오랜 자원봉사 실천을 통해 보여주었다.

자끄 엘륄의 소명론에 대한 평가

이 글에서 자세히 다루지는 않았지만 자끄 엘륄의 다른 저서들을 읽어보면 과학과 기술과 문명사회의 사탄적이고 부정적인 현실에 대한 우려가 매우 큰 것을 느낄 수 있다. 그래서 직업의 가치나 일을 통해 이룰 하나님 나라, 타락 이전에 이미 주신 창조 명령에 나타나는 노동의 가치와 같은 '일과 소명' 논의의 핵심적인 부분을 강조하지 않는다. 정치적 입장에 대한 평가이긴 하지만 엘륄이 재세례파적인 요소를 보인다는 평가를 받기도 한다(이은선, 'Jacques Ellul의 신학사상', 「대신대학 논문집」, 11(1991). 586쪽).

그런데 재세례파 사람들은 오히려 엘륄처럼 직업에서 소명을 발견하지 못한 사람들이 아니었다. 그들은 오히려 직업에서 성실하고 탁월하여 그들을 박해하고 죽이던 사람들도 감탄하게 만들었고 삶과 직업을 통해 선교를 모색하며 소명을 실천한 사람들이었다.

엘륄은 일하는 사람이 노동에 충실한 것이 하나님 나라를 이루는 소명의 실천이라는 성경의 본디 가치를 제대로 간파하지 못했다고 나는 생각한다. 그가 제안하는 무대가성 '자원봉사'라는 소명의 대안은 인간의 이기심과 죄성을 이해하지 못한 측면이 있다. 대가를 안 받고 하는 일을 주께 하듯이 하기는 그리 쉽지 않다. 엘륄은 일하는 사람이 돈을 받고 하는 일(소명이 아님) 외에 돈을 받지 않고 하는 일(소명)을 더욱 의미 있게 해야 한다는 대안을 제시한다. 돈을 받고 하는 일을 의미 있게 하지 못하는 사람이 돈을 받지 않고 하는 일을 의미 있게 할 수 있을지 의아하다.

또한 엘륄은 노동이 소명이라는 성경의 근거가 없다고 여러 차례 말하는데, 무대가성이 소명이라는 성경적 근거는 어디에 있는가? 과연 대가성이 없기만 하면 순수하게 자원봉사로 섬기고 일한다고 볼 수 있을까? 죄악성은 일의 현장만이 아닌 자원봉사의 현장에도 동일하게 존재함을 엘륄은 간과하고 있는 듯하다.

노동이 소명이라는 성경적 근거가 없다고 엘륄은 주장했는데, 바울은 노예인 사환들에게 무슨 일을 하든지 주께 하듯 하라고 강조했다(골 3:23). 당시 모든 노예가 보수를 받지는 않았지만 모두 자원봉사를 하지도 않았다. 노예 중에는 일하여 생계를 꾸리는 사람들이 많았다. 바울 시대의 노예 중에는 우리가 흔히 이해하는 전쟁포로나 채무로 인해 팔린 종이라기보다 각종 직업을 가지고 일하며 보수를 받는 사람들이 많았다. 여러 분야에서 일하던 그 노예들이 주께 하듯이 일하며 소명을 실천해야 한다고 바울이 가르쳤다.

물론 자원봉사로 하는 일이 의미가 없다는 뜻은 아니다. 자원봉사도 하나님이 부여하신 귀한 소명일 수 있다. 그런데 직업인이 보수를 받고 하는 일도 하나님 나라를 아름답게 하는 적극적 소명의 실천이라고 볼 수 있다. 예수님의 십자가 구속의 은총은 우리가 하는 일에서 죄악 된 요소들을 제거하고 하나님 나라를 임하게 하기 위한 귀하고 의미 있는 소명으로 의미를 부여해 주었다.

내 생각으로는 노동과 자원봉사 두 가지 다 소명이라고 보아야 한다. 하나님이 부여하신 소명을 어떻게 실천할 수 있느냐가 문제이지 일의 종류로 소명 여부가 나뉘지는 않는다고 본다. 돈을 받고 하는 일을 통해서는 소명을 실천할 수 없고 자원봉사를 통해서만 소명의 실천이 가능하다는 주장은 도피적이고 제한적인 대안일 수밖에 없다. 나는 보수를 받고 하는 일도 주님께 하듯이 하려고 노력하고 간혹 무보수로 하는 자원봉사도 주님께 하듯이 하려고 노력한다. 강사비를 받지 않는 강의나 원고료를 받지 않는 원고 집필, 유튜브 묵상 영상을 제작하고 채널을 관리하는 일도 주님께 하듯이 하려고 노력한다. 둘의 차등을 특별하게 두지 않고 둘 다 나 자신에게 부여된 소명의 실천이라고 생각하고 있다.

과학과 기술에 대한 부정적 이해와 소명에 대한 소극적 이해로 자끄 엘륄의 소명론은 아직 새 하늘과 새 땅이 임하지 않은 현실 속에서 대안적인 장점은 있다. 하지만 하나님의 창조 명령에 대한 적극적 이해와 그리스도의 구속이 가진 우주적 영향력을 근거로 하면 직업이 소명이라는 명제는 성경적이다. 그 일도 주님께 하듯이 하여 소명을 실천하고 자원봉사도 주님께 하듯이 하여 우리 인생의 소명을 실천할 수 있어야 한다.

CHAPTER 18
믿음, 그 이상의 사랑
: 일상의 기적

　예전에 서울 신촌의 이화여대 후문 앞에 있는 한 소극장에서 영화를 본 적이 있다. 저녁 여섯 시에 상영하는 영화였는데 가까운 학교에 다니던 딸과 함께 5분 전쯤에 만나 들어갔는데 아무도 없었다. 그리고 내내 우리 둘이서만 영화를 봤다. 끝내 아무도 안 들어왔다. 극장에서 대여섯 명이 앉아서 영화를 본 적은 있는데 이렇게 둘만 영화를 보기는 처음이었다.
　〈미라클 프롬 헤븐〉(Miracles from Heaven, 2016, 패트리시아 리건 감독)이라는 멋진 영화였다. 이 영화를 통해서 오늘 우리의 인생과 일상을 들여다볼 수 있다.

잔잔한 일상에 갑작스럽게 끼어드는
불청객이 있나요?

우리의 일상은 보통 큰일이 그리 많지는 않다. 때로 힘들고 벅찬 일이 생긴다. 아직 그 문제가 해결되지 않았더라도 그 상황이 곧 일상이 된다. 가족 중 아픈 사람이 있더라도 비상 상황이고 스트레스 지수가 좀 높아지지만 회복되기 시작하면 그럭저럭 견딜만한 일상으로 돌아올 수 있다.

영화 속 수의사 케빈 빔과 크리스티 빔 부부도 그랬다. 그냥 적절한 스트레스 상태에서 살아갔다. 모아 둔 돈 투자하고 대출도 받아서 동물병원의 규모를 늘렸다. 딸이 셋인데 잘 자라고 있고 주일에는 급히 서둘러 교회에 가서 유머 감각 있는 목사님의 설교도 들으면서 지낸다. 예배 후에 바비큐 파티를 해서 가족들이 다 잘 먹었다. 그런데 크리스티가 케빈에게 말한다.

"그냥 왠지 불안해!"

남편은 잘될 거라고 낙관하지만 뭔지 찜찜하고 불안함이 있었다.

예감이었을까? 밤에 둘째 딸 애나가 먹은 걸 토하고 너무나 아프다고 한다. 응급실에 가서 진료를 받아도 지속해서 아픈데 제대로 진단은 나오지 않았다. 유당불내증, 우유 알레르기라고 하는데 잘 낫지 않았다. 너무 아프다고 해서 밤에 또 응급실을 찾았는데 응급실의 젊은 인턴 의사는 괜찮을 거라고 집에 가라고 했다. 하지만 엄마 크리스티는 응급실에서 나가지 않았다. 작정하고 정확히 진단해 달라고 하니 다음 날 소아과 의사가 진단하고는 장폐색이 100퍼센트 진행되었다고 한다. 장운동 장애 증상이어서 소화를 못 시키고 배가 부르고 먹은 것을 다 토한다고 했다. 소장 유착도 일어났다고 한다.

의사가 보스턴에 있는 소아병원의 누코 박사를 소개해 주었다. 자기 동창인데 그 분야 전문가라고 하지만 그 병원에 쉽게 입원하기 힘들었다. 예약, 대기자 번호, 전화, 또 전화, 소개해 준 소아과 의사도 세 번이나 전화했다고 하는데 차례는 돌아오지 않았다. 앞의 아이가 나으면 차례가 오는 게 아니라 앞의 아이가 죽으면 차례가 오는 상황이었다. 어쩌면 좋은가?

딸 애나도 엄마에게 물었다.

"엄마, 왜 하나님이 날 안 고쳐 주실까?"

기도해도 왜 안 고쳐 주시느냐고 말이다.

"엄마도 모르는 게 많아. 아직 하나님이 안 고쳐주셨지만 하나님이 널 사랑하는 건 틀림없어."

엄마의 대답은 정답이다. 하지만 답답하다. 답을 알긴 아는데 답답한 것을 어쩌면 좋은가! 시간이 지나갈수록 점점 더 답답해진다.

교회의 교우들이 애나 엄마에게 이야기한다. 애나가 그렇게 심하게 아픈 것에 대해 자신에게 어려운 질문을 좀 던져봐야 하는 건 아니냐고 말이다. 애나 엄마 아빠가 죄를 지었거나 애나에게 죄가 있어서 그런 심각한 병에 걸린 것이 아니냐고 수군거린다. 성경 속에서 떠오르는 장면이 있지 않은가? 바로 구약 성경 욥기에 나오는 욥의 친구들처럼 교인들이 말했다. 죄를 지었으니 그 결과로 병이

걸렸다고 보았다. 영적인 문제가 있으니 파산했고 죄인이니 어려움을 겪고 일이 잘 안 된다고 비난했다. 빌닷이라는 욥의 친구가 바로 이런 논리로 욥을 비판했다(욥 8:1-7).

요한복음 9장에서도 날 때부터 볼 수 없던 시각장애인을 보고 제자들이 질문한다. "이 사람의 부모의 죄 때문입니까, 이 사람의 죄 때문입니까?" 다른 가능성은 생각조차 하지 않았다. 제자들은 부모의 죄인지 당사자의 죄인지 질문했다. 그들을 닮은 교인들의 이런 태도에 크리스티는 실망해서 교회도 안 나간다. 목사와도 나중에 대화했다.

"사랑의 하나님이 왜 애나에게 고통을 주시나요?"

목사가 대답했다.

"그 답은 몰라요. 아프다고 하나님이 사랑하지 않는 것이 아니에요. 내가 둘 다 해봤는데, 그런데 그 순간에 하나님과 멀어지는 것보다는 하나님께 다가가는 게 더 나아요."

하나님 거기 계세요?
안 들리시나요?

교회에 안 나가기로 했어도 크리스티는 기도한다. 절망스러울 때 더욱 기도한다.

"하나님, 거기 계시면 좀 응답해 주세요!"

애나의 언니 아비가일도 동생을 위해 기도하면서 "애나 죽는 거야?"라고 묻는다. 어떻게 해야 할까? 보스턴에서 누코 박사에게 지금 치료받는 아이들이 빨리 죽어가기를 기도해야 순번이 당겨질까?

크리스티는 결심했다. 예약을 못 했지만 보스턴으로 직접 갔다. 세 시간 반 비행기를 타고 갔다. 텍사스에서 보스턴까지 예약 없이 가서 병원 안내데스크에 있는 직원에게 사정했다. 아이가 죽어간다고 말했다. 축구를 하고 나무에 잘 기어올라 다녀서 별명이 멍키였던 아이가 갑자기 먹지도 소화시키지도 못하고 배가 부른다고 했다. 각종 항생제에 약들을 달고 살아가고 있다고 말했다. 그런데 그 직원은 일을 시작한 지 2주밖에 되지 않아서 계속 일하려면 병원의 방침을 따라야 한다고 말한다. 아이 엄마도 그 직원에게 뭘 바라는 것은 아니었다. "도저히, 도저히 그냥 있을 수는 없어서 왔다고요."

그렇게 맨땅에 헤딩하듯이 부딪혀 본 것이 효과가 있었나, 다음 날 병원 데스크에서 전화가 왔다. 내일 아침 일곱 시에 진료 시간이 비게 되었다고 진료받으러 오라고 했다. 연줄로 순번 바꿔 가는 게 아니라 간절함이 이뤄낸 결과였다. 그래서 누코 박사가 검사하고 진단한다. 위의 윗부분은 정상인데 아랫부분이 작동하지 않고 소장, 대장이 움직이지 않아서 소화를 못 시킨다는 진단을 받았다. 현재로서는 고칠 방법은 없다고 했다. 하지만 가만히 있어서는 안 되고 위험을 감수하고라도 6주마다 체크하면서 치료해 나가기로 한다.

애나의 치료를 위해서 건강보험료를 더 많이 내야 하기에 애나의 아빠는 감수하기로 했다. 7일 내내 일할 거고 투잡도 할 거라고 했다. 좋아하는 오토바이도 내다 팔았다. 엄마와 아픈 딸이 보스턴에 가 있고 돈 많이 벌어야 하는 아빠로 인해서 큰딸도 어려움을 겪었다. 한 사람이 아프면 가족들이 다 힘들다. 왜 아니겠는가?

물론 애나가 많이 아프다. 전보다 더 아프다. "끊임없이 계속 아파. 나 죽고 싶어. 아픔이 없는 천국에 가고 싶어." 그러면 엄마가 슬프다고 하니까 엄마 슬퍼하게 하긴 싫은데 그런데 고통이 없고 싶다고 한다. 진통제도 듣지 않는 고통 가운데 아이가 점점 힘들어했다. 닷새 동안 씻지도 않고 아이도 지쳤다. 엄마도 힘들었다.

누코 의사가 아이들도 우울증이 있다고 말한다. 아이와 많은 시간을 보내라고 하는데 정말 쉽지 않다. 집으로 와서 소아정신과에 또 진료받으러 가야 하는데, 또 예약, 기다림. 전화, 전화가 계속된다. 아, 이 고통과 좌절을 어쩌면 좋을까? 살아오면서 우리는 수시로 고통을 겪는다. 인생의 연륜 속에 수많은 아픔이 담겨있다. 이제 빔 가족의 애나는 어떻게 될까?

회복 가능성이 없어 보이던
아이가 어떻게 나았나?

그런데 아픈 애나가 좋아졌다. 배가 불러와서 옷이 안 맞아서 옷을 새로 사야 했는데, 갑자기 배가 쑥 들어갔다. 새로 산 옷이 안 맞았다. 진통제를 빠뜨리고 안 먹어도 약 달라고 않고 애나가 뛰어놀고 있다. 어떻게 된 일일까? 기적이 있었는데 그 기적이 어떻게 왔을까? 하늘로부터 오는 기적은 무엇이었을까? 영화를 본 바로는 '나무'와 '나비'로 설명할 수 있다.

중병에 우울증으로 힘들어하는 동생을 데리고 언니가 앞마당 풀밭으로 공을 차러 함께 나갔다. 그 풀밭에 100년도 넘은 고목이 있었다. 축구공이 고목 앞에 갔는데 나비가 한 마리, 나풀거리며 날아오른다. 애나의 언니가 애나에게 나무에 한 번 올라가지 않겠느냐고 말한다.

"나 아픈데…."

그래도 할 수 있을 거라고 그래서 애나가 그 나무 위를 함께 기어 올라갔다. 3층 높이 10미터의 가지에 걸터앉아서 보니 정말 좋았다. 애나가 말한다.

"이 자리가 늘 그리웠어."

그래서 병원에 있을 때도 집에 오고 싶었고, 그러니 지금 정말 기분이 좋았다.

그런데 이를 어쩌면 좋은가? 고목나무의 가지가 부러지려고 한다. 언니가 동생 먼저 보내려고 얼른 가라고 재촉하고 얼른 애나가 나무줄기 쪽으로 갔는데 그만 그 나무줄기에 구멍이 있어서 아래로 떨어졌다. 속이 텅 빈 고목나무였다. 3층 높이 10미터의 높이에서 아래로 떨어졌다. 머리부터 떨어졌다. 언니가 위에서 바라보니 애나가 움직이지 않았다.

아픈 아이에게 이런 엄청난 사고가 닥쳤다. 엄마가 달려오고 구조대가 달려왔다. 나무를 자르면 무너져 아이가 다치게 생겨서 구조대가 들어가서 아이를 로프에 달아 올리려고 작업을 한다. 시간이 흘러간다. 아이는 여전히 의식이 없다. "오, 마이 갓!" 이때 절체절명의 이 위기의 순간에 엄마 크리스티가 하던 기도는 무엇이었을까? 딸아이가 있는 나무 밑동 둥치를 붙들고 하는 엄마의 기도였다, 남편이 따라와 함께 잡고 딸들이 손을 잡고 이웃의 친구들이 손을 잡고 구조대가 손을 모으고 경찰관들이 손을 모아서 하는 기도가 어떤 것이었을까? 벌써 10미터 높이에서 아래로 처박힌 지 세 시간이 지났다. 그때 크리스티는 사람들과 함께 이런 기도를 했다.

"하늘에 계신 우리 아버지여, 이름이 거룩히 여김을 받으시오며 나라가 임하시오며, 뜻이 하늘에서 이루어진 것같이 땅에서도 이루어지이다. 오늘 우리에게 일용할 양식을 주시옵고, 우리가 우리에게 죄지은 자를 사하여 준 것 같이 우리 죄를 사하여 주시옵고, 우리를 시험에 들게 하지 마시옵고, 다만 악에서 구하시옵소서. 나라와 권세와 영광이 아버지께 영원히 있사옵나이다. 아멘."

한 번 기도하고 또다시 기도한다. 하늘에 계신 아버지여, 또다시 또다시 기도한다. 그렇게 하나님께 모든 것을 맡겼다. 드디어 로프에 달린 애나가 구조되어 나왔다. 구조대원이 허리를 묶어서 크레인으로 끌어올린 애나, 아이의 몸이 구부러져서 매달린 그 모습을 볼 때 나는 한 장면이 떠올랐다. 마치 그 모습이, 애나가 계속 목에 걸고 있던 십자가 목걸이와 비슷하다는 느낌이었다. 병원에 있을 때 검사받으러 가야 해서 목걸이를 좀 빼라고 하니까 애나가 목걸이를 수액걸이에 걸어놓았다. 애나가 그 십자가 목걸이처럼 보였다.

　나무줄기의 구멍 속에서 구조된 애나는 피투성이였다. 그런데 숨을 쉬고 있었다. 병원으로 달려갔다. 진단한 의사가 나와서 말해주었다. 머리부터 아래로 처박힌 애나가 다행히 깨어났고 가벼운 뇌진탕 증상만 있었다. 그런데 골절도 없고 뇌출혈도 없고 멍든 데도 없고 정상이라고 한다. 의사 생활 25년 만에 이런 일은 처음 겪는다고 말한다. 나무줄기 속에서 오랜 시간 계속 쌓인 퇴적물이 쿠션 역할을 했을까, 이 나무가 바로 예수님의 십자가를 보여준다. 고목인 것 같은데, 썩어서 부러지고 구멍이 생겼는데 그곳에 치유가 있었다. 살아나는 구원의 은혜가 있었다. 예수 그리스도의 십자가가 바로 우리의 구원을 말해준다. 이 나무가 구원의 상징을 담고 있다.

　그리고 나비는 바로 부활을 의미한다. 고치 속에서 죽은 것 같으나 고치를 뚫고 나와 찬란하게 날아오르는 부활을 상징한다. 나중에 애나가 또 나비를 보았다. 죽은 몸에서 빠져나왔을 때 나비를 보았다고 말한다. 그 나비도 바로 부활의 의미를 담고 있다.

　그렇게 애나는 10미터 높이에서 떨어져 살아났고 회복되었다. 불렀던 배가 들어갔다, 보스턴소아병원에 가서 검사했더니 누코 박사가 말한다.

　"증상이 없네요. 위, 대장, 소장 다 잘 움직입니다."

　아이 엄마 크리스티가 이걸 어떻게 설명할 수 있느냐고 질문했다.

　이 분야 세계적 권위자인 누코 박사의 설명을 들어보면 아마도 땅에 머리가 부딪쳤을 때 중추신경계가 활성화되는 작용을 했을 거라고 했다. 이상이 생긴 컴퓨터를 재부팅하는 것과 같은 효과라고 말한다. 이런 경우를 의사들은 '자발적 차도'라고 표현한다고 했다. 의사들은 이렇게 말하지 않지만 이것이 바로 '미라클' 이다!

이 영화는 픽션이 아니다. 실화를 바탕으로 한 영화이다. 애나의 엄마 크리스티 빔이 쓴 영화와 같은 제목의 베스트셀러 책을 영화로 만들었다.

기적은 어디서 왔는가?
헤븐 그리고 사람들의 사랑

기적은 하나님한테서 왔다. 인간의 머리로는 도저히 해석할 수 없는 이런 놀라운 기적은 하나님이 베풀어 주신다. 그리고 또한 기적은 사람에게서 왔다. 하나님의 사랑뿐만 아니라 사람들의 사랑이 기적이었다. 나중에 크리스티가 교회에 나가서 간증하며 말한다. 하나님이 기적을 베풀어 주셨는데 기적은 사랑이라고, 선한 마음이 기적이라고 말한다. 아직도 고통받는 아이들이 많은데 왜 애나가 나았는가, 혼자가 아니고 사랑을 베풀어서 그 기적을 통해 하나님이 살아계심을 보여줘야 한다고 말한다.

애나는 많은 사람의 사랑을 받았다. 우선 가족의 전폭적인 사랑을 받았다. 엄마의 직접적인 사랑, 아버지의 믿음과 재정의 후원, 자매들의 사랑, 이만한 사랑이 어디 있는가? 또한 누코 박사는 아이들과 함께하는 소아과 의사다운 멋진 의사였다. 이런 의사만 있으면 좋겠다는 생각이 들 정도로, 로빈 윌리엄스가 연기한 〈패치 아담스〉의 아담스 의사를 보는 것 같이 아이들과 눈높이를 맞추고 공감하는 의사였다.

그 누코 박사를 만나게 해준 데스크 직원의 사랑이 있었다. 알고 보니 입사 2주 된 직원이 누코 박사를 찾아가서 사정을 이야기했다. 이 아이의 진료를 꼭 좀 해달라고 부탁했기에 누코 박사가 아침 일곱 시 이른 시간에 진료를 잡아 주었다. 보스턴의 식당에서는 서빙하는 여성 직원이 아픈 아이 애나와 엄마에게 친절을 베풀었다. 물을 쏟은 것도 다 치워주고, 자기가 내일 휴무인데 보스턴 구경을 시켜 주겠다고 했다. 그런데 알고 보니 휴무가 아니라 아픈 아이를 도와주기 위해서 매니저에게 싫은 소리를 들으며 내일 못 나온다면서 휴가를 내었다. 그 여인의 이름이 앤젤라였다. 애나와 크리스티를 자기 고물차에 태우고 다니면서 보스턴 투어를 안내하는데, 아쿠아리움이 너무나 멋졌다! 전에 교회에서 단체로 아쿠아리움에 가려고 했는데 애나가 아파서 가지 못했다. 앤젤라가 어떻게 그걸 알고 아쿠아리움에 데리고 가주었을까.

또한 급할 때 달려와 준 이웃의 친구는 자기도 갓난아이를 제대로 입히지도 못하고 차에 태우고 왔다. 애나의 아빠와 남은 두 딸이 보스턴까지 가서 아픈 아이 위로해 주려고 하는데 돈이 없어서 카드가 다 정지되고 티켓 비용이 모자랐다. 언니가 죽을지도 모른다는 말을 듣고 항공사 티켓팅하는 직원이 모니터를 끄면서 발권을 수동으로 해서 티켓을 끊어주었다. 이런 사랑들이 다 모여서 기적을 만들었다.

마지막으로 사랑을 전하는 애나도 참 멋진 모습이다. 십자가 목걸이를 하고 있다가 그걸 수액걸이에 걸었다가 같은 병실에 있는 친구 헤일리에게 선물했다. 엄마는 집을 나가고 보스턴에서 신문기자로 일하는 아빠의 딸이었다. 골수암으로 투병하는데 죽을까 봐 무섭냐고 애나에게 질문한다. 애나는 하나님이 늘 함께하시니 무섭지 않다고 자신의 믿음을 표현했다. 그리고 그 십자가 목걸이를 헤일리에게 선물했다. 아이 아버지는 아이에게 괜한 희망을 주고 싶지 않다고 하면서 하나님을 부정했다.

그런데 나중에 이 아이 아버지가 크리스티의 교회에 와서 기적을 반박하는 사람들에게 애나의 치유에 대해서 입증해 주었다. 정말 애나가 많이 아픈 것을 봤고 자기 딸 헤일리가 죽기 전 몇 주간은 두려움 없이 평안하게 지냈다고 말이다. 신앙을 가지고 하나님을 믿는 믿음을 전해 준 것이 너무나 고맙다고 감사했다. 이렇게 애나는 헤일리에게 십자가 목걸이를 전해주면서 복음을 전했다.

애나의 엄마 크리스티가 교회에서 간증할 때 아인슈타인의 말을 인용한다. "인생을 살아갈 때는 두 가지 방법밖에 없다. 하나는 아무것도 기적이 아닌 것처럼 사는 것이다. 다른 하나는 모든 것이 기적인 것처럼 살아가는 것이다."

기적 없이 자신의 힘만을 믿고, 괜한 희망은 품지 않고 살고 싶은가? 기적을 날마다 경험하고 살고 싶은가? 기적에 대해 이렇게 정리할 수 있다. 세 가지의 기적이다.

첫째는 순교의 기적이다. 일사각오의 신앙으로 순교한 주기철 목사님 같은 분, '사랑의 원자탄'으로 유명한 손양원 목사님 같은 분, 두 아들을 죽인 공산당원을 아들로 삼는 사랑의 기적을 베풀었다. 또한 자신도 한국전쟁 때 순교했다. 이런 기적이 있다. 하나님이 순교하게 하시면 감사하고 감수해야 하는 기적이다.

둘째는 부활의 기적이 있다. 애나와 같은 경우이다. 사자 굴에서 살아나온 다니엘 같은 사람이다. 다니엘의 세 친구가 우상 앞에 절하지 않고 결국 풀무 불에서 살아나온 것 같은 일이다. 이렇게 부활하면 간증하면서 살아야 한다. 영화 속의 애나는 자기가 나무에서 떨어졌을 때 죽었던 경험, 몸 밖으로 빠져나와서 자기 몸을 본 경험을 이야기한다. 사람들이 믿지 않겠지만 천국의 모습을 본 경험을 말한다. 영화 속에서 파스텔톤으로 묘사된 아름다운 천국의 모습이 멋지다. 그분이 고쳐 주실 것이라고 이야기한 것도 간증했다.

셋째는 일상의 기적이다. 사랑으로 감동을 주고 공감하고 믿음을 주며 하나님과 함께하는 것 말이다. 마지막에 가족이 모여 먹고 싶던 피자를 먹으면서 기도한다. 소중한 가족을 주심을 감사하고 음식을 주심도 감사하고 주님이 되어 주심을 감사하는 것, 매일이 기적인 것처럼 살아가는 삶, 이것이 바로 기적이다!

순교의 기적, 부활의 기적, 일상의 기적. 셋 중 하나의 기적은 늘 우리가 체험해야 한다. 그러면 오늘도 일상에서 미라클 프롬 헤븐, 하늘로부터 오는 기적을 체험할 수 있다.

CHAPTER 19
일과 쉼
: 하나님의 선물

일과 쉼을 함께 다루며 책을 쓴 리랜드 라이큰은 일과 쉼은 하나님의 선물인데 일과 우리 사회의 시각은 온통 세속적인 관심뿐이라고 진단한다. 일과 쉼에 대한 책을 쓸 것이라고 자신의 친구들에게 말하자 빈정거리는 태도를 보였다면서 교회가 일과 쉼에 대한 기독교적 개념에 더 큰 관심을 가져야 한다고 지적한다(「하나님이 주신 선물 : 일과 여가」. 생명의말씀사 펴냄, 6-7쪽). 우리가 어떻게 일하고 안식하며 살아가야 할지 살펴보려고 한다.

역사 속의 일과 쉼

고대 그리스인들에게 있어서 육체노동은 '저주' 그 자체였다. BC 8~9세기경의 시인 호메로스는 인간을 미워한 신이 앙심을 품고 인간을 고생시키는 것이 일이라고 했다. 동시대의 시인이자 농부였던 헤시오도스는 신이 인간에게 진노해서 그들의 음식을 땅 아래 파묻었다고 기록했다. 아리스토텔레스는 일이란 가능하면 노예들에게 맡겨야 하는 것으로 생각했고 이익을 얻기 위해 하는 일은 그 자체로 저주가 될 수 있다고 했다. 또한 그는 돈을 벌거나 지키는 일에 평생을 바치는 사람들은 사는 것 자체에만 열중하는 것일 뿐, 인간처럼 잘사는 것에는 관심이 없는 사람들이라고 했다(조안 시울라, 「일의 발견」, 다우 펴냄, 65-66쪽).

그리스 철학자들의 눈에는 정신적 활동을 하면서 사는 삶이 인간이 이룰 수 있는 최고의 상태였다. 그 행복의 열매가 바로 쉼이었다. 그저 일은 최소한만 하고 노예들에게 맡기고 여가를 즐기며 학문을 논하면서 지내야 한다고 생각했다. 오히려 여가가 인생의 진정한 목표였다.

고대 그리스 사회의 일을 천시하는 경향 이후 중세시대에서는 일을 구분했다. 종교적인 일과 세속적인 일의 구분은 사실상 고대 그리스 철학의 이원론에 기반을 두는데 중세교회가 이를 확고하게 고착시켰다. 육체적인 노동은 저속하거나 결코 존경받지 못하는 일로, 명상이나 종교생활에 관련된 노동은 귀하게 여겼다. 중세의 가톨릭교회는 금욕주의와 내세 지향적 삶을 지향해 여가에 관한 관심은 낮았다.

이런 일과 여가에 대한 이원론적 경향은 르네상스 시대에 새로운 전환점을 맞이한다. 토마스 모어의 「유토피아」에 보면 이상적인 나라에서 사람들은 하루에 6시간만 일을 하고 나머지는 여가를 보내며 정신적 교양을 쌓도록 한다고 일과 여가에 대해 묘사한다.

"누구나 유용한 일들을 하면서도 과소비를 하지 않아서 모든 것이 풍족하고 노동력이 남으므로, 혹시 도로 수리작업이 필요한 경우에는 많은 사람들이 일을 하러 모여든다. …이 나라의 헌정의 최고 목표는 공공의 필요만 충족되면 모든 시민들이 가능한 한 육체노동을 하지 않고 자유를 향유하면서 시간과 에너지를 아껴서 정신적 교양을 쌓는 데 헌신하도록 한다는 것이다. 그것이야말로 인생의 진정한 행복이라고 생각하기 때문이다"(토머스 모어, 「유토피아」, 을유문화사 펴냄, 77-78쪽).

종교개혁자들은 거룩한 일과 세속적 일로 일을 구분하는 이원론적 태도를 거부하고 직업을 소명으로 보는 새로운 관점으로 일의 신학에 기여했다. 하나님이 사람을 창조하시고 세상을 다스리고 일하도록 하여 하나님께 영광 돌리게 했다는 성경적 직업관의 핵심적 교훈을 개혁자들이 발견했다. 마틴 루터는 성직자들의 소명만이 고귀하다고 보았던 가톨릭교회를 반박하고 크리스천의 직업 자체가 소명이라고 보았다. 특정한 직업이나 일로 소명을 정의하는 것이 아니라 우리가 처한 삶의 위치에서 무슨 일을 하든 그 일을 통해 이웃을 사랑하라는 하나님의 부르심에 부응하며 그것이 바로 소명이라고 했다(다비 캐슬린 레이, 「일 : 축복인가, 저주인가?」, 포이에마 펴냄, 127쪽). 장 칼뱅에게 있어서 소명은 실제로 우리를 부르신 하나님께 드리는 이상적인 봉사이고 하나님께 영광 돌리는 수단이다. 그래서 일을 통해서 하나님을 예배할 수 있고 일은 하나님께서 주신 소명에 대한 반응이다(리랜드 라이큰, 위의 책, 160-161쪽).

르네상스 시대에 예술 분야의 발전이 획기적이었지만 쉼에 대해 종교개혁자들이 적극적으로 의견을 말하지는 않았다. 일의 중요성을 강조하고 게으른 것을 싫어했기 때문이다. 물론 여가에 대해서 부정적이지는 않았다. 다만 일부 도덕적으로 문제가 있는 오락에 대해서는 거부했고 여가를 영적이고 도덕적인 입장에서 제한하기도 했다.

여가에 대해서는 종교개혁 이후 청교도들의 공헌이 컸다. 청교도들은 신앙 활동을 여가의 한 부분으로 보았고 그들 역시 개혁자들처럼 도덕적 입장에서 제한 사항을 두기는 했다. '곰 놀리기'나 '닭싸움'과 같은 오락을 반대했다. 부도덕한 연극도 반대했다. 코튼 마더는 오락에 대해서 절제를 강조하는 설교를 하면서 일을 위해 오락을 보류할 줄도 알고 신앙에 도움이 되는 한도에서 하라고 강조했다. 다만 여가에 대해 법을 우선시하는 경직성과 여가를 일을 잘하기 위한 공리주의적 태도를 보이기도 했다(위의 책, 118-126쪽).

이후 계몽주의와 공리주의의 영향을 받으며 20세기까지 이어진 역사 속에서 기독교 노동윤리는 세속화의 길을 걸었다. 하나님의 창조 세계를 관리하는 청지기 개념의 소명의식 대신 자기중심적이고 자본주의적 노동윤리에 물들어갔다. 19세기 산업혁명 이후에 일 속에 존재하는 소외 문제에 대한 적절한 대안도 제시하지 못했고 일하는 즐거움과 일 그 자체가 진정한 일이라면 종교와 같다는 낭만주의식 반응을 보이기도 했다.

　20세기에 들어와서 일에 대한 관념은 필요악이거나 우상화의 경향을 보이고 여가 문화는 소비적이고 세속적으로 변했다. 그러면 오늘 우리 시대에는 일과 쉼에 대해 어떤 경향을 보이는가? 노동시간을 줄이고 사람다운 삶을 살자고 강조하는 '워라밸'(Work and Life Balance)이라는 신조어로 명확하게 표현할 수 있다. 일과 삶, 혹은 일과 쉼의 균형이 얼마나 힘들고 중요한지, 성경적 원리는 무엇인지 확인해 보자.

성경이 말하는 일과 쉼

　　　창세기는 시작의 책이다. 인간, 가정, 타락, 민족, 국가 등 여러 가지 시작을 묘사한다. 특히 일을 시작했다는 의미의 첫 '일꾼'(Worker)은 바로 하나님이라고 기록하고 있다(창 1:1). 쉼을 말하는 안식도 하나님이 시작하셨다(창 2:1-3). 하나님은 온 우주의 설계자요 건축가이시다. 이 사실은 오늘 우리가 일을 해야 하는 근거를 제공해 주기에 충분하다. 우리에게 생명을 주시고 살아가게 하신 하나님이 일을 하셨으니 피조물인 우리도 당연히 일해야 한다. 하나님의 창조 사역을 유지하는 지상 대리인으로 우리는 일을 하게 되었다(창 1:28).

　인간의 타락으로 일은 힘들어졌고 일하는 환경도 오염되고 손상을 입었다(창 3:17-19). 하나님이 주신 복된 환경에서 일해야 했지만 일은 그 모습을 바꾸었다. 그래서 일에 대한 왜곡과 남용도 있고 고통과 죄악 된 일의 결과들이 나타나게 되었다. 예수 그리스도의 구속을 통하여 우리는 본래 하나님이 의도하신 창조의 본질에 접근할 수 있게 되었다(골 3:23).

예수 그리스도의 구속을 통해 하나님이 본래 의도하신 창조의 상태로 회복된 모습은 예수님의 재림 이후 새 하늘과 새 땅이 임할 때 완성될 것이다. 미래의 그 모습은 아직 우리에게 임하지 않았으나 그 상황을 하나님의 안식을 통해 엿볼 수 있다. 하나님의 안식이 오늘 우리의 일상 속 일과 쉼의 원리를 보여준다.

하나님의 창조는 안식을 통해 완성되었다(창 2:1-3). 쉴 필요가 없는 하나님이 안식하심으로 창조의 완성을 보여주셨다. 그런데 하나님의 안식에는 전제가 있었다. 창조하시는 일, 즉 천지 만물을 조성하는 일을 다 마치신 후에 하나님이 안식하셨다. 이렇게 일은 쉼과 연관되어 있다. 하나님이 일곱째 날, 안식일을 복되게 하사 거룩하게 하셨다고 한다(창 2:3). 하나님의 복은 하나님의 창조 명령을 연상시킨다. 하나님은 자신의 형상대로 창조하신 남자와 여자에게 복을 주셨다. 생육하고 번성하며 땅에 충만해서 하나님이 창조하신 피조물을 다스리라고 하셨다(창 1:27-28). 하나님이 일곱째 날을 복되고 거룩하게 하신 것은 하나님의 창조 명령을 실천하기 위해 주신 복의 연장선에 있다. 따라서 안식은 창조의 절정이고 완성이다. 우리는 일과 쉼을 통해 세상을 복되게 하는 우리의 소명을 다할 수 있다.

'안식'에 해당하는 히브리어 '샤바트'의 기본적인 뜻은 '일의 중단'이다. 하나님은 창조를 마쳤기에 계속 일하실 필요가 없었다. 물론 창조를 유지하고 보존하는 일은 계속하신다. 예수님이 "내 아버지께서 이제까지 일하시니 나도 일한다"(요 5:17)고 하셨는데, 하나님은 창조 후 안식을 계속하시는 데도 예수님은 하나님이 계속 일하신다고 하실 때의 일이 바로 이런 의미이다. 예수님이 말씀하실 그때뿐만 아니라 지금도 하나님은 계속 일하신다. 우리도 주일에는 일을 중단하지만 하나님의 대리인으로서 세상을 정복하고 다스리는 창조 명령은 계속 수행한다.

일과 쉼이라는 하나님의 창조와 안식의 패턴은 십계명의 4계명에도 반영되었다. "안식일을 기억하여 거룩하게 지키라. 엿새 동안은 힘써 네 모든 일을 행할 것이나 일곱째 날은 네 하나님 여호와의 안식일인즉 너나 네 아들이나 네 딸이나 네 남종이나 네 여종이나 네 가축이나 네 문안에 머무는 객이라도 아무 일도 하지 말라. 이는 엿새 동안에 나 여호와가 하늘과 땅과 바다와 그 가운데 모든 것을 만들고 일곱째 날에 쉬었음이라. 그러므로 나 여호와가 안식일을 복되게 하여 그날을 거룩하게 하였느니라"(출 20:8-11).

4계명은 안식일을 거룩하게 지키라는 계명인데, 하나님은 엿새 동안은 힘써 일하고 일곱째 날 안식하라고 명령하신다. 쉬는 안식에 관해 규정하면서도 힘써 일하는 것이 필수적인 전제가 되고 있다. 모세가 시내 산에서 하나님께 받은 십계명은 보통 두 부분으로 나누어 이해한다. 1~4계명은 하나님과 사람 사이의 관계를 규정하고

5~10계명은 사람과 사람 사이의 관계를 규정하는 것이라고 이해하는 것이 보편적이다.

그런데 십계명을 조금 더 세분해서 생각해 볼 수도 있다. 1~3계명은 하나님과 어떤 관계를 가져야 하는지 규정한다. 5~7계명은 사람들과 어떤 관계를 가져야 하는지 명령한다. 8~10계명은 물질을 어떻게 대해야 하는지 규정한다. 도둑질이나 이웃에게 거짓 증거하는 것이나 탐욕을 금하는 계명은 많은 사람이 마치 하나님처럼 여기는 재물에 대한(마 6:24) 바람직한 자세를 명령하신 것이다.

그러면 이 구분에서 빠진 4계명은 어떤 의미가 있는가? 안식일을 기억하여 거룩하게 지키라는 4계명은 다른 세 부류의 계명들과 밀접하게 연관되어 있다. 4계명은 하나님과 사람, 재물 등 세 관계를 잇는 가교의 역할을 한다. 일을 중단하고 안식일을 거룩하게 지키는 일은 하나님을 예배하며 하나님과 관계를 바로 세운다(1-3계명). 가족뿐만 아니라 종들과 객들도 안식일에는 쉬게 하라는 계명에서 볼 수 있듯이 안식은 사람들과 올바른 관계를 가지는 것이다(5-7계명). 그리고 일을 중단하면 돈을 벌 수 없는데 하나님의 약속을 의지하면서 탐욕을 포기하여 재물에 대한 바람직한 자세를 가져야 한다(8-10계명).

이렇게 4계명은 우리가 가질 모든 관계를 회복하게 하는 중요성을 가지고 있다. 그래서인지 십계명의 다른 계명들보다 4계명의 길이가 가장 긴 것을 알 수 있다. 열 가지 계명을 주시면서 하나님이 가장 길게 말씀하신다는 것은 무슨 뜻인가? 중요한 의미를 많이 담고 있다는 것이고 지켜야 할 내용이 복잡하니 세부적인 적용까지 담아 구체적으로, 마치 잔소리처럼 길게 말씀하셨다. 일과 쉼이 이렇게 연결되어 있고 중요하다는 점을 십계명의 4계명이 보여준다.

유대교 랍비 아브라함 조슈아 헤셸이 말했다. "일을 삼가는 날인 안식일은 노동의 가치를 경시하지 않는다. 오히려 안식일은 노동의 가치를 긍정한다. 안식일은 노동의 존엄성을 신성하게 고양시킨다. '너희는 일곱째 날에 노동을 삼가라!' 는 명령은 '너희는 엿새 동안 모든 일을 힘써 하라!' 는 명령의 속편이다"(아브라함 헤셸, 「안식」, 복있는사람 펴냄, 80-81쪽).

어떻게 일하고 쉴 것인가?

교회에 전해 내려오는 전설에 사도 요한과 한 장로의 이야기가 있다. 한 장로가 사냥을 다녀오다가 에베소교회의 감독인 요한이 비둘기와 함께 시간을 보내는 장면을 보았다. 장로는 교회의 감독이 시간을 낭비한다고 핀잔을 주었다. 그러자 요한은 장로가 들고 있는 활을 보고 줄이 늘어져 있다고 말했다. 장로는 평소에는 활 줄을 느슨하게 해놓아야 사냥할 때 팽팽하게 당겨 화살을 날릴 수 있다고 말했다. 그러자 사도 요한이 이렇게 말했다. "나도 지금 마음의 줄을 느슨하게 하고 있습니다. 그래야 하나님의 진리의 화살을 더 잘 쏠 수 있기 때문입니다."

현대 사회 속에서 치열하게 분투하는 직업인들은 바쁨이 미덕인 것처럼 생각하는 듯하다. "요즘 바쁘시지요?"라는 인사를 자주 한다. 하지만 세상을 살아가고 직업을 가진 사람들이 바쁘기만 한 것은 문제가 많다. 바쁜 것이 과연 미덕일까? 한자의 '바쁠 망'(忙) 자를 생각해 보라. '마음 심'(心) 변에 '죽을 망 혹은 잃을 망'(亡)의 합성어이다. 이 한자 표현대로라면 '바쁜 것은 죽는 것이고 잃는 것'이다. 바쁘다고 당장 죽지는 않지만 옛 중국인들은 마음이 먼저 죽는다고 보았다.

일하는 사람이라면 반드시 쉼이 필요하다. 로버트 뱅크스가 일상생활의 신학 정립을 위해 쓴 책에서 다루는 '일과 여가'에서, 일이라는 말을 "돈을 받고 하는 일, 가사 노동, 학교 공부와 연구, 자원봉사"라고 정의하는 것을 보면 쉼이 필요하지 않은 사람은 없다(「일상생활 속의 그리스도인」, IVP 펴냄, 108쪽). 우리는 예외 없이 하나님이 명령하신 창조 명령을 수행해야 하기에 일하는 사람이다. 일하며 쉼도 함께 하여 하나님의 선물을 누려야 한다.

벤저민 프랭클린이 "일찍 일어나는 새가 벌레를 잡는다"라는 격언을 만들어 계획적 삶의 가치를 강조한 이후로 현대인들은 새벽에 하루를 시작한다는 생각이 지배적이다. 보통 바쁜 직업인들은 아침에 알람 소리에 놀라 깨어나서 출근 전쟁을 벌인다. 출근해서는 일을 하는데 일이란 본래 끝이 없다. 해도 해도 일거리는 줄어들지 않는다. 퇴근도 제때 못하고 야근을 한 후에 집에 돌아가는데 집에 가서도 할 수 있으면 일을 더 한다. 잠을 자려 해도 잠들기 힘들다. 아직 일이 끝나지 않았기 때문이다. 어쩔 수 없이 잠자리에 들지만 잠이 잘 오지 않는다. 뭔가 더 해야 했고 또 해야만 일을 다 마칠 수 있는데 그러지 못하는 자신이 안타깝다. 잠을 자는 둥 마는 둥 했는데 또 다음 날 새벽의 알람 소리가 울린다. 놀라 깨어서 출근 준비를 시작한다.

하루의 시작을 다소 과장되게 설명하긴 했지만 현대 사회를 살아가는 직업인들의 일상과 그리 크게 다르지 않을 듯하다. 그렇다면 이런 삶이 아니라면 어떤 삶을 추구할 수 있을까? 일과 쉼에 대해 생각하면서 유대인들의 하루 개념을 정리해 본다. 유대인들은 해가 떨어지고 난 저녁에 하루가 시작된다. "저녁이 되고 아침이 되니 이는 첫째 날"(창 1:5하)이라는 창조 기사를 따라 해가 진 저녁부터 다음날 해질 때까지가 하루이다.

유대인들은 하루의 일과를 감사하며 마친 후 집에 돌아가면 그때부터 하루가 시작된다. 일을 그치고 자신은 쉬고 있지만 그 시간에도 하나님은 계속 일하시기에 마음 편히 쉴 수 있다. 밤에는 편안히 잠들 수 있다. 하나님은 사랑하시는 자에게 잠을 주신다(시 127:2). 하나님을 신뢰하니 잠도 잘 오고 불면의 밤이란 상상하기 힘들다. 그리고 다음 날 일어나서 출근하여 하나님이 이미 시작해 놓으신 일을 이어받아서 마음 편하게 하면 된다. 일터에서도 하나님과 동역하면서 일하니 기쁘고 즐겁게 일할 수 있다. 그렇게 하루의 일과를 마치고 감사하며 해가 질 때 퇴근한다.

현대인과 유대인의 하루 삶에 대한 비교는 하루의 시작이 새벽인가, 저녁인가에 초점이 있는 것이 아니다. 하루의 삶을 살면서 하나님과 함께 살아가는가, 그렇지 않은가가 관건이다. 하나님이 바라시는 일과 쉼의 비결은 무엇인가? 우리가 언제나 일만 하지 않고 하나님의 명령에 따라 쉬는 것은 하나님을 신뢰하는 믿음 때문에 가능하다. 하나님이 지으신 창조와 안식의 패턴대로 일하고 쉬며 안식하는 삶을 통해 하나님을 향한 우리 믿음의 고백을 드린다. 인생 소명을 실현하기 위한 그리스도인의 삶에서 일과 쉼은 매우 중요하다.

에필로그

긴세대 목사의 좌충우돌 취업기

한 30년 전에는 나도 신세대로 불렸다. 우리 집 아이들이 태어나 자랄 때 「신세대 목사의 왕초보 육아일기」라는 책을 내기도 했다. 신세대 목사라고 해도 그리 어색하지 않았다. 이후 지금까지 지내오면서 자연스럽게 '낀 세대'가 되어 지내왔다. 기성세대이기도 했지만 윗세대와 MG세대 사이에 끼여 지내왔다. 이제 60대가 되니 '긴세대'라는 일종의 자기 정체성이 생겼다. 길어진 세대이다. 노후가 길어졌다. 그래서 나를 '긴세대 목사'라고 불러본다.

긴세대 목사, WON하는 데로!

5, 6년 전부터 60세가 되면 정년퇴직을 하겠다고 공언해

왔다. 이제 그 시기가 다가왔다. 나이가 들어가니 평생 일터사역을 하면서 연구원으로 살아왔는데 책 읽고 글 쓰는 일이 점점 힘들어졌다. 나이가 들어가니 당연했지만 몸으로 하는 일도 점점 힘에 부쳐 이제 좀 더 젊은 사역자가 내가 할 일을 해야겠다고 생각했다. 그래서 나는 '일하는 전도자'로 사도 바울처럼 일터선교사로 노후를 설계하려고 준비했다. 2022년 겨울로 들어선 어느 아침에 출근하는 경의중앙선 전철 안 출입문 옆에 있는 광고가 눈에 들어왔다.

취업DOO
WON하는 데로

파주의 두원(DOOWON)공과대학교가 '취업두(도) 원하는 데로' 갈 수 있게 한다는 기발한 워드 플레이가 눈에 들어왔다. 그런데 나는 WON이 눈에 들어왔다. WON은 영어 표기로 나의 성이다. 60세에 정년퇴직하니 일거리를 찾아야겠다고 마음먹고 있던 터에 나의 노후를 이 WON 자로 설계해야겠다고 생각하면서 수첩을 꺼내 적었다.

1. 나의 성의 영어 표기 WON은 대한민국 화폐 단위이기도 하다. 내가 60대 이후에 할 일은 돈을 버는 일이어야 한다. 긴세대의 노후를 일하는 전도자의 삶으로 설계하면서 모토가 될 만한 구절이 아브라함의 언약을 담은 창세기 12장 1~3절이 아

니었다. 「바울 평전」이라는 책을 살 때 부록으로 받은 PAUL'S NOTE에 적어놓은 모토 구절은 빌립보서 4장 19절이다. "나의 하나님이 그리스도 예수 안에서 영광 가운데 그 풍성한 대로 너희 모든 쓸 것을 채우시리라." 빌립보 사람들이 감옥에 있을 때 선물을 보내준 데 대한 감사로 하는 축복의 말씀인데 이 구절을 모토로 삼았다. 돈을 버는 일은 책임이 부여되고 일의 가치를 인정받으니 그런 일을 찾으려고 노력해야겠다는 각오를 새롭게 했다.

2. 원(原), 내가 바라는 일을 해야 한다고 생각했다. 하고 싶지 않은 일을 하기는 힘들다. 하고 싶은 일을 찾아야 한다. 그 일을 생각하기만 하면 가슴이 뛰고 도파민이 솟아나는 일은 아니더라도 억지로 하는 일은 하기 싫었다. 내가 원하는 일을 하고 싶었다.

3. WON과 비슷한 영어 발음 ONE은 한 사람을 말한다! 나의 두 번째 삶은 모든 사람(목회자)에게 일반적이지는 않은, 어떤 한 사람의 사례, 그러면서 유일하고 독특한 삶일 수 있어야 하겠다고 생각했다. 29년 전 직장사역연구소에 오기로 한 때도 그 길이 일반적인 목회자의 길은 아니었다. 당시에도 꽤 고민했다. 교회 안에 머물러 있으면 교회에서 목회할 수 있었지만 직장사역연구소 연구원으로 오기로 결정할 때 고민하고 기도했다. 그때 결정해서 지금까지 일터사역을 했으니 감사한 일이다. 이제 또 다른 ONE, 한 사람의 길을 걸어보려고 한다.

4. won은 영어 동사 win의 과거(분사)형이다. 지난 삶을 달성했고 승리했고 이겼다는 인증이 될 만한 이후의 삶을 설계하여 실행하고 싶었다. 과거에 승리해 본 사람이 또 앞으로도 승리할 가능성이 많은 현실이다. 과거 사역을 기반으로 앞날에 더욱 보람된 일을 하려고 노력하겠다는 결심이 있었다.

5. 원(圓)은 동그라미이다. 실제로 나의 이름에는 ㅇ(이응)이 많다. 원용일, 이응이 4개나 된다. 예전에 처음 가는 모임에서 자기소개를 할 때는 이름을 말하면서 "이름에 원이 많은데 원만한 사람이고 싶다"라고 소개하곤 했다. 원은 '둘레'를 만들어 순환할 수 있다. 우리 주변의 그 많은 둘레길처럼 사람들이 돌고 도는, 그래서 계승하는 모델이 되고 싶었다.

6. 마지막으로 '원래(元來)의 나' 자신을 생각해 본다. 원용일 목사가 살아가는 모습은 달라져도 나의 인생 소명이 달라지거나 없어지는 것은 아니다. 헨리 블랙커비가 「영적 리더십」에서 말한다. "직위에서는 은퇴해도 소명은 계속된다." 나의 인생 소명은 일터개발원에서 은퇴한 후에도 계속될 것이 분명하다. 전철 안에서 광고판을 보면서 긴세대 목사가 원하는 데로 가기 위해 꽤 유익한 묵상을 하는 기회를 가졌다.

뭐가 다른 일!
그런데 자동차라고?

2022년 말에 전철 광고판을 보면서 퇴직 후 직업에 대해 생각했지만 당장 뭘 구체적으로 시작하지는 못했다. 2024년에 들어서면서 구체적으로 할 일을 알아보기 시작했다. 이제 우리 집 아이들도 취업했으니 방선기 목사님께 배운 3M, 직업의 목적 중 머니 외에 미닝과 미션에 초점을 더 맞추는 일을 찾아야 하겠다고 생각하며 나름대로 몇 가지 원칙을 정했다.

첫째, 글을 쓰거나 지금까지 내가 해온 일과 관계된 일, 설교하고 강의하는 일 같은 일은 일단 배제했다. 그 일이 힘들어 다른 일을 해야겠다고 판단했으니까 말이다. 지금까지 글 쓰고 설교해 왔는데 이제 손으로 일해 사람들에게 유익을 주고 섬겨야겠다고 생각했다. 둘째, 혼자 하거나 사람들 안 만나도 되는 일이 아니라 사람을 만나는 일을 해야 접촉점도 생겨 전도자의 삶을 살 가능성이 생긴다는 판단을 했다. 셋째, "이종교배가 역동을 가져온다"라는 말처럼 생소한 일도 해보겠다는 결심을 했다. 나의 인생 발걸음을 하나님이 인도하신다는 전제를 놓치지 않으면서 나름의 직업을 선택하는 원칙은 세워서 차근차근 진행했다.

현실적으로는 찰스 핸디가 그의 책 「포트폴리오 인생」에서 말하는 대로 이제 한 가지 직업만 가지고 살기 힘든 사회 구조가 되었으니 작은 일을 여러 가지 하면서 포트폴리오 투자하듯이 나누어 하는 방법도 생각했다. 이틀은 어디에 소속되어 일하고 이틀은 알바하고 하루는 재능기부하고 하루는 도서관에서 책도 읽고 하고 싶은 공부도 하는 현실적인 방식이다.

그러다가 우연히 '자동차' 쪽으로 생각이 기울었다. 아마도 시작은 인터넷 검색을 하다가 자동차 검사원으로 일할 수 있는 과정평가형 과정이 있다는 걸 보고 여러 경로로 알아보게 되었다. 출석하는 화전중앙교회의 한 장로님은 중고등부 때 함께 생활한 1년 선배인데 자동차 정비소 일을 하다가 20여 년 전부터 검사원 자격증을 취득해 지금은 자동차검사소 소장을 하는 분이다. 검사할 때마다 만나고 종종 이야기를 들었다. 자동차 검사원이라는 일을 젊은 사람들이 잘 하지 않으려 하고 나이 든 사람들이 많이 하고 있다고 했다. 젊은 직원들은 자동차 정비 일보다는 수월하니 검사 일을 시작해도 연봉이 많지 않아서 이직을 자주 한다고 했다. 자동차정비 기능사보다 다음 단계 자격증인 자동차정비 산업기사 자격증이 필요한데, 나이 든 사람들도 과정평가형을 통해 시험에 합격해 자격을 갖추고 일하고 있다고 했다. 정년도 없어서 건강하기만 하면 70세가 넘어도 할 수 있고 그런 사람들이 있다는 이야기를 들었다. 그 생각이 났다.

그러면 자동차 정비나 검사와 같은 일을 내가 잘할 수 있을까? 전혀 그렇지는 않다. '똥손'이라고 놀림 받는다. 집안에 뭐 수리해야 할 것, 어쩔 수 없이 하긴 하는데 영 잘 못한다. 그런데 자동차 관련 일을 제대로 할 수 있겠나, 그쪽 일을 어떻게 할 수 있을까, 오래 생각해도 그만둘 생각이 들지 않았다. 가만히 생각해 보니, 자동차 관련 일을 하는 건 나의 삶 가까이에 있던 친숙한 일이었다. 자동차 수리를 하지는 못해도 그간 중고 승용차 사서 타다가 폐차할 때까지 타는 일을 두 번 했고 직전의 차는 새 차를 사서 14년 5개월간 타고 폐차했다. 자동차는 신차라도 4, 5년 지나면 부품도 갈아야 하고 고장이 나기 시작한다. 그런 자동차를 수리해 타면서 지금껏 30년 넘게 지내왔다.

그래서 마음에 결정하고 알아보니 부천과 인천에 과정평가형 8개월 과정으로 운영하는 자동차직업전문학교가 세 곳 있었다. 15세 이상의 실업자이기만 하면 국비로 전액 학비를 지원해 주고 출석을 잘하면 교통비도 지원해 준다고 했다. 조건은 거의 비슷했는데 그중 한 곳, 가장 가깝기도 한 부천에 있는 직업전문학교에 가려고 준비했다.

2025년 새해에 시작하는 과정에 입학하기 위해서는 퇴직한 상태가 되어야 했기에 2024년 12월 말에 7개월 일찍, 조기 퇴직을 하겠다고 일터개발원에 구두 사표도 내놓았다. 후임자 물색도 해서 거의 결정했으니 계획대로 12월 말에 퇴직하면 되었다.

그런데 2024년 11월 초에 인터넷에서 자료들을 검색하다가 서영대학교 파주캠퍼스 미래자동차학과가 눈에 들어왔다. 팝업창에서 홍보하는 내용에 "야간과정, 과정평가형, 자동차정비산업기사 자격증" 등의 내용이 보였다. 아, 이런 게 있었나? 이걸 확인하고서 결국 일터개발원에 7개월 조기 퇴직하기로 했던 일을 번복했다.

83학번,
환갑에 25학번 새내기 되다

　　서영대학교 파주캠퍼스 미래자동차학과에서는 8개월 과정의 직업전문학교와 같은 과정평가형으로 자동차정비 산업기사 자격증을 취득할 수 있었다. 기간이 좀 길긴 하지만 적극적으로 방향 전환을 모색한 이유는 학비가 전액 면제라는 점이었다. 내가 국가유공자의 아들이라서 대학 등록금 면제 혜택을 받을 수 있었다. 그리고 직업전문학교에 가면 그간 해오던 일터 소명 매일 묵상 유튜브를 더 이상 계속 올릴 수 없었는데 야간대학을 다닌다면 퇴직까지 6, 7개월은 유튜브 채널을 유지하면서 묵상을 연착륙으로 마무리할 기회가 생기니 그 일도 반가웠다. 그래서 퇴직을 일찍 하려고 했던 계획을 번복했다. 얼굴도 안 서고 모양은 좀 안 나왔지만 그게 최선이라는 생각이 들었다.

　　고등학교 성적만으로 입시 전형을 하기에 성적표를 준비해야 했다. 주민센터에서도 생활기록부를 뗄 수 있다는 걸 알았는데, 일부러 학교를 직접 방문했다. 그리고 생활기록부와 학비 면제 증명서 등을 가지고 서영대학교를 직접 찾아갔다. 접수받는 입학처 직원이 나의 입학 서류를 보고 말한다. 25세 이상은 '만학도'인데, 그 과정으로 응시하겠는지 물었다.

　　그래서 결국 서영대학교 파주캠퍼스 미래자동차과 야간과정 합격증을 받았다. 감사한 일이었다. 2월 28일 금요일 저녁 7시에 입학식을 하는데, 아내와 딸이 "같이 가줄까?"라고 놀렸지만 결국 혼자 갔다. 나이 많은 사람들도 많았다. 자동차과, 전기전자과, 소방안전과, 건축디자인과 공대뿐 아니라 인문사회, 보건, 간호 같은 다른 계열도 있는데, 야간과정이라 그런지, 일하는 사람들이겠고 남녀를 불문하고 나이 든 사람들이 꽤 있었다. 학교에 입학해 다니다 보니 학생증도 나왔다. 학생증에 어울리지 않는 사진이지만 내가 어울리지 않는 게 사진만이겠는가? 야간대학생 생활을 어떻게 할지, 자동차에 대해 문외한인 평생 문과 출신이 어떻게 공부할 수 있을지 난감하기는 했다.

환갑에 적응하는 야간대학교 수업은 오감(五感)으로 적응해야 했다. 먼저 시각으로는 칠판 글씨도 보고 노트필기를 해야 하는데 안경을 하나만 쓰고 있으니 수업 진행이 안 되었다. 그래서 거금을 주고 다초점렌즈 안경을 썼다. 그랬더니 세상이 밝아 보였다. 2025년부터 교회 성가대에서 찬양대원으로 섬기는데 악보를 보고 지휘자를 보기도 그렇게 편할 수가 없었다.

둘째, 청각으로는 난청이 있는 나는 교수님들의 말소리가 잘 들리지 않아 생전 처음으로 맨 앞자리에 앉아 수업을 듣게 했다.

셋째, 후각으로는 처음에 강의실의 냄새에 적응하기 힘들었다. 수십 대의 시뮬레이터가 양쪽 벽면에 가득하고 리프트가 있는 강의실이었다. 실습할 때는 접이식 뒷문을 열고 차들이 들어왔다. 공장에서 간이 강의용 의자를 놓고 공부하는 셈이었다. 기계의 기름 냄새, 시동을 켜면 매연 냄새로 머리가 아팠다. 또한 쉬는 시간만 되면 담배를 피우러 사라지는 학우들이 내뿜는 담배 연기 날숨을 견디기 쉽지 않았다. 예전 훈련소에서 훈련받을 때 경험하던 일을 35년 후 학교에서 다시 겪어야 했다.

넷째, 미각으로는 종일 일하고 허겁지겁 달려오는 학우들이 안쓰러워 한 주일에 한두 번은 간식을 가지고 가서 나누곤 했다. 부활절 다음날에는 부활 달걀을 나누었다. 그러자 두 사람이 신앙 추억을 끌어냈다. 반 대표인 나와 동갑인 한 대표는 예전에 교회에 나갔다고 말했다. 고등학교를 막 졸업하고 낮에는 정비소에서 일하고 오는 학우들이 몇 명 있는데, 스무 살도 안 된 한 학우가 자기도 교회 나간다고, 모태신앙이라고 살짝 말했다. 마지막으로 촉각은 파주, 임진강과 가까운 학교의 저녁 시간은 4월 말에도 추워서 패딩을 입게 하는데 손가락이 시리고 저려 핫팩을 잡게 만든다. 필기를 제대로 하려면 손을 잘 보호해야 했다. 아마 뒤에서 할아버지 학생이 뭐 하고 있는지 의아했을 듯하다.

정비사가 되고파!
자격증 시험에 도전!

입학해서 강의를 들으니 교수님마다 '자동차정비기능사' 자격증을 취득하면 좋다고 이야기하셨다. 한 교수님은 지나가는 말로 자격증 공부를 하면 자동차 정비에 대해서 배우는 학교 공부에도 도움이 될 거라고 하셨다. 그래서 자동차정비기능사 시험을 준비하게 되었다. 기능사 자격증은 자동차 정비 분야에서 가장 기초적인 자격증이다. 그다음 단계가 내가 서영대학교에서 준비하는 자동차정비산업기사 자격증이다.

하지만 공부할 시간이 부족했다. 시험 날까지 24일쯤 남은, 3월 17일부터 공부를 시작했다. 수험서의 처음부터 볼 수는 없었고 수험서 뒤에 7회에 걸친 모의고사 문제를 먼저 풀었다. 결국 시험 전까지 모의고사를 세 번 반복해 풀 수 있었다. 문제를 풀면서 문제 해설에서 제시하는 이론 부분은 교재 앞으로 가서 개념 확인하고 설명을 보면서 이해하려고 노력했다. 핵심적인 내용은 잘 설명되어 있어서 중요한 내용을 외우고 또 외웠다. 잘 이해가 안 되면 인터넷 검색을 하거나 AI에게 질문하니 상세하게, 또 그림으로, 때로 동영상으로도 설명하는 부분이 있어서 그것들을 잘 참고했다.

공부하면서 가장 신경 쓰고 열심히 한 방법은 등하교길에 정리한 내용을 외우는 공부였다. 우리 집에서 학교까지는 승용차로 가면 30분밖에 걸리지 않지만 대중교통으로 가면 꽤 시간도 걸리고 복잡하다. 마을버스, 전철, 마을버스를 타야 해서 한 시간 5~10분 정도 걸린다. 배차 시간이 15~20분이니 오래 걸린 때는 한 시간 50분 만에 집에 온 적도 있었다. 그런데 시험공부할 때는 정말 좋은 등하굣길이었다. 3주 정도 거의 대중교통으로 등하교했다. 차가 늦게 온다고 짜증 낼 일도 없이 등하굣길 내내 정리한 자료를 반복해 외웠다. 하지만 며칠 지나면 잊어버려 다시 새롭고, 틀려서 정리한 외우기

자료를 계속 업데이트하여 수십 장이 되었다.

그렇게 나름대로는 열심히 공부했다. 그런데 시험이란 게 어디 생각하는 대로 잘되지 않는다. 시험을 보러 갔는데, CBT, 컴퓨터 기반으로 시험 치르는 것도 나는 처음이었다. 시험을 시작했는데 첫 문제가 조도(lx), 조명도를 구하는 문제였는데 생전 처음 보는 내용이었다. 할 수 없이 골라서 찍었고 몇 번으로 체크했는지 지금도 기억이 안 난다. 불안했지만 차근차근 풀었는데 여러 문제가 전혀 다뤄보지 못한 생소한 문제였다. 처음 보는 문제라도 상식으로, 또 가만히 생각하면서 풀어보니 그리 어렵지 않은 문제도 있었다. 계산 문제가 한 7~8문제로, 제법 많이 나왔는데 시험장에서 제공하는 시험지를 빼곡히 다 채우면서 풀었다.

그래서 문제를 다 풀고 났더니 바로 점수가 나왔는데 91.66점이었다. 60문제 중 55개를 맞춘 점수였다. 자동차 정비에 대한 기초적인 기능사 시험이라도 90점을 넘기는 그리 쉽지 않을 텐데 어떻게 가능했을까, 생각해 보니 여러 요인이 있었다. 자동차 정비라는 생소한 분야 공부를 해야 하기에 올해 초에 도서관에서 열 몇 권쯤 되는 책들을 빌려서 사진과 설명도 꼼꼼히 살피고 부록으로 있는 CD도 돌려보면서 자동차 정비를 이해하려고 했다. 그 과정이 시험공부에 꽤 도움이 되었다. 또, 수업 시간에 한 달 이상 들은 교수님들의 강의 내용도 당연히 도움 되었다. 이래저래 여러 가지 일들이 자동차정비기능사 필기시험에 도움을 주었으니 감사했다. 그런데 자동차정비기능사가 필기시험 합격만으로 되는 게 아니고 실기시험을 치러야 하는데 5월 31일에 치르는 시험이니 시간은 좀 있었지만. 4시간이나 시험을 본다는 실기시험이 걱정되었다.

시험은 끝났고,
나는 조금 더 단단해졌다

자동차정비기능사 실기시험은 그리 만만치 않다. 문제는 이미 다 알고 있다. 열서너 개 문제로 구성된 15개의 안(案)이 이미 공개되어 있다. 200여 문제로, 중복된 것을 정리해도 150개 이상의 문제들인데 그중 열서너 문제가 나오면 그걸 손으로, 몸으로 구현해 내는 게 실기시험이다. 보통 학원에서 3주에서 한 달 정도 수강하고 실습해서 시험을 보곤 한다.

나는 서영대학교에서 4주간 일요일 오전 오후를 이용해 실시하는 특강에 참여할 수 있도록 배려받았지만 예배도 드려야 하고 강의로 인해 부득이해서 주일 오후 1시부터 4시까지 두 번만 실습 교육에 참여했다. 정비 기술을 익힐 기회가 부족했다. 유튜브로 자동차 정비기능사 실기시험 준비 영상을 어딜 가나 보고 다녔다. 그런데 영상을 봐도 내가 시험을 치를 서영대학교의 자동차나 시뮬레이터와는 차종이 다르니 적용이 쉽지 않았다. 교수님들의 도움을 받으며 차근차근 접근해 갔지만 여전히 정비 작업이 손에 붙지 않았다.

직접 부딪혀서 해보는 게 중요하다는 생각에 시험을 앞둔 3주간은 주간 수업이 끝나는 4시부터 야간 수업을 시작하는 시간까지, 2시간 반 정도의 시간에 직접 실습을 해보려고 학교에 일찍 갔다. 네 개의 강의실을 돌아다니며 각각의 과목에 적합한 기기들을 만지면서 혼자 실습을 나름대로 했다. 잘 모르니 잘되지 않았다. 만만한 브레이크 패드만 여러 번 뺐다가 장착하기를 반복했다(그러나 그건 시험에 안 나왔다). 브레이크 라이닝을 탈거하고 조립하는 문제는 영상을 여러 번 봤어도 잘 이해가 안 되었는데 시험에 브레이크 라이닝에 있는 브레이크 휠 실린더를 탈거하고 다시 조립하라는 문제가 나왔다. 그건 알고 있어서 어렵지 않게 브레이크 휠 실린더를 탈거하고 조립했다.

자동차에 맵센서가 있는데 차종마다 위치가 조금씩 다르다. 하루는 수업 시작하기 전에 우리 반 반장인 친구 한성곤 대표를 귀찮게 하면서 강의실마다 돌아다니며 각 차종의 맵센서 위치를 다 물으면서 확인했는데 이 문제가 시험에 나왔다. "주어진 자동차에서 엔진의 맵센서(공기유량센서)를 탈거(시험위원에게 확인)한 후 다시 조립하시오." 이런 게 바로 은혜이다.

이 기간에는 학교 수업 시간에 실습이 있으면 내가 적극적으로 나서서 먼저 해 봤다. 보통은 안 그러는데 오늘은 내가 먼저 하자면서 나서서 연습했다. 또 열심히 외웠다. 수치 확인하고 출고 연도 확인해서 계산하는 배기가스 측정 문제, 자동차 차대번호 확인해서 출고 연대 확인하는 법, 제동력 측정, 최소회전반경 구하는 문제도 아내에게 배워 다시 숙지했다. 경음기 음 측정하는 방법, 에어컨 라인

압력 측정, 밸브 스프링 자유고, 1, 2차 코일 저항, 브레이크 페달 높이와 유격, 사이드슬립 등등, 또 적어서 들고 다니면서 외우고 또 외웠다. 손으로 하는 작업형 문제는 실습을 잘 못해서 약하니 외워서 할 수 있는 문제, 계산 문제들을 잘 풀면 합격할 가능성이 있지 않겠나 막연한 자신감도 생겼다.

시험에 대해 안내해 주시는 교수님이 복장 불량으로 과목당 2점씩 감점되면 6점이 깎여 합격하기 힘들다고 하셔서 굳이 그래야 하는 건 아니지만 안전화를 사서 신고 작업복도 사서 입었다. 시험 당일 열대여섯 명이 조를 나누어서 시험을 시작했다. 처음 치른 문제는 "전조등 어셈블리를 탈거한 후 다시 부착하여 전조등 작동 여부를 확인하시오"였다. 전조등을 매일 켜고 다니지만 그걸 떼본 적은 없었다.

탈거 순서는 외워서 알고 있었다. 범퍼 가이드 탈거, 방향지시등 탈거, 전조등 전구 커넥터 탈거 후 전조등 탈거 순이었다. 그런데 긴장하니 막막해졌다. 정신을 차리고 전기장치 작업의 기본인 배터리의 마이너스 단자를 탈거했다. 그런데 볼트를 찾았는데 크기가 10밀리인지, 8밀리인지도 잘 안 보이고 구멍도 안 맞고 손이 떨리고 그랬다. 문제가 전조등 어셈블리를 탈거하라는 것이니 방향지시등 같은 것들을 따로 먼저 탈거하지 않아도 되겠고 내가 시험 보는 차량은 범퍼 가이드 탈거를 안 해도 되는, 연식이 오래된 차였다. 그래서 볼트를 풀고 커넥터들을 탈거하고 나니 전조등이 헐거워지고 빠져나왔다. 첫 문제는 그렇게 맞출 수 있었다.

그런데 시험은 역시 시험이다. 전기 과목의 두 번째 문제는 자동차의 발전기에서 전류와 전압을 점검해 확인 사항을 기록표에 기록하고 판정하라는 문제였다. 이 문제는 수업 시간에도 돌아가면서 다 실습해 봤는데 이 익숙한 문제가 생각이 안 났다. 아무리 여기저기 갖다 대어도 전에 측정해 본 전룻값과 전압값이 나오질 않았다. 결국 이 문제 답을 제대로 못 썼다. 이 문제 말고도 섀시 정비에서 종감속기어의 백래시를 점검해 기록하는 걸 못 했고 가솔린 엔진에서 크랭크축을 탈거하고 기록 판정하는 문제를 완전히 틀렸다. 크랭크축을 탈거하는 문제는 실린더 헤드를 탈거한 후에 크랭크축을 빼내려고 볼트를 열심히 풀고 있는데 시험위원이 와서 그만하라고 했다. 먼저 피스톤을 빼내야 하는데 그 과정을 거치지 않으면 크랭크축 볼트를 다 풀어도 소용없다는 지적이어서 그 문제는 결국 시작하다가 틀려버리고 말았다.

이 세 문제는 확실하게 틀렸다. 시험 문제지는 본인이 가져갈 수 있다고 해서 가지고 왔는데 시험 내용 복기를 해보니 14문제 중에서 세 문제를 틀렸으니, 21점은 완전히 날아갔고 다른 문제들이 어떻게 될지, 만약 부분적으로 틀려서 감점되는 점수가 20점 이상이면 탈락이고 그렇지 않으면 합격하겠다는 생각이 들었다.

자동차 정비,
은혜! 혹은 체질?

　　　　　손과 몸으로 힘을 다하고 기도하며 치렀던 자동차정비기능사 실기시험에는 과연 합격할 수 있을까? 내 생각으로는 65점에서 75점 사이가 아닐까, 희망하며 예상했다. 결국 70점으로 자동차 정비기능사 실기시험에 합격했다. 부족한 점이 많지만 그리 쉽지만은 않은 실기시험에 합격해 감사했다. 이 글을 쓰고 있는 날, 기능사 자격증이 등기우편으로 도착했다. 친구 목사들에게 내가 이야기했다. "나 이제 '자동차 정비사'라고 불러줘!"

　　'정보처리와 컴퓨터 활용' 이라는 교양과목에서 배운 한글파워포인트 시험도 응시했다. 수업 시간에 한글 파워포인트를 배우는데 교수님이 시험을 보라고 권하셨는데 별로 호응하는 학우들이 없어서 나와 한 학우가 시험을 봤다. 파주에 있는 학교에서 시험을 봤는데 대기하면서 창피하고 미안했다. 대부분의 수험생이 중고등학생들이었다. 초등학생도 보였다. 할아버지가 뭐 하러 왔나, 쳐다보는 것 같았다. 한글 파워포인트 시험장에 들어가니 몇 명의 군인과 청장년들이 더러 있긴 했다. 우리 학교 1학년 3반의 한 학우도 만났다. 열심히 나름대로 준비한 파워포인트 자료를 만들며 시험을 치렀는데 점수가 얼마나 나왔을까? 500점 만점에 200점 이상이면 C등급 합격, 300점 이상이면 B등급 합격, 400점 이상이면 A등급 합격이다. 나는 B등급 합격을 목표로 했는데 290점이 나왔다. C등급이라서 좀 아쉽긴 하지만 그래도 탈락은 하지 않아 감사했다.

그 무렵 서영대학교 미래자동차학과에서 공부한 1학년 1학기 성적이 나왔다. 힘든 나날을 보내긴 했는데, 성적을 열람하고는 나 자신이 놀랐다. '다들 이렇게 성적 괜찮게 나오나?'라는 생각이 가장 먼저 들었다. 상대평가로 줄 세워서 성적 낼 수밖에 없다던데 환갑 지난 '만학도'가 한 과목 A인 것 빼고는 다 A+였다. 평점으로 4.37인데 나는 이런 성적을 받아본 적이 없다. 학교 시험도, 나름대로 정리한 자료로 안 외워지는 것 열심히 외우고 마지막까지 외우고 또 외우고 마지막 정리 자료 쓰레기통에 버리고 시험 치곤 했다. 시험 보다 보면 열심히 외운 것 안 나와서 허탈, 또 기억 안 나서 절망하는 때가 많았다. 답을 적어야 하는데 영 기억이 안 나서 시험 문제를 뚫어지게 쳐다보니 철자가 틀리고 띄어쓰기가 틀린 것이 보여서 습관처럼 교정 표시를 해놓고는 지울 수도 없어 안절부절못하기도 했다. 모든 시험이 그렇지만 어떤 것 하나, 만만하거나 여유 있게 볼 수 있는 시험이 없었다.

지난 4개월, 늦깎이 야간대학생으로 꽤 치열하게 살아오면서 '자동차 정비'라고 하는, 나의 앞에 다가온 새로운 영역의 일에 대해 생각하는 기회를 가졌다. 하나님이 공부하게 하시고 지혜를 주시고 은혜를 주신 게 분명하다는 생각이 들었다. 유명한 원종수 권사님의 간증을 보면 하나님이 은혜 주셔서 공부한 책의 내용이 머릿속에 그대로 나타나 보였다고 하지 않는가? 주님이 나에게도 은혜 주신 것은 틀림없는데 그런 희한한 은사를 주셔서 공부하게 하신 것은 물론 아니었다.

그러면 혹시 이 자동차 정비가 나에게 체질인가?

"처음 해봤지만… 소름! 이게 내 적성?"

챗지피티에게 유튜브 영상을 만들려고 하는데 눈에 띌 만한 제목을 알려달라고 하니, 이렇게 얘기해주었다.

"이거… 내 길 맞는 것 같아!"

요즘 세대에 맞는 표현도 있다.

"자동차 정비, 생각보다 나랑 찰떡인데요!"

차분하고 확신 있는 분위기로 이렇게 하라고 제안하기도 했다.

"성적이 말해줘요, 이건 제 분야입니다!"

이제 2학기에는 '자동차진단평가사' 자격증 시험을 보려고 공부하고 있다. 국가고시는 아니고 아직 자격증을 활용할 수 있는 시장이 활성화되지는 않았다고 하지만 준비해 보려고 한다. 당장 사용하기는 힘들어도 자동차 정비 공부를 하는 데도 도움이 되겠다는 생각이 들어 공부를 시작했다. 나는 일하는 분야에서 분명한 능력을 갖추어야 한다는 생각을 가지고 지금도 노력하고 있다. 시험 본 이야기를 하면서 자기 자랑만 늘어놓았다고 느낄 수도 있겠다. 그런데 나이 들어 공부하면서, 자동차 정비나 검사에 관해 능력 없는 사람이 되면 안 되겠다는 생각을 분명히 가지고 있다. 내가 유튜브나 강의, 책에서도 종종 다룬 이야기가 있다.

1972년, 캐나다 토론토의 신문사 〈토론토 스타〉의 한 기자가 일종의 미스터리 샤퍼 방식으로 취재했다. 점화플러그 연결선이 좀 느슨한 것 외에는 아무 이상 없는 완벽한 상태의 차를 몰고 열세 곳의 정비공장들을 찾아다녀 보았다. 이때다 싶었는지 여러 정비사는 멀쩡한 차에 이런저런 문제가 있다며 수리해야 한다고 했다.

하지만 다른 이들과 달리 60대 중후반의 경력 있어 보이는 세실 브렌튼이라는 정비사는 느슨한 점화선을 조여줄 뿐이었고 수리비도 요구하지 않았다. 아무 이상이 없다고 진단했다. 다른 열두 명의 정비사는 다 여러 부분에서 수리가 필요하다고 진단했는데 말이다. 기자가 브렌튼 정비사에게 신분을 밝히면서 왜 그렇게 했는지 이유를 좀 밝혀달라고 했다. 그 정비사가 대답했다. "저는 그리스도인입니다." 기자가 조금 더 설명해달라고 요청하자 세실 브렌튼 정비사가 말했다. "고객의 자동차에 대한 불필요한 수리비를 청구하는 방식으로는 일할 수 없습니다."

그 이야기가 〈토론토 스타〉 신문에 실리자 운전자들이 세실 브렌튼의 공장으로 몰려들었다. 브렌튼은 그 정비공장에서 12년간 더 일하다가 은퇴했다. 이후 한 10년쯤 후 그가 세상을 떠나자 신문사에서 그의 죽음을 부고란에 한 줄로 알리지 않았다. 이런 타이틀로 별도의 기사를 써서 그의 죽음을 기렸다. "세실 브렌튼 별세, 향년 89세. 정직하기로 유명한 '그리스도인 정비사'"(마크 드모스 지음, 「CEO, 솔로몬을 만나다」, 비전과 리더십 펴냄, 169-171쪽).

어느 직업 분야인들 예외가 없겠지만 자동차 정비 영역에 발을 들인 지 얼마 되지 않았는데도 직간접적으로 정직하지 못한 일을 듣고 겪기도 했다. 정직하려면 능력이 있어야 하겠다는 생각이다. 세실 브렌튼이 정직한 크리스천 정비사로 인정받았는데 정직한 브렌튼은 능력 있는 정비사였다. 능력 없는 정비사였다면 정직함으로 인정받은 일이 그리 빛나거나 영향력을 발휘할 수 없었다고 본다. 그래서 나는 열심히 잘 배워야겠다고 결심한다. 배워야 할 부분에서 겸손하게, 열정을 가지고 최선을 다해보려고 한다.

이 과정을 차근차근 준비해서 바울을 따라 일하는 전도자로 제3의 인생을 설계하는 일을 시도하고 있다. 기도하며 일하고 또한 공부하며 노력하는 과정에 있다. 긴세대 목사의 좌충우돌 취업기는 이제 막 시작했지만 하나님이 우리 인생에 부여하신 인생 소명의 한 샘플이 되고 싶다. ■

■ **나의 신앙 고백 1**

이 책을 읽고 가장 은혜가 되었던 것은 무엇이며,
나의 신앙생활에 도전이 되었던 점은 무엇입니까?

....

....

....

....

....

....

....

■ 나의 신앙 고백 2

이 책을 읽고 가장 은혜가 되었던 것은 무엇이며,
나의 신앙생활에 도전이 되었던 점은 무엇입니까?

....

....

....

....

....

....

....